2030

MAURO F. GUILLÉN

2030

CÓMO LAS TENDENCIAS MÁS POPULARES DE HOY DARÁN FORMA A UN NUEVO MUNDO

OCEANO

2030
Cómo las tendencias más populares de hoy darán forma a un nuevo mundo
Título original: 2030. How Today's Biggest Trends Will Collide
and Reshape the Future of Everything

© 2020, Mauro F. Guillén

Traducción: Maia F. Miret

Diseño de portada: Ervin Serrano
Fotografías de portada: Tierra © ixper/Shutterstock.com; Reloj de arena, © Leszek Glasner/
Shutterstock.com

Figura 5, página 102, © Homi Kharas, The Brookings Institution
Figura 7, página 151, United Nations, World Population Prospects 2019 Revision
Figura 8, página 166, de la NASA
Letra de la página 227, "Imagine", letra y música de John Lennon © 1971 (Renewed)
LENONO MUSIC. All Rights Administered by DOWNTOWN DMP SONGS/DOWNTOWN MUSIC
PUBLISHING LLC. All Rights Reserved. Used by Permission. Reprinted by Permission
of Hal Leonard LLC.
Figura 9, página 261, Salvador Dalí (1904-1989) © ARS, NY. "Assumption of the Virgin".
Óleo sobre tela. 51 × 35.5 cm. © Artists Rights Society, New York. Private Collection.
Photo Credit: Visual Arts Library / Arts Resource, NY.

D. R. © 2021, Editorial Océano de México, S.A. de C.V.
Guillermo Barroso 17-5, Col. Industrial Las Armas
Tlalnepantla de Baz, 54080, Estado de México
info@oceano.com.mx

Primera edición: 2021

ISBN: 978-607-557-336-6

Impreso en México / *Printed in Mexico*

Índice

Algunas cifras y datos

Cuna de la próxima revolución industrial: África subsahariana
La razón: 200 millones de hectáreas de tierras agrícolas fértiles, pero sin explotar
Superficie de México: 200 millones de hectáreas

Porcentaje de la riqueza mundial en manos de mujeres en 2000: 15
Porcentaje de la riqueza mundial en manos de mujeres en 2030: 55
Si Lehman Brothers hubiera sido Lehman Sisters:* se habría evitado la crisis financiera global

Cifra mundial de personas que pasaron hambre en 2017: 821 millones
Cifra mundial de personas que pasarán hambre en 2030: 200 millones
Cifra mundial de personas obesas en 2017: 650 millones
Cifra mundial de personas obesas en 2030: 1,100 millones
Porcentaje de estadunidenses que se estima serán obesos en 2030: 50

Porcentaje de la superficie mundial ocupada por ciudades en 2030: 1.1
Porcentaje de la población mundial que vivirá en ciudades en 2030: 60

---

* Es decir, si la empresa Lehman Brothers —Hermanos Lehman— hubiera sido formada por mujeres, *sisters*.

Porcentaje de las emisiones mundiales de carbono producido por las ciudades en 2030: 87

Porcentaje de la población urbana mundial expuesta al aumento en el nivel del mar en 2030: 80

Mayor mercado actual de consumo de clase media en el mundo: Estados Unidos y Europa Occidental

Mayor mercado de consumo de clase media en 2030: China

Cifra de personas que se incorporarán a la clase media en los mercados emergentes: 1,000 millones

Cifra de personas de clase media en Estados Unidos hoy: 223 millones

Cifra de personas de clase media en Estados Unidos en 2030: 209 millones

Introducción: el tiempo corre

La gente suele ver lo que quiere ver y escuchar lo que quiere escuchar.
Juez Taylor, en *Matar a un ruiseñor*, de Harper Lee

Es el año 2030.

Desde París hasta Berlín, Europa Occidental experimenta una inusual ola de calor; no se le ve fin a las inéditas temperaturas veraniegas que la prensa internacional reporta con una sensación de alarma cada vez mayor. Rehema acaba de aterrizar en su nativa Nairobi, de vuelta de su viaje a Londres, donde pasó un par de semanas con familiares lejanos. La decepcionó ver menos tiendas abiertas que en su último viaje, tal vez porque muchos se acostumbraron a comprar en línea durante la pandemia. Pasear por Gran Bretaña con ojos de inmigrante le permitió ver con claridad la diversidad del mundo que la rodea. Ahora que camina por el aeropuerto de Nairobi piensa en lo distinto que es su país de Gran Bretaña, que va detrás de Kenia en áreas como la telemedicina y los pagos móviles. Durante el viaje a casa bromea con su prima sobre las extrañas reacciones de los británicos cuando les cuenta que ella y la mayoría de sus amigos del vecindario han "asistido" a escuelas en línea desde los seis años.

A miles de kilómetros de ahí, Ángela espera pasar la aduana en el Aeropuerto JFK de la ciudad de Nueva York. En un par de semanas comenzará una maestría en Ciencias en la Universidad de Nueva York. Mientras espera, lee *The New York Times* que comienza con la noticia de que, por primera vez en su historia, en Estados Unidos viven más abuelos que nietos, una realidad que contrasta dramáticamente con la situación en su país, Filipinas. Resulta que miles de adultos mayores estadunidenses, al cuidado de robots que se ocupan de sus necesidades básicas, deben rentar habitaciones extra en sus casas para que les salgan las cuentas ahora que sus pensiones ya no ofrecen la red de protección económica a la que alguna vez aspiraron. Ángela pasa a un artículo de opinión bastante reaccionario que deplora que en la actualidad las mujeres superen a los hombres en porcentaje de riqueza, una tendencia que al autor le parece problemática para el futuro de la economía estadunidense. La fila para extranjeros es larga y lenta y a Ángela le da tiempo de leer la mayor parte del periódico. La de ciudadanos y residentes permanentes, por su lado, se mueve bastante rápido y Ángela alcanza a oír una conversación en la que uno de los interlocutores le explica al otro que los estadunidenses ahora pueden pasar el control de pasaportes usando una sofisticada tecnología de *blockchain* que representa una innovación con una amplia gama de beneficios: puede calcular el impuesto sobre la renta correspondiente a las mercancías adquiridas en el extranjero y encargarse de pedir un automóvil autónomo justo después de que el viajero recoja su equipaje.

•

2020: "China será el número uno en todo".

Es una frase que se escucha con frecuencia. Otra es que Estados Unidos y China mantendrán una lucha por la supremacía global. Hay algo de verdad en estas afirmaciones, pero no alcanzan a revelar todo el panorama. En 2014 India sorprendió al mundo al poner una sonda espacial en la órbita marciana; fue el primer país que logró esta proeza en su primer intento. Desde los inicios de la era espacial, menos de 50 por ciento de las misiones emprendidas por

Estados Unidos, Rusia y Europa han tenido éxito, por lo cual el logro indio resulta extraordinario. Y encima, la Organización de Investigación Espacial India hizo historia con su económico presupuesto de 74 millones de dólares.

Ahora bien, ¿cuánto dinero debería costar exactamente el envío a Marte de un satélite orbital? Pues una sola misión de un transbordador espacial requiere un desembolso de hasta 450 millones de dólares; en contraste, costó 165 millones producir la película *Interestelar* y 108 millones llevar *El marciano* hasta una sala de cine cerca de usted.

Los indios mostraron que también ellos tienen "madera", como dijo alguna vez Tom Wolfe. Demostraron ser una potencia tecnológica de clase mundial, sobradamente capaz de hacer las cosas con eficiencia y a tiempo. La misión a Marte no fue una casualidad; de hecho, es la segunda vez que India se adelanta a las superpotencias mundiales. En 2009, su misión inaugural a la Luna nos ofreció las primeras evidencias de la existencia de agua en el satélite, "al parecer concentrada en los polos y posiblemente formada por el viento solar", según reportó el periódico *The Guardian*. A la NASA le tomó 10 años confirmar por su cuenta los hallazgos indios.

Casi todos crecimos en un mundo en el que la exploración del cosmos era una actividad exorbitantemente cara, concebida por científicos espaciales, financiada por superpotencias globales con enormes recursos y ejecutada por astronautas heroicos y técnicos competentes. Dimos por sentado que las misiones espaciales eran relativamente complejas y caras, y que sólo ciertos países tenían la capacidad de llevarlas a cabo con éxito. Pero esa realidad ya es historia.

Hubo una vez en la que el mundo no sólo estaba dividido claramente en economías prósperas y rezagadas, sino que nacían muchos bebés, los trabajadores superaban en número a los jubilados y la gente anhelaba poseer automóviles y casas. Las empresas no tenían que mirar más allá de Europa y Estados Unidos para ser exitosas. El papel moneda era el medio de cambio de todas las deudas, públicas y privadas. En la escuela nos dijeron que "así era el juego", y crecimos pensando que las reglas seguirían siendo las mismas cuando empezáramos nuestro primer empleo, formáramos una familia, viéramos a nuestros hijos abandonar el hogar y nos retiráramos.

Ese mundo conocido desaparece a pasos agigantados y en su lugar se revela una realidad desconcertante en la que operan reglas distintas. Sin que nos demos cuenta, en la mayoría de los países vivirán más abuelos que nietos; los mercados de clase media de Asia serán, en conjunto, más grandes que los de Estados Unidos y Europa juntos; las mujeres tendrán más riqueza que los hombres y estaremos rodeados por más robots industriales que por obreros, más computadoras que cerebros humanos, más sensores que ojos y más divisas que países.

Así será el mundo en 2030.

Durante los últimos años he investigado acerca del futuro cercano: lo que ocurrirá durante la próxima década. Como profesor de la Wharton School no sólo me preocupa el futuro de los negocios sino también cómo los trabajadores y los consumidores pueden verse afectados por la avalancha de cambios que nos esperan. He presentado los datos de este libro infinidad de veces ante públicos muy diversos como ejecutivos, políticos, administradores y alumnos de universidades y preparatorias. También me he comunicado con mucha gente mediante redes sociales y cursos en línea. Y las reacciones de mi público son, invariablemente, una mezcla de sorpresa e inquietud por el futuro que esbozo ante ellos.

Este libro ofrece un mapa de ruta para navegar las turbulencias que nos esperan.

Nadie sabe con certeza qué pasará en el futuro; si usted lo sabe, por favor contácteme, y juntos podemos hacer una fortuna. Si bien no es posible hacer predicciones totalmente acertadas, sí podemos hacer una serie de suposiciones relativamente seguras sobre lo que ocurrirá en las décadas próximas. Por ejemplo, la mayoría de las personas que se verán afectadas por las previsiones que hago en este libro ya han nacido. Tal vez sea factible describir, en términos generales, lo que se espera de ellos como consumidores, dados sus logros educativos o los patrones actuales de actividad en redes sociales. También podemos calcular con una exactitud razonable cuánta gente llegará a cumplir 80 o 90 años de edad. Incluso podemos encontrarnos en condiciones de predecir que un porcentaje dado de ancianos requerirá algún cuidado, ya sea a manos de un humano o bien de un robot. Sobre estos robots, imagine que hablan distintos idiomas con una variedad de acentos, no son testarudos, no toman días de descanso y no abusan de sus pacientes, ni financieramente ni de ningún otro modo.

El reloj está corriendo. El año 2030 no es un futuro lejano impredecible sino que está a la vuelta de la esquina, y tenemos que prepararnos, tanto para sus oportunidades como para sus desafíos. En resumen, el mundo como lo conocemos actualmente habrá desaparecido en 2030.

Para muchos de nosotros estas tendencias no sólo son confusas sino profundamente perturbadoras. ¿Significa que llegó nuestro fin? ¿O que tendremos más suerte que desgracia? El presente libro ofrece una guía para que los lectores comprendan lo que implican todas estas piezas en movimiento, y brinda un mensaje de optimismo sobre el futuro mientras trabajamos en las preocupaciones del presente. Es una herramienta que busca ayudarlo a transitar las históricas transformaciones que nos esperan y aconseja qué hacer y qué evitar en estas circunstancias nuevas y extrañas.

El tema central es éste: todos los finales representan el inicio de una nueva realidad llena de oportunidades, pero hay que ver más allá de lo superficial, anticipar las tendencias, participar en vez de desconectarse y aprender a tomar decisiones efectivas para usted, sus hijos, su pareja, su futura familia, su empresa, etcétera. Estos cambios nos tocarán a todos.

•

Resulta útil pensar en estas transformaciones históricas como un proceso lento, de pequeños ajustes que nos acercan cada vez más a un cambio de paradigma tras el cual, de pronto, todo será distinto. Con frecuencia olvidamos que estos pequeños ajustes son acumulativos. Imagínelos como una gota que llena lentamente un contenedor y cuyo sonido rítmico nos hace sentir el paso del tiempo. Cuando se desborda nos toma por sorpresa.

Piense ahora que para 2030 el sur de Asia y el África subsahariana competirán por el título de la región más poblada del mundo. La circunstancia no podría ser más distinta que la de los últimos años del siglo xx, cuando el este de Asia —que comprende China, Corea del Sur y Japón, entre otros países— era la zona que se llevaba el título. Es verdad que cada vez nacen menos bebés en países como Kenia y Nigeria, pero todavía llegan al mundo en cantidades mucho mayores que en casi todos los demás países. Además, los habitantes de esas regiones están viendo cómo se amplían notablemente sus expectativas de vida.

Tal vez piense que el tamaño de la población no importa mucho en sí mismo. Pero multiplique todas esas personas por el dinero que tendrán en sus bolsillos en los años por venir. Verá cómo hacia 2030 los mercados asiáticos, incluso si no tomamos en cuenta Japón, crecerán tanto que el centro de gravedad del consumo local se desplazará hacia el este. Las empresas no tendrán más opción que seguir las tendencias del mercado en esa región del mundo, y la mayoría de los productos y servicios nuevos reflejarán las preferencias de los consumidores asiáticos.

Haga una pausa y piense en esto.

Luego considere lo que pasaría si agregamos otras tendencias interconectadas.

Que en la mayor parte del mundo nazcan menos bebés implica que estamos avanzando a gran velocidad hacia un contexto de poblaciones envejecidas. Buena parte de ese cambio demográfico está encabezado por las mujeres, quienes con cada vez mayor frecuencia permanecen en la escuela, buscan tener carreras (y no únicamente trabajos fuera del hogar) y procrean menos hijos. Antes de que nos demos cuenta habrá más millonarias que millonarios.

La riqueza también va volviéndose más y más urbana: la población de las ciudades crece a una tasa de 1.5 millones de habitantes a la semana. Si bien las ciudades sólo ocupan 1 por ciento de la superficie del planeta son hogar de 55 por ciento de la población y representan 80 por ciento del consumo de energía (y las emisiones de carbono). Ésa es la razón de que las ciudades sean la prioridad de los esfuerzos por combatir el cambio climático.

Mientras tanto, las diferentes generaciones muestran deseos y aspiraciones muy distintas. Los milenials encabezan la economía colaborativa (y rechazan la posesión de bienes patrimoniales), pero les prestamos más atención de la que merecen. En una década la generación más poblada será la de personas mayores de 60 años, que hoy poseen 80 por ciento de la riqueza de Estados Unidos y que están impulsando el surgimiento del "mercado gris", el bloque de consumo más formidable del mundo. Las empresas grandes y pequeñas harían bien en redirigir parte de su atención a los ciudadanos de la tercera edad si quieren seguir siendo relevantes en el futuro.

Observe la figura 1, que muestra un proceso de pequeños cambios vinculados. Ninguno de ellos es capaz de provocar, por sí mismo, una transformación de escala global. Si estuvieran separados seríamos perfectamente capaces de enfrentarnos al cambio. Los humanos somos muy buenos para la segmentación mental; un mecanismo de defensa inconsciente. Lo usamos para evitar la disonancia cognitiva: la incomodidad y angustia que provocan las tendencias, acontecimientos, percepciones o emociones conflictivos. Su objetivo es mantener las cosas separadas para no sentirnos abrumados por sus interacciones.

El envejecimiento de la población se está convirtiendo en la norma en América y Europa del Este. Mientras tanto, las generaciones más jóvenes son el motor del ascenso a la clase media en la mayoría de los mercados emergentes. Son un tipo de consumidor muy distinto del que el mundo conoce hasta ahora; sus hábitos son de corte más aspiracional, por ejemplo. Conforme se expande la clase media, más y más mujeres acumularán riqueza, como nunca antes en la historia; ambos sexos adoptarán estilos de vida urbanos y en todo el mundo serán el motor de la mayor migración hacia las ciudades que hayamos visto. Las ciudades, por su parte, generarán una gran cantidad de inventores y emprendedores que buscarán alterar el *statu quo* con innovación y tecnología.

Por su lado, las tecnologías transformarán los viejos hábitos y estilos de vida, y darán lugar a nuevas formas de pensar y de vincularse con todo (desde los hogares y las oficinas hasta los automóviles y los objetos personales). Esto, a su vez, suscitará concepciones alternativas del dinero, más equitativas, descentralizadas y fáciles de usar. Algunas de estas tendencias ya están en marcha, pero no alcanzarán su auge sino hasta cerca de 2030 (todas estas tendencias se aceleran e intensifican cuando ocurre una transformación histórica, como la pandemia de COVID-19, que exploro detalladamente en el epílogo).

Los antropólogos y sociólogos saben que para enfrentar la complejidad del mundo debemos dividirlo en categorías que nos permiten ordenar las cosas, desarrollar estrategias, tomar decisiones y seguir con nuestras vidas. Estas categorías sirven como marco de referencia que nos ayuda a transitar por la naturaleza ambigua de nuestro entorno. Nos hacen sentir que tenemos el control.

Las empresas y las organizaciones piensan lo mismo: separan todo en cajones. Ponen a los clientes en cajitas como "usuarios principales", "usuarios

Figura 1

pioneros" o "rezagados". Clasifican los productos como "estrella", "gallina de los huevos de oro", "patito feo" o "signo de interrogación", dependiendo de sus ganancias anuales y de su crecimiento potencial a futuro. Y consideran que los empleados "trabajan en equipo" o son "trepadores" en función de sus actitudes, conductas y capacidades.

Segmentar, sin embargo, te ciega a las nuevas posibilidades.

Déjeme ofrecerle un ejemplo. Además del foco, el teléfono y el automóvil, uno de los grandes inventos de finales del siglo XIX fue el concepto de retiro: un periodo de la vida dedicado a nuestros pasatiempos y familias, una oportunidad para reflexionar sobre todo lo que hemos logrado. De ese siglo heredamos el concepto de la vida como una progresión de etapas —infancia, trabajo, retiro—, cada una de las cuales, si tenemos suerte, disfrutamos.

Con el descenso de nacimientos y las nuevas dinámicas entre generaciones es posible que nuestra sociedad futura deba repensar mucho de los supuestos con los que vivimos hasta ahora. Los ancianos también son consumidores con estilos de vida característicos, y pueden ser tan pioneros en el uso de la tecnología como los milenials, si no es que más. Piense en la realidad virtual, la inteligencia artificial o la robótica, y las formas en las que estas tecnologías revolucionarán la última etapa de nuestras vidas. Tal vez tengamos que descartar las viejas costumbres. A diferencia de lo que ocurría en el pasado, podríamos volver a matricularnos en la universidad para aprender nuevas habilidades una y otra vez antes de perecer. Piense en este encabezado que publicó *The New York Times* en 2019: "Una escuela de Corea del Sur que se ha quedado sin niños recluta abuelas analfabetas".

Yo insto a todos a abandonar el pensamiento lineal, a veces llamado pensamiento "vertical", como el de la figura 1, y sugiero que nos aproximemos al lateral. El concepto de pensamiento lateral, desarrollado por el inventor y consultor Edward de Bono, "no buscar jugar con las piezas que ya existen sino cambiarlas". Se trata, en esencia, de reenfocar los problemas y de resolverlos desde otra perspectiva. Las innovaciones no ocurren cuando alguien trabaja dentro del paradigma establecido sino cuando se abandonan los supuestos, se ignoran las reglas y la creatividad fluye libremente. Picasso y Braque fueron los pioneros del cubismo porque se alejaron de los supuestos y las reglas sobre proporción y perspectiva. Le Corbusier inauguró la arquitectura modernista al eliminar paredes para crear grandes espacios abiertos, diseñar ventanas que corren a todo lo largo de las fachadas y exponer la elegancia intrínseca del acero, el vidrio y el cemento, sin tratar de ocultarlos detrás de adornos superfluos. "El verdadero viaje de descubrimiento no consiste en buscar nuevos paisajes", escribió una vez Marcel Proust, "sino en tener ojos nuevos."

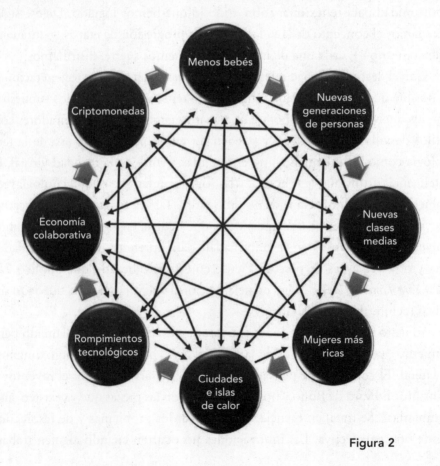

Figura 2

En efecto, el pensamiento lateral puede magnificarse mediante la "visión periférica", un concepto desarrollado por George Day y Paul Schoemaker. De forma muy parecida a lo que ocurre con la visión humana, las empresas y otras organizaciones no pueden ser efectivas si no perciben, interpretan y actúan en función de señales sutiles que provienen de la periferia del área en la que han concentrado la mirada.

Por ejemplo, Kodak, fundada en 1888, obtuvo colosales ganancias con la venta de película fotográfica y otros productos relacionados durante todo el siglo xx. A principios de la década de 1990 sus ingenieros ya conocían las posibilidades de la fotografía digital, pero los altos directivos estaban más concentrados en el corto plazo y pensaban que la gente seguiría prefiriendo las fotografías impresas. ¿El resultado? En 2012 Kodak se declaró en bancarrota. Fue víctima de un fenómeno que expresó bien el juez Taylor, el personaje de *Matar a un ruiseñor,* de Harper Lee: "La gente suele ver lo que quiere ver y escuchar lo que quiere escuchar": está ciega a lo inesperado, lo inusual, lo periférico.

Considere la figura 2, una representación gráfica alternativa de lo que está ocurriendo en el mundo.

Las flechas gruesas que apuntan en dirección de las manecillas del reloj a lo largo de la orilla de la gráfica muestran el mismo orden lineal de la cadena de tendencias vinculadas; esencialmente se trata de la figura 1, pero acomodada en forma de círculo. Pero concentrarse sólo en las conexiones lineales en el extremo de la gráfica resulta engañoso. Cada una de las tendencias en las ochos burbujas interactúa con las otras siete. En los siguientes capítulos exploraré cada una de estas conexiones laterales y te guiaré a través de estas tendencias interconectadas para mostrarte cómo están ocurriendo en todo el planeta y, en particular, de qué modo convergerán en el año 2030.

Aquí hay un ejemplo de pensamiento lateral en acción. Airbnb compite con los hoteles, pero muchos ancianos se dan cuenta de que sus ahorros no van a alcanzarles para sobrevivir durante su retiro, pero también entienden que poseen un bien muy valioso: su casa. Hay dos formas convencionales de monetizar tu casa sin venderla. El enfoque tradicional es conseguir un préstamo hipotecario en el banco, pero esto conlleva deuda y el estrés de los pagos mensuales. Otra posibilidad es obtener una hipoteca revertida (que consiste en ceder el capital), pero en ese caso los hijos no heredarán el hogar familiar.

Entonces llega Airbnb. Las personas mayores, cuyos hijos se han ido de casa, pueden rentar las habitaciones que no usan a los viajeros que piensan estar poco tiempo en el área, un acuerdo que representa mayor flexibilidad para ambas partes. Si esos adultos mayores viajan mucho o visitan a sus hijos con frecuencia pueden rentar toda la casa para estancias breves. En cualquiera de los dos casos ganan dinero *y* conservan su casa. Airbnb no sería tan exitoso si no fuera por la convergencia de varias tendencias: una reducción en la fertilidad, una mayor expectativa de vida, dudas sobre la viabilidad a futuro de las pensiones públicas, el uso extendido de teléfonos inteligentes y apps, y un interés creciente en compartir bienes, más que en poseerlos. Lo guiaré, lector, a través de estos acontecimientos para mostrarle cómo ocurren en el tiempo y cómo alcanzarán su auge en 2030. Este nuevo mundo presenta oportunidades y amenazas; cada individuo, empresa y organización los enfrentará con sus propias fortalezas y debilidades. Y sin embargo, como muestro en la conclusión, todos debemos aproximarnos a él en forma distinta a como vivíamos en el pasado. Las últimas páginas ofrecen principios y enfoques que resultarán útiles para entender esta nueva realidad y aprovechar las oportunidades que crea en nuestro provecho.

Recuerde, todo esto está ocurriendo durante nuestras vidas. El cambio está a la vuelta de la esquina.

1. Sigan a los bebés

Los bebés no llegan al mundo sólo con una boca y un estómago; también tienen un par de manos.

Edwin Canna, economista y demógrafo británico

La tasa de crecimiento demográfico puede parecer pavorosa. En 1820 vivían 1,000 millones de personas sobre la Tierra. Un siglo después había más de 2,000 millones. Tras una breve pausa, resultado de la Gran Depresión y la segunda Guerra Mundial, esta tasa adquirió un ritmo vertiginoso: 3,000 millones para 1960, 4,000 millones para 1975, 5,000 millones en 1987, 6,000 millones en 2000 y 7,000 millones para 2010. "¿Control poblacional o extinción?" se lee en la portada de *La bomba demográfica,* un libro publicado en 1968 por Paul y Anne Ehrlich, profesores de Stanford, que tendría gran relevancia. Desde entonces, diversos gobiernos de todo el mundo y grandes sectores del público temen un resultado que parece inevitable: terminaremos por desbordar los recursos del planeta y nos destruiremos (a nosotros y a millones de especies de plantas y de animales).

La realidad es que para 2030 tendremos una *sequía* de bebés.

En las décadas siguientes la población mundial crecerá casi 50 por ciento del ritmo que entre 1960 y 1990. En algunos países la población se reducirá (a reserva de que experimenten altas tasas de inmigración). Por ejemplo, desde principios de la década de 1970 las mujeres estadunidenses tuvieron, en promedio, menos de dos hijos durante sus vidas reproductivas, una tasa que no alcanza a asegurar el reemplazo generacional. Lo mismo ocurre en otros lugares del mundo. La gente de países tan distintos entre sí como Brasil, Canadá, Suecia, China y Japón comienza a preguntarse quién se ocupará de los viejos y pagará sus pensiones.

Conforme disminuyen las tasas de natalidad en el este de Asia, Europa y América, combinado con el declive, menos frenético, en África, Medio Oriente y el sur de Asia, el equilibrio mundial del poder económico y geopolítico se desplaza. Considere esto: por cada bebé que nace hoy en los países desarrollados, más de nueve llegan al mundo en los mercados emergentes y los países en desarrollo. Dicho de otro modo: por cada bebé que nace en Estados Unidos, llegan 4.4 en China, 6.5 en India y 10.2 en África. Además, los avances en nutrición y en prevención de enfermedades en las regiones más pobres del mundo han permitido que un número cada vez mayor de bebés lleguen a la edad adulta y se conviertan, a su vez, en padres. Hace medio siglo, en países africanos como Kenia y Ghana, moría 25 por ciento de los niños menores de 14 años, hoy la cifra es menor de 10 por ciento.

Estos veloces cambios en las poblaciones del mundo no sólo responden a quién tiene más bebés, sino también a quiénes ven crecer más rápidamente sus expectativas de vida. Por ejemplo, en la década de 1950 quienes nacían en las regiones poco desarrolladas vivían un promedio de treinta años menos que en las más desarrolladas. Hoy en día esta diferencia es de 17 años. Entre 1950 y 2015 las tasas de mortalidad en Europa se redujeron únicamente

3 por ciento, mientras que la cifra para África fue de un descomunal 65 por ciento. Los países más pobres están alcanzando a los demás en términos de expectativas de vida, gracias a la reducción en mortalidad en todos los grupos demográficos.

Figura 3. Distribución regional de la población total (%)

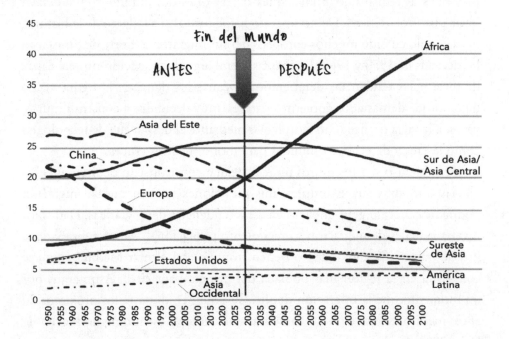

Para valorar el impacto global de estos cambios demográficos observe la figura 3. Aquí se muestra el porcentaje de la población total mundial en distintas regiones entre 1950 y 2017, con los pronósticos para el año 2100 calculados por la ONU.

Concentre su atención en el año 2030. Para entonces el sur de Asia (incluyendo India) consolidará su posición como la primera región del mundo en términos de tamaño poblacional. África se convertirá en la segunda región, mientras que el este de Asia (incluyendo China) se verá relegada al tercer puesto. Europa, que en 1950 estuvo en segundo lugar, caerá hasta el sexto, detrás del sureste de Asia (Camboya, Indonesia, Filipinas y Tailandia, entre otros países) y América Latina.

La migración internacional podría mitigar parcialmente estos cambios históricos al redistribuir poblaciones de regiones del mundo con superávit hacia otras con déficits. De hecho, esto ha ocurrido así a lo largo de la historia, por ejemplo cuando muchos europeos del sur migraron al norte de Europa en las décadas de 1950 y 1960. Esta vez, sin embargo, la migración no será capaz de revertir las tendencias demográficas (véanse los datos de la figura 3). Lo digo porque demasiados gobiernos parecen muy decididos a construir muros, ya sea a la vieja usanza (con ladrillos) o mediante el despliegue de tecnologías como láseres y detectores químicos para monitorear los cruces.

Pero incluso si estos muros nunca llegan a construirse, u ocurren circunstancias que los vuelven inútiles, mis previsiones indican que la migración podría no tener un gran impacto en estas tendencias demográficas. Dados los niveles actuales de migración y crecimiento poblacional, África subsahariana (los 50 países africanos que no tienen frontera con el mar Mediterráneo) se convertirá en la región más poblada del planeta para 2030. Asumamos por un momento que la migración duplica su volumen durante los próximos 20 años; incluso así, esa cifra no haría más que demorar ese momento inevitable hasta 2033. Es decir, no descarrilaría las principales tendencias demográficas, sólo las pospondría unos tres años.

Las mujeres y los bebés, amos del mundo

Entonces, ¿qué causas subyacen en la desaceleración de la fertilidad global? Es una pregunta difícil de responder. Después de todo, concebir bebés requiere un método ampliamente conocido, fácil de usar y en extremo popular. Permítame comenzar con una historia sobre mi propio árbol genealógico. Una de mis tarabuelas tuvo 21 embarazos y dio a luz 19 bebés. Su primogénito nació cuando ella tenía 21 años, y el menor cuando había cumplido 42. Conforme el país fue desarrollándose y las mujeres obtuvieron mejor acceso a la educación las familias se redujeron hasta tener uno o dos hijos.

Lo que es importante entender es que en otras partes del mundo, incluyendo África, Medio Oriente y el sur de Asia, sigue habiendo millones de mujeres que dan a luz cinco, diez o más hijos a lo largo de su vida. Sin embargo, conforme avanza el tiempo el número promedio de hijos por mujer se reduce también en los países en desarrollo, y por las mismas razones por las que se desplomó en los países desarrollados hace dos generaciones. Hoy las mujeres tienen más oportunidades fuera del hogar, y para aprovecharlas permanecen en la escuela y en muchos casos continúan hasta la educación superior. Esto, a su vez, significa que posponen la crianza de sus hijos. En términos generales, el cambio en los papeles de las mujeres en la economía y la sociedad es el factor más importante de la caída en la fertilidad global. Con una frecuencia cada vez mayor son las mujeres quienes determinan qué ocurre en el mundo.

Pensemos en el caso de Estados Unidos, donde las prioridades de las mujeres han cambiado rápidamente. En la década de 1950 las mujeres estadunidenses se casaban a una edad de 20 años en promedio; los hombres, a los 21. Actualmente las edades son de 27 y 29 años, respectivamente. La edad promedio de las madres primerizas también se ha incrementado a 28 años. Buena parte de este cambio se debe a la extensión de la escolaridad. Hoy hay más mujeres que completan la enseñanza media superior, y que continúan a la universidad. En la década de 1950 cerca de 7 por ciento de las mujeres de entre 25 y 29 años tenían un título universitario, la mitad que los hombres. Actualmente la proporción de mujeres con títulos universitarios es de 40 por ciento, mientras que para los hombres la cifra es sólo de 32 por ciento.

Cada vez menos sexo

La evolución de las poblaciones humanas tiende a ser un proceso desordenado. Durante miles de años el crecimiento demográfico respondió a la disponibilidad de comida, las guerras, la propagación de las enfermedades y el impacto de los desastres naturales. Durante siglos, los filósofos, teólogos y científicos se han enfrentado a la pregunta de cuántos seres humanos puede mantener el planeta con los recursos disponibles. En 1798 Thomas Robert Malthus, un economista y demógrafo británico, advirtió sobre lo que se conocería como la "trampa malthusiana", es decir nuestra tendencia a reproducirnos de más y agotar nuestros recursos. Durante la vida de Malthus la población global sumaba menos de 1,000 millones (comparada con los 7,500 millones de la actualidad). Malthus pensaba que los humanos son los peores enemigos de sí mismos a causa de sus impulsos sexuales desenfrenados. En su opinión, el crecimiento demográfico desbocado provocaría hambrunas y enfermedades, puesto que el suministro de alimentos sería incapaz de mantener el ritmo del crecimiento poblacional. Malthus y muchos de sus coetáneos temían que la especie humana estuviera al borde de la extinción por sobrepoblación. "El poder de la población", escribió, "es tan superior al poder de la tierra para producir la subsistencia del hombre que la muerte prematura debe, de uno u otro modo, visitar a la raza humana."

Hoy podemos decir, con la perspectiva que nos da ver hacia el pasado, que Malthus subestimó nuestra capacidad de invención e innovación, que ha conducido a espectaculares aumentos en el rendimiento de las cosechas. También minimizó las gigantescas posibilidades de expandir el suministro de alimentos mediante el comercio internacional, gracias a la aceleración y el abaratamiento de los transportes transoceánicos. Estuvo en lo correcto, sin embargo, en subrayar que la población y los alimentos son las dos caras de la misma moneda.

Aunque Malthus subestimó el posible impacto de la innovación sobre la producción y distribución de comida, omitió por completo las formas en las que la tecnología moderna reduciría nuestro apetito sexual. El vínculo entre ambas cosas es sorprendentemente simple: cuanto más formas de entretenimiento tenemos disponibles, menos sexo practicamos. La sociedad moderna ofrece un abanico de opciones de entretenimiento, desde la radio y la televisión hasta los videojuegos y las redes sociales. En algunos países desarrollados, incluyendo Estados Unidos, las tasas de actividad sexual se han reducido en las últimas décadas. Un meticuloso estudio publicado en *Archives of Sexual Behavior* encontró que "los adultos estadunidenses tuvieron sexo unas nueve veces menos por año a principios de la década de 2010 que a finales de la de 1990", un desplome que ocurrió con particular insistencia entre los estadunidenses casados y aquellos con una pareja estable. Si se ajusta por edad, "aquellos que nacieron en la década de 1930 (la generación silenciosa) fueron quienes tuvieron sexo con mayor frecuencia, mientras que aquellos nacidos en la de 1990 (los milenials y la iGen) tuvieron sexo con menor frecuencia a causa de [...] un incremento en el número de individuos sin una pareja o cónyuge estable y un descenso en la frecuencia de la actividad sexual en aquellos con pareja".

Un ejemplo divertido que demuestra el efecto de las formas alternativas de entretenimiento en nuestro apetito sexual tiene que ver con un apagón. En 2008, en la isla de Zaníbar, en la costa de África Oriental, ocurrió un apagón particularmente insidioso que duró un mes entero. Sólo afectó la zona de la isla en la que las casas estaban conectadas a la red eléctrica; el resto de la población siguió usando sus generadores de diésel. Esta situación le ofreció a los investigadores un "experimento natural" único para estudiar el efecto del apagón en la fertilidad de la gente, pues el "grupo de tratamiento", formado por clientes de la red eléctrica, pasó un mes sin electricidad, mientras que el "grupo de control" que usaba generadores de diésel no tuvo este inconveniente. Nueve meses más tarde en el grupo de tratamiento nacieron aproximadamente 20 por ciento más bebés que en el grupo de control.

El dinero mueve al mundo

Y a nadie le sorprenderá saber que el dinero también es un factor importante en nuestras decisiones reproductivas. En 2018 *The New York Times* encargó un estudio para descubrir por qué los estadunidenses están teniendo menos hijos, o ninguno. Cuatro de las cinco razones principales tenían que ver con el dinero. "Los salarios no están creciendo en forma proporcional al costo de la vida, y si a eso le sumamos los préstamos estudiantiles resulta que es muy difícil alcanzar una situación de estabilidad económica, incluso si fuiste a la universidad, trabajas en una empresa y tienes pareja con ingresos", observó David Carlson, un hombre casado de 29 años de edad cuya esposa también trabaja. Los jóvenes provenientes de familias de bajos ingresos también tienen miedo de tener hijos y se ven obligados a elegir entre comenzar una familia o gastar dinero en otras cosas valiosas. Por ejemplo, Brittany Butler, nativa de Baton Rouge, Luisiana, es la primera graduada de la universidad en su familia. A los 22 años sus prioridades son obtener un posgrado en Trabajo Social, pagar sus préstamos estudiantiles y vivir en un vecindario seguro. Los bebés pueden esperar.

Durante la década de 1960 Gary Becker, economista de la Universidad de Chicago, propuso una forma innovadora de pensar en las decisiones reproductivas de la población: los padres sopesan la *cantidad* y la *calidad* de los hijos que desean tener. Por ejemplo, conforme aumentan los ingresos de una familia la gente puede comprar un segundo o tercer automóvil, pero si sus finanzas siguen mejorando en forma indefinida no comprarán una o dos docenas. Tampoco adquirirán una docena de refrigeradores o de lavadoras. El argumento de Becker es que en vez de multiplicar la cantidad, los incrementos en los ingresos llevan a la gente a concentrarse en la calidad, es decir, reemplazan sus carcachas con automóviles o camionetas más nuevas, más grandes o más lujosas. En el caso de los hijos eso se traduce en dedicar más atención y más recursos a un menor número de hijos. "La interacción entre la cantidad y la calidad de los hijos", escribió, "es la principal razón por la que el precio real de los hijos aumenta conforme al ingreso", lo que significa que cuando los padres ven aumentar sus ingresos prefieren invertir más en cada hijo para darle mejores oportunidades de vida.

Las ideas de Becker sobre el comportamiento humano le valieron, en 1992, el premio Nobel de Economía, y aunque su forma de abordar un tema tan complejo como la fertilidad ignoró el papel de las preferencias, las normas y valores culturales sí hizo énfasis en una tendencia social de gran importancia. Hoy en día muchos padres prefieren invertir más de su tiempo y recursos en un menor número de hijos y proporcionarles todas las oportunidades posibles para alcanzar el éxito, ya sea abriéndoles un plan de ahorros para la universidad o inscribiéndolos en actividades extracurriculares. Como explica Philip Cohen, sociólogo de la Universidad de Maryland: "Queremos invertir más en cada niño para darle todas las oportunidades posibles de competir en un entorno cada vez más desigual". Desde esta perspectiva los hijos resultan ser proyectos de inversión, con valores actuales netos y tasas de rendimiento.

Para entender cómo los padres toman decisiones sobre el número de hijos que quieren resulta aleccionador calcular cuánto gastan en cada uno. En 2015 el gobierno federal calculó que la familia estadunidense promedio gasta la asombrosa cifra de 233,610 dólares para criar a un hijo, desde su nacimiento hasta los 17 años. Este monto puede duplicarse rápidamente si se incluye el pago de la universidad. En mi computadora tengo una hoja de cálculo para calcular los ingresos familiares y los gastos de cada año; el resultado es que la familia estadunidense promedio puede gastar bastante más de medio millón de dólares en cada uno de sus hijos, suponiendo que se gradúen de una universidad cara. También hice una segunda hoja de cálculo con la misma información, excepto por los niños y sus gastos. Al final de esta segunda hoja la gente puede tener, en vez de un hijo con una excelente educación, un auto de lujo o una casa en la playa.

¿Los *big brothers* gubernamentales pueden influir en nuestras decisiones reproductivas?

Hace unos años el gobierno de Singapur trató de ponerlo a prueba. Le inquietaba que las parejas de esta isla diminuta pero próspera, en la que tres cuartas partes de la población son étnicamente chinas, estuvieran renunciando a tener bebés en favor de las cinco "C", por su letra inicial en inglés: efectivo, automóvil, tarjeta de crédito, condominio y club campestre. Los funcionarios de gobierno mandaron una carta a una muestra de parejas casadas sin hijos en la que argumentaban que era necesario para el país tener una población joven que pudiera mantener el crecimiento de su pujante economía. La carta incluía una oferta poco común: unas vacaciones gratuitas en Bali, que el gobierno pensaba que podían poner a la gente de humor reproductivo. Las parejas, anhelosas de una oportunidad para pasar tiempo en una hermosa playa, aceptaron entusiasmadas la oportunidad. Tomaron las vacaciones, pero no cumplieron su parte del trato: no nacieron bebés, al menos no los suficientes para satisfacer a los funcionarios de gobierno. El programa piloto se canceló a los nueve meses.

La República Popular China también ha tratado de modificar tendencias demográficas, por ejemplo, con su draconiana política de un solo hijo. A finales de la década de 1970, frente a una economía colectivista retrógrada y desorganizada, los reformistas chinos, encabezados por el visionario Deng Xiaoping, llegaron a la conclusión de que el rápido crecimiento poblacional del país sólo los conduciría a una perpetuación de la pobreza. Habían estudiado detenidamente la historia de China: entre 1500 y 1700 la población del país creció más o menos al mismo paso que la de Europa Occidental, pero mucho más rápido durante el siglo XVIII, un largo periodo de paz y prosperidad que llevó al crecimiento inédito de la producción agrícola. Durante esa época, la producción de los campos de arroz y trigo se duplicó o incluso triplicó, y las nuevas cosechas trasplantadas de las Américas, como el maíz y los tubérculos, ayudaron a incrementar la productividad. En ciertas regiones de China esto produjo un incremento en la calidad de vida incluso antes que en Inglaterra, la cuna de la primera Revolución industrial. Entre 1800 y 1950 el crecimiento demográfico *se frenó* en la cuenca baja del río Yangtsé. Buena parte de esta ralentización se debió a la sobrexplotación agrícola, los disturbios políticos, las guerras civiles y las invasiones e intervenciones de países extranjeros.

Pero luego, y a pesar de la atroz hambruna que provocó el Gran Salto Adelante ocurrido en la década de 1950 y los trastornos de la Revolución cultural de 1960, la República Popular China vio un aumento poblacional de entre 120 y 150 millones de personas durante el tiempo transcurrido entre 1950 y 1979. China estuvo cerca de convertirse en el primer país en tener una población de más de 1,000 millones. Deng y sus colegas reformadores entendieron que si no hacían algo el país entero se enfrentaría a la ruina económica. En 1979 se instauró la restrictiva política de un solo hijo.

Pero resultó que los diseñadores de políticas públicas no estaban al tanto de que la fertilidad en China había comenzado a desplomarse en la década de 1960, y que la mayor parte del decremento se debía a los mismos factores que en otras partes del mundo: urbanización, educación de las mujeres, participación en la fuerza laboral y un creciente interés por darle mejores oportunidades a cada hijo, en vez de tener muchos descendientes. Los políticos no pensaron en forma lateral. Considere las siguientes cifras: en 1965 la tasa de fertilidad en las zonas urbanas de China era de unos 6 hijos por mujer. Para 1979, cuando entró en vigor la política de un solo hijo, ya se había desplomado hasta 1.3 hijos por mujer, es decir, 2 hijos o menos. Mientras tanto, en la China rural la fertilidad se mantuvo alrededor de 7 hijos por mujer a mediados de la década de 1960, una cifra que se redujo a unos 3 para 1979. Durante el periodo de la política de un solo hijo la tasa urbana bajó de 1.3 a 1.0, mientras que la tasa rural cayó de 3 a 1.5. Como han señalado los demógrafos que escriben en el *China Journal*, "No se puede atribuir la mayoría del descenso de la fertilidad en China a la política de un solo hijo". La ralentización fue motivada por las decisiones que tomaron las personas en circunstancias cambiantes, no por los burócratas gubernamentales. "La campaña de un solo hijo estaba basada en argumentos políticos y pseudociencia, y no en la necesidad y mucho menos en la buena demografía", concluyeron los expertos.

En 2015 China eliminó por completo esta política. ¿Esto quiere decir que se reanudará el crecimiento demográfico de la segunda economía del mundo? El premio Nobel y economista Amartya Sen subraya que "el avance de las mujeres fue la sentencia de muerte para la política china de un solo hijo". El acceso a la educación y a las oportunidades laborales siguen ampliándose para las mujeres chinas, por lo que es poco probable que veamos un incremento en la fertilidad. Como punto de comparación, en los vecinos Taiwán y Corea del Sur —donde nunca existió dicha política— la tasa de fertilidad ronda 1.1 hijos por mujer, por debajo del nivel actual de 1.6 en China. A fin de cuentas, el popular eslogan "El desarrollo económico es el mejor anticonceptivo" demostró ser tan cierto en China como en el resto del mundo.

Irónicamente, el mayor impacto de la política de un solo hijo será generacional. Para 2030 China tendrá 90 millones de personas *menos* de entre 15 y 35 años de edad y 150 millones *más* de mayores de 60. El país está experimentando el proceso de envejecimiento poblacional más largo y más veloz de todo el mundo. En el capítulo 2 analizaremos las implicaciones de estos enormes cambios generacionales.

Los inesperados beneficiarios de la política de un solo hijo en China

Últimamente las noticias están llenas de historias sobre déficits comerciales, tecnologías robadas y espías chinos que se hacen pasar por hombres de negocios. "Una de cada cinco compañías afirman que China les ha robado propiedad intelectual", afirmaba en 2019 un encabezado de la revista *Fortune*. Muchos opinan que China va con todo contra Estados Unidos y otros países occidentales; que el gigante global en ascenso está en camino de apoderarse del mundo por las buenas o las malas.

Pocos políticos o periodistas piensan que la política china de un solo hijo ha representado un descalabro importante para los consumidores estadunidenses. En un fascinante ejemplo de pensamiento lateral, algunos economistas han encontrado un vínculo improbable entre la fertilidad y los ahorros. Mientras fue ley, la política de un solo hijo creó un desequilibrio de sexos de cerca de 20 varones por cada mujer, provocado por la preferencia cultural por los hombres. En un encabezado de 2017 en *The Economist* se leía: "La distorsión en la proporción de sexos causa estragos en los matrimonios chinos". *The New York Times* le hizo eco: "Millones de chinos pasan solos el día del amor y la amistad". Los progenitores decidieron tomar cartas en el asunto. "A causa de la intensa competencia en el mercado de los matrimonios, los hogares con hijos varones aumentan sus ahorros con la esperanza de incrementar las probabilidades de encontrar esposas para sus hijos", es la conclusión a la que llegan los economistas Shang-Jin Wei y Xiaobo Zhang tras analizar exhaustivamente un gran conjunto de datos. "Esto puede explicar el 60 por ciento del incremento real en los ahorros de los hogares durante 1990 a 2007." Este fenómeno está tan extendido que ahora China exporta no sólo una variedad de bienes de manufactura sino su exceso de ahorros. El voraz consumo de los estadunidenses ha sido financiado primordialmente con los ahorros de esas familias. Sin el desequilibrio de sexos en China y el subsecuente nivel de ahorro durante las dos últimas décadas los estadunidenses habrían tenido que pagar mayores tasas de interés en sus hipotecas y créditos al consumo. Por ejemplo, si las tasas de interés para un préstamo hipotecario fijo a 35 años hubieran sido en promedio de 6 por ciento durante los últimos 20 años, en vez de 5 por ciento, el pago mensual habría resultado 25 por ciento mayor, dejando menos dinero libre para otros gastos. Así, el costo de comprar una casa en San Francisco en efecto ha tenido algo que ver con el precio del té en China, como reza el viejo refrán.

El desequilibrio de sexos también ha afectado el consumo en la nueva economía digital. Piense en cuánto dinero gasta la gente en servicios de citas digitales de diversas clases. Las plataformas de citas tienen millones de clientes en todo el mundo que gastan al año unos 5,000 millones de dólares. La gente acude a ellos en busca de posibles cónyuges, parejas románticas o aventuras ocasionales. Pero la diferencia en los patrones de gasto por nación resulta reveladora. En China sólo 2 por ciento del gasto en búsqueda de cónyuges ocurre en las apps de citas casuales, mientras que en Europa y en Estados Unidos plataformas como Ashley Madison, C-Date, First Affair, Victoria Milan y Tinder, representan 21 por ciento. En contraste, 85 por ciento del gasto en China se va a servicios de búsqueda de pareja como Baihe y Jiayuan, en comparación con sólo 40 por ciento en Europa y Estados Unidos. Esta disparidad es fácil de explicar. Para los hombres chinos encontrar una pareja estable (a diferencia de una aventura de una sola noche) es más importante, puesto que el desequilibrio de sexos ha creado una especie de crisis nacional. Tampoco es una sorpresa que las mujeres chinas se hayan vuelto más selectivas. En un experimento con perfiles artificiales de hombres y mujeres en una de las plataformas de citas más grandes de China los autores encontraron que "los hombres de todos los niveles socioeconómicos visitaron nuestros perfiles de mujeres de distintos niveles socioeconómicos con frecuencias más o menos idénticas […] En contraste, las mujeres de todos los niveles socioeconómicos visitaron nuestros perfiles de hombres con ingresos más altos con una frecuencia mayor […] Nuestros perfiles de varones con el nivel más alto de ingreso recibieron 10 veces más visitas que los de menor ingreso".

Curiosamente, en otros países el desequilibrio de sexos va en el sentido opuesto. En Rusia hay un déficit de jóvenes varones porque muchos de ellos mueren prematuramente, en particular por beber en exceso. El problema parece ser tan grave que en algunas zonas de Siberia la escasez de hombres de edad casadera ha llevado a las mujeres a cabildear en el gobierno para legalizar la poligamia. Según Caroline Humphrey, antropóloga de la Universidad de

Cambridge, las mujeres siberianas se han ido convenciendo de que "la mitad de un hombre bueno es mejor que ninguno". Argumentan que "la legalización de la poligamia sería un regalo divino: les daría derecho al apoyo económico y físico de un hombre, les concedería legitimidad a sus hijos y las haría obtener apoyos estatales". Está de más decir que la solución ideal sería que China y Rusia intercambiaran población, dado que China tiene más hombres y Rusia más mujeres. Desafortunadamente el desequilibrio de sexos en China es siete veces mayor que la brecha rusa, porque la población china también es mucho mayor. Sólo quedan las apps.

Los chicos nuevos de la cuadra: el *baby boom* africano

Si bien las poblaciones de Europa, América y el este de Asia no están creciendo a la velocidad de reemplazo sí van en aumento en África subsahariana, aunque mucho más despacio que en el pasado. Aun así, se proyecta que su población pase de los 1,300 millones de la actualidad a 2,000 millones en 2038 y 3,000 millones para 2061. Algunos predicen que una gran guerra o una epidemia devastadora podrían descarrilar el impulso demográfico africano. El conflicto armado que provocó la peor mortandad de la historia fue la Segunda Guerra Mundial, que se cobró entre 50 y 80 millones de vidas, pero sólo afectó África de manera tangencial. La epidemia global de sida ha provocado hasta el momento 36 millones de muertes, de las cuales dos terceras partes ocurrieron en África, en particular en Sudáfrica, Nigeria, Tanzania, Etiopía, Kenia, Mozambique, Uganda y Zimbabue. Y sin embargo, la figura 3, que muestra la distribución regional de población, revela que durante las décadas de 1980 y 1990, cuando la epidemia se encontraba en su punto más letal, la curva demográfica de África apenas si se movió. Así pues, sólo una guerra de gran escala o una epidemia que se cobrara cientos de millones de vidas podría alterar significativamente el crecimiento demográfico del continente en relación con otras partes del mundo.

Tal vez piense que África sencillamente no tiene suficiente lugar para acoger el crecimiento demográfico proyectado. Considere, sin embargo, lo grande que es el continente en realidad. Sus representaciones cartográficas en nuestros libros de texto subestiman enormemente su verdadero tamaño en relación con el hemisferio norte. La figura 4 muestra que la masa continental de África es más o menos tan grande como China, India, Europa Occidental y Oriental, Estados Unidos y Japón combinados.

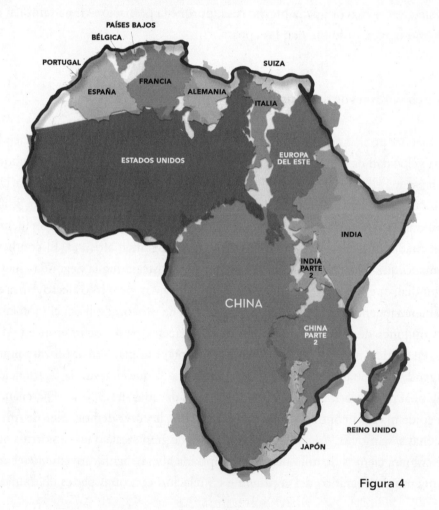

Figura 4

Por supuesto, África tiene desiertos grandes e inhabitables, pero ocurre lo mismo con cada uno de los países representados en el mapa (excepto Japón). Incluso Europa tiene desiertos; la famosa película *Lawrence de Arabia* no se filmó en la península Arábiga sino, en su mayor parte, en el sur de España. Incluso si tomamos en cuenta la inmensidad de los desiertos africanos, en este continente se encuentran las mayores extensiones de tierras fértiles, aunque en su mayoría desaprovechadas para el desarrollo agrícola. Dado el tamaño de África es poco probable que sufra de sobrepoblación. Este continente cuenta actualmente con 1,300 millones de personas; los otros países del mapa tienen poblaciones que superan los 3,500 millones. Actualmente la densidad poblacional por kilómetro cuadrado es más de tres veces mayor en Asia que en África, y cuatro veces en Europa.

El crecimiento demográfico africano crea problemas espinosos. El continente es hogar de algunos de los conflictos religiosos y étnicos más inmanejables del mundo. Las décadas de guerras civiles intermitentes, atizadas por la Guerra Fría, han hecho estragos con la infraestructura del continente. Las instituciones políticas y sociales en particular, desde las estructuras gubernamentales y el sistema judicial hasta las instituciones civiles, han sufrido inmensamente o nunca lograron desarrollarse, provocando la mayor concentración de "Estados fallidos" del planeta. Cerca de la mitad de los 54 Estados soberanos de África están aquejados por el caos político, la anarquía y la ilegalidad. Buena parte de la migración de las zonas rurales a las ciudades, y de éstas a los destinos internacionales, en particular los europeos, se debe a los conflictos y la violencia, que ponen en peligro no sólo la seguridad personal sino también el desarrollo económico.

Así pues, África no está libre de peligros, pero los beneficios potenciales para su propia población en crecimiento son inmensos. El ascenso poblacional de África la convierte en una fuerza que ya no puede ser ignorada; su suerte, buena o mala, será de trascendencia planetaria. Si las cosas salen bien África será un continente vibrante y dinámico cuyos beneficios se extenderán por el mundo. Si las cosas salen mal, las consecuencias negativas se sentirán por todo el planeta. La demografía no es destino, pero sí determina la vida de las personas.

La gran oportunidad de alimentar a la población africana

La mayoría de la gente cree que las grandes oportunidades de negocios se encuentran en el sector de los servicios y pueden explotarse mediante plataformas tecnológicas o apps. Pensemos lateralmente sobre el crecimiento demográfico en África. Según el Banco Mundial, para 2030 la agricultura africana se convertirá en un sector con valor de billones de dólares. Es una auténtica mina de oro en proceso, y una que bien puede transformar la economía global en su conjunto. El futuro de los bebés africanos, la mayoría de los cuales nace en áreas rurales, depende de la transformación de su sector agrícola. A pesar de sus enormes extensiones de tierra y agua en abundancia, el continente es actualmente un importador neto de alimentos. Y si bien industrias extractivas como el cacao, la minería y el aceite han sido fundamentales durante muchísimo tiempo para las economías nacionales, en el futuro cercano la mayoría del crecimiento en África se deberá a la expansión de la agricultura y las manufacturas y servicios que atenderán a la creciente población del continente. El desafío agrícola es doble: cultivar hasta dos millones de kilómetros cuadrados de tierras —más o menos la superficie de México— *e* incrementar dramáticamente la productividad.

África está por ver una doble revolución, agrícola e industrial, parecida a las que ocurrieron en Europa, América y el este de Asia en siglos pasados. Pensemos en los beneficios de crear una dinámica virtuosa alrededor de un sector agrícola en expansión. Un granjero necesita mejores insumos, como semillas y fertilizantes, para aumentar la productividad y disfrutar una mejor calidad de vida. Su éxito alimenta, a su vez, la creación de empleos de apoyo a la agricultura en su aldea, incluyendo los de reparación de tractores y otra maquinaria. Cuando los cultivos de subsistencia evolucionan hasta modelos agrícolas de alto rendimiento los excedentes se llevan a las ciudades en crecimiento, reduciendo así los volúmenes de alimentos importados. La transformación de los alimentos crudos en comidas preparadas o frutas enlatadas crea aún más empleos, tal vez millones en todo el continente, y esto da lugar a su vez a una próspera economía manufacturera y un pujante sector de servicios que distribuye y vende los bienes procesados a la población urbana. En eso consiste, en resumen, la revolución agrícola-industrial que le espera a África.

Para lograr este potencial hay muchos tipos de organizaciones y compañías que están aportando nuevas ideas y nuevas prácticas a la agricultura africana. Por ejemplo, la Fundación Africana de Tecnología Agrícola le ha enseñado a quienes practican la agricultura de subsistencia técnicas de muestreo de suelos y selección de semillas. Según el personal de campo de la fundación, "Algunos granjeros se rieron cuando les explicamos que si preparan adecuadamente sus campos, usan las semillas correctas y emplean fertilizantes sus cosechas se multiplicarían por diez. Es un lenguaje que nunca oyeron antes". Pensemos en el caso de Samuel Owiti Awino. Su granja en la región del lago Victoria de Kenia ha sido azotada por lluvias irregulares y la destructiva hierba *Striga*. Desesperado, ha intentado todos los trucos imaginables para producir una cosecha suficientemente buena para mantener a su familia y tener un excedente que vender en el mercado local. "Cuando estás enfermo y no sabes qué te aqueja te tomas cualquier brebaje que te ofrezcan, esperando que alguno termine por curarte", dice. "Eso es lo que he estado haciendo durante mucho tiempo con mi granja." Awino no dio crédito cuando comprobó que su parcela de prueba rendía el doble de maíz que su mejor parcela tradicional.

A diferencia de lo que sostienen los alarmistas que acuñaron el término *bomba de población*, el crecimiento demográfico podría ser el incentivo que necesita África para impulsar su sector agrícola, lo que a su vez crearía empleos y generaría actividades económicas relacionadas, no sólo en África sino también en otras partes del mundo. Las mejoras en gestión de suelos, irrigación y distribución pueden producir enormes beneficios.

El futuro de África depende de la conversión de granjeros de subsistencia, como Awino, en agricultores sofisticados. Una forma ingeniosa de convertir el estallido poblacional africano en una oportunidad tiene que ver con el cultivo, la cosecha y el procesamiento de una planta prodigiosa llamada tapioca o mandioca. Este vegetal de raíz, nativo de América del Sur, es notablemente resistente a las sequías, puede cosecharse en cualquier momento, con una flexible ventana de 18 meses, y requiere trabajo manual para plantarse, lo que proporciona a la población local una fuente de ingresos. En los países en desarrollo la tapioca ya representa la tercera fuente de carbohidratos, después del arroz y el maíz, y actualmente se usa sobre todo para producir harina y cerveza. En el África subsahariana al menos 300 millones de personas dependen de ella para satisfacer sus necesidades alimentarias diarias. Además, la tapioca es naturalmente libre de gluten y contiene menos azúcar que el trigo, lo que la convierte en una alternativa saludable a los granos y una mejor fuente de carbohidratos para los diabéticos. Conforme se incremente la producción de tapioca en el continente, una parte podría transformarse en productos con valor añadido para exportación: es un componente de las maderas contrachapadas; se usa como relleno de muchos productos farmacéuticos, entre ellos píldoras, tabletas y cremas, y también puede convertirse en biocombustible.

Para que las inmensas posibilidades de la producción de tapioca se hagan realidad se necesita tanto conocimiento como equipamiento. En el corazón de Zambia, Celestina Mumba pasa muchas horas a la semana demostrándoles a otros granjeros de tapioca cómo mejorar su rendimiento mediante técnicas sencillas como la selección de semillas y el espaciamiento de plantas. Se ha convertido en experta y ahora pasa la mayoría del tiempo ayudando a los demás a usar los mejores métodos a su disposición. A 3,000 kilómetros de allí, en Nigeria, el pastor Felix Afolabi fundó Afolabi Agro Divine Ventures para darle tutorías a jóvenes granjeros de tapioca y para conseguir los arados, rastras, pulverizadores, sembradores, arrancadores de raíces, tractores y excavadoras necesarios para mecanizar la agricultura nigeriana. Los granjeros emprendedores como Mumba y Afolabi son los pioneros de la revolución agrícola-industrial africana.

Si bien muchos de los recursos humanos, tecnológicos y financieros necesarios para desarrollar más la producción de tapioca por toda el África subsahariana están disponibles localmente, las empresas y las ONG extranjeras también pueden hacer contribuciones cruciales. Puesto que tiene un alto contenido de agua, la tapioca debe procesarse a más tardar 48 horas después de ser cosechada, de modo que todo el equipo necesario debe estar disponible cerca del campo. La Compañía Neerlandesa de Desarrollo y Comercio Agrícola (DADTCO), una empresa con fines de lucro que se dedica a mejorar las parcelas de las comunidades pobres, ofrece a pequeñas granjas africanas unidades de procesamiento, refinado y secado instaladas en contenedores montados sobre camiones que pueden ir de aldea en aldea. La cosecha puede comenzar tan pronto se instala este equipo móvil. Tal vez muy pronto estos granjeros y otros emprendedores locales empleen estos recursos para producir alimentos por su cuenta.

En el futuro cercano la expansión de la tapioca podría proporcionarles a los bebés que hoy viven en el campo los empleos que requerirán para ganarse la vida. ¿Y qué tal si África se convierte en una potencia de la industria global de cerveza? Algunas de las compañías más grandes del mundo, SABMiller y Diaego entre ellas, ya se abastecen con los productores de tapioca de las materias primas para producir cerveza, y reducen así el costo de su producto final y la dependencia generalizada de los onerosos materiales de importación de la que adolece África. Si la cerveza de tapioca resulta rentable y sostenible ambientalmente, pronto tendrá diversas cervezas africanas en su bar local y a precios que no podrá ignorar. ¡Mucho ojo, Anheuser-Busch!

La sabana de sílice

Más allá de la próxima revolución agrícola-industrial hay un área en la que África alcanzó el siglo XXI más rápido que cualquier otra región: la tecnología de telecomunicaciones móviles. Y esta transformación ya está cambiando vidas por todo el continente. Pensemos en la historia que le contó Naomi Wanjiru Nganga, habitante del barrio bajo de Korogocho en Nairobi, al *Irish Times*. Naomi tiene 34 años, está enferma y mantiene a sus cuatro hijos recolectando cajas de cartón usadas y vendiéndolas en el mercado local. Su único dispositivo tecnológico es un teléfono celular bastante elemental, que usa no sólo para comunicarse sino para hacer y recibir pagos, incluyendo un apoyo mensual que le entrega una organización benéfica irlandesa. Es una beneficiaria directa del rápido despliegue de las redes de comunicación móvil en la zona. Hace una década Kenia sorprendió al mundo al convertirse en uno de los líderes mundiales en pagos móviles, de los que 75 por ciento de su población es usuario asiduo. Naturalmente hoy Nairobi es llamada la "sabana de sílice". Por eso pienso que si queremos abrir una ventana para ver qué nos depara 2030 tenemos que viajar a África.

La tecnología móvil ha demostrado ser particularmente útil en el sector de la salud. En Kenia, por ejemplo, la mayoría de la población rural vive a una hora de distancia en autobús del médico o las instalaciones de salud más cercanos. Para resolver el problema del acceso se han lanzado muchos servicios móviles, desde *hotlines* médicas y herramientas de diagnóstico temprano hasta educación, recordatorios médicos y seguimientos. Actualmente 90 por ciento de la población tiene un teléfono celular. Los registros telefónicos en Kenia son más confiables que los censos oficiales. Para planear las políticas públicas de salud y comunicación las oficinas de gobierno prefieren usar bases de datos de telefonía celular que registros de nómina o expedientes escolares.

Como muchos otros países —ricos y pobres por igual— Kenia enfrenta una escasez de personal de salud capacitado, costos cada vez mayores y un aumento desmesurado de la demanda. Existen cientos de proyectos y programas de salud electrónicos que benefician a una población rural cada vez más grande. El modelo de usar telecomunicaciones móviles en salud pública, tal como se ve en Kenia, puede ofrecer una solución tecnológica al acceso a la salud que sea eficiente e incluyente, algo que otras naciones pueden emular, incluso un país como Estados Unidos, donde la salud ha estado permanentemente en la contienda política y en el que los costos parecen incrementarse año con año.

La ansiedad y el enojo ante la inmigración

Para 2030 la población humana se distribuirá por el planeta en formas muy distintas a las actuales, con números mucho mayores de personas en África y el sur de Asia que en otras partes del mundo. Y aunque cambiarán las cifras de personas que migrarán de un país al otro, las causas serán las mismas: la migración tiende a convertirse en un fenómeno de gran magnitud siempre que en una región del mundo abunden los bebés y escaseen en otra, o a raíz de crisis como guerras civiles, disturbios políticos, hambrunas, emergencias económicas o desastres naturales. Recientemente se piensa en la migración internacional como una "inundación" que debe ser contenida. Los líderes políticos llaman a construir muros. Los países abandonan los acuerdos comerciales y salen de organizaciones político-económicas como la Unión Europea. Los ciudadanos marchan por las calles con pancartas en las que expresan su rechazo a los inmigrantes. Pero ¿qué pasaría si el temor a que los inmigrantes se roben los trabajos y agoten los recursos del gobierno es infundado?

La vox populi dice que los migrantes desplazan a los obreros y se roban los buenos trabajos de manufactura. Pero en realidad la mayoría de los inmigrantes no compiten con los locales por empleos, como han concluido las Academias Nacionales de Ciencias, Ingeniería y Medicina de Estados Unidos en varios reportes históricos. La razón es que la mayoría de los inmigrantes están o poco calificados o altamente calificados, y por lo tanto no tienen buenas posibilidades de emplearse en sus países de origen. En contraste, sus compatriotas con niveles intermedios de calificación —como los operarios o los mecánicos— tienen muchas oportunidades laborales en sus comunidades de origen y por lo tanto tienden a no migrar. En economías desarrolladas como las de Estados Unidos, Japón o Europa hay una gran demanda de trabajos pocos calificados, en particular en los sectores agrícola y de servicios, así como de trabajos altamente calificados. Mientras tanto, la mayoría de las pérdidas laborales en los países desarrollados ha ocurrido en el sector manufacturero y entre los trabajadores medianamente calificados, puesto que sus trabajos son sencillos y más baratos de automatizar. En los países ricos tiene más sentido económico instalar tecnologías que reemplacen los empleos que requieren habilidades intermedias, precisamente porque los salarios son lo suficientemente altos como para proveer un incentivo para la automatización y las tareas son relativamente fáciles de automatizar (como veremos en el capítulo 6). Así, la ansiedad y el enojo que producen la pérdida de empleos deberían dirigirse principalmente hacia el cambio tecnológico, no hacia la inmigración. Mi colega de Wharton Britta Glennon ha descubierto que limitar la cantidad de visas disponibles para científicos e ingenieros extranjeros de hecho destruye empleos en Estados Unidos porque las compañías tienden a llevarse sus laboratorios de investigación y desarrollo al extranjero para aprovechar otras reservas de talento. ¿Quiénes son los mayores beneficiarios de restringir la inmigración? China, India y Canadá, los países a los que se trasladan estas actividades de investigación y desarrollo.

Cuando analizamos las estadísticas para determinar cuántas personas de origen extranjero están empleadas en Estados Unidos por nivel educativo comprobamos que los inmigrantes no tienden a robarle empleos a los estadunidenses. Aproximadamente 42 por ciento de los trabajadores que dejaron la educación media superior son inmigrantes, y 29 por ciento de los que poseen doctorados son extranjeros. Sólo 15 por ciento de quienes tienen un diploma de educación media superior, 10 por ciento de los que tienen algo de educación universitaria pero no se graduaron y 14 por ciento de los que poseen grados de licenciatura son inmigrantes. Por su parte, la Oficina del Censo de Estados Unidos reporta que la cifra de empleos de gestión y técnicos altamente capacitados se ha incrementado, mientras que el número de empleos manufactureros y administrativos de bajo nivel, caracterizados por habilidades intermedias, se ha desplomado a causa de la automatización.

Si nos echamos un clavado en los datos sobre las ocupaciones específicas encontramos más evidencias de que la mayoría de los inmigrantes no compiten con los locales por empleos. Según el Urban Institute, los principales tres grupos laborales entre aquellos inmigrantes en Estados Unidos que no poseen diplomas de enseñanza media superior son empleadas domésticas y amas de casa, cocineros y trabajadores agrícolas. Por su lado, los obreros nativos sin diplomas de educación media superior están más representados entre los cajeros, conductores de camiones y otros vehículos y conserjes. La competencia directa por empleos entre los inmigrantes y los locales es limitada.

La migración ayudará a superar algunos de los obstáculos asociados con el envejecimiento de la población. La ONU la llama "migración de reemplazo". Los datos de la Oficina de Estadísticas Laborales de Estados Unidos sugiere que conforme comienza a retirarse la generación del *baby boom* la economía estadunidense requerirá un mayor influjo de inmigrantes para cubrir la demanda de empleos distintos, desde asistentes de enfermería y asistentes de salud en el hogar hasta trabajadores de la construcción, cocineros y desarrolladores de software. Para 2030 más de la mitad de éstos y otros empleos en Estados Unidos estarán ocupados por trabajadores de origen extranjero.

Otra forma de analizar si la inmigración menoscaba la posición económica de los locales es examinar los ingresos. Si los inmigrantes compiten con ellos por los mismos empleos los salarios que perciben los trabajadores locales deberían verse reducidos. Tras examinar cuidadosamente la evidencia, las

Academias Nacionales de Ciencia, Ingeniería y Medicina llegaron a la conclusión de que "el impacto de la inmigración sobre los salarios generales para los
nacionales puede ser muy pequeño, cercano a cero". Lo que es más importante, la mayoría de las investigaciones encontró "en general mayores efectos
negativos para los grupos vulnerables [por ejemplo, minorías étnicas] y para
los inmigrantes previos que para los nativos". Esto podría explicar la paradoja
de que una importante proporción de los inmigrantes recientes en Europa y
Estados Unidos voten por candidatos que demonizan la inmigración. Está
claro que el grupo nativo más expuesto a los efectos de la inmigración es el
de quienes abandonaron la educación media superior, que también tienden a
favorecer controles migratorios más severos, un factor de gran importancia en
las elecciones de 2020.

Si bien la evidencia sugiere que los inmigrantes no compiten con los locales por empleos, aún sería posible que la inmigración representara una pérdida
neta para el país de destino si los recién llegados se beneficiaran desproporcionadamente de los servicios de seguridad social del gobierno. De hecho,
mucha de la ira popular contra los inmigrantes, tanto en Europa como en
Estados Unidos, tiene que ver con la acusación de que representan una carga
fiscal porque reciben más, como beneficiarios de los servicios sociales, de lo
que contribuyen como trabajadores. Una vez más, la evidencia contradice
esta noción popular. Aproximadamente 72 por ciento de los inmigrantes internacionales del planeta está en edad productiva, en comparación con 58 por
ciento de la población total. Según un estudio de la prestigiosa Organización
para la Cooperación y el Desarrollo Económicos (OCDE), los inmigrantes han
representado 47 por ciento del crecimiento en la fuerza laboral en Estados
Unidos y 70 por ciento en Europa desde 1990, y tienden a contribuir más en
forma de impuestos de lo que reciben en forma de beneficios de los programas
gubernamentales. "A cualquier edad", puntualiza el reporte de las Academias
Nacionales, "los integrantes adultos de la segunda generación [de inmigran-
tes] suelen tener un impacto fiscal neto más positivo, para todos los niveles

de gobierno, que los adultos de la primera o de la tercera generación." Entre 1994 y 2013 la relación de impuestos/beneficios "se incrementó para los grupos tanto de la primera como de la segunda generación", lo que indica que con el tiempo los inmigrantes van contribuyendo más fiscalmente a través de nóminas e impuestos sobre la renta de lo que reciben en beneficios de los programas de gobierno. Vale la pena notar que el impacto fiscal de los inmigrantes es más positivo a nivel federal —puesto que la mayoría de ellos están en edad productiva— que a nivel estatal y local, que son los gobiernos que financian la educación de sus hijos. Las Academias Nacionales concluyen que "un inmigrante y una persona nacida en el país con características similares [por ejemplo, edad, educación, ingreso] posiblemente tendrán el mismo impacto fiscal".

Los inmigrantes no roban empleos: *crean* empleos

Google, Intel, eBay, Facebook, LinkedIn y Tesla tienen dos cosas en común: han transformado la economía estadunidense y fueron fundados o cofundados por inmigrantes. La economía global no sería la misma sin ellos. Cerca de 23 por ciento de las empresas de alta tecnología en Estados Unidos son fundadas por inmigrantes, y la proporción es significativamente mayor en ciertos estados: 40 por ciento en California, 42 por ciento en Massachusetts y 45 por ciento en Nueva Jersey, según la Kauffman Foundation y el Bay Area Council Economic Institute. Para 2016 los inmigrantes habían fundado 44 de los 87 "unicornios" estadunidenses —aquellas empresas privadas cotizadas en 1,000 millones de dólares o más—, tal como reportó el grupo de reflexión apolítico National Foundation for American Policy. Veintitrés de los emprendedores que fundaron estas 44 empresas llegaron a Estados Unidos para cursar estudios de licenciatura o posgrado, en su mayoría provenientes de India, Canadá, Reino Unido, Alemania e Israel. David Hindawi, por ejemplo, nació en Bagdad en 1944, en el seno de una familia judía iraquí. Su familia se fue a vivir a Israel en 1951, donde sirvió en la fuerza aérea israelí. En 1970 se mudó a Estados Unidos para obtener un doctorado en la Universidad de California en Berkeley. En 2007 unió esfuerzos con su hijo Orion para fundar Tanium, una empresa de ciberseguridad que crecería hasta emplear a 500 personas.

Los inmigrantes son un regalo para la economía, porque están más motivados para convertirse en emprendedores. Un meticuloso reporte de las Academias Nacionales encontró que "los inmigrantes son más innovadores que los nativos", en función, por ejemplo, del número de patentes que obtienen. "Al parecer los inmigrantes innovan más que los nativos, no porque posean una capacidad inherente mayor sino gracias a su concentración en los campos de la ciencia y la ingeniería", concluye el estudio. "La inmigración es emprendedurismo puro", escribió en 2013 Reid Hoffman, cofundador de LinkedIn, en un artículo de opinión de *The Washington Post*. "Abandonas todo lo que conoces para comenzar en un nuevo lugar. Para tener éxito tienes que establecer alianzas. Tienes que adquirir competencias. A veces tienes que improvisar. Es una propuesta muy osada."

Además del emprendedurismo, pensemos en las contribuciones de los inmigrantes al sector de la salud en Estados Unidos. Según un estudio de 2016 de la George Mason University, los inmigrantes apenas representan 13 por ciento de la población total de este país, pero conforman 28 por ciento de los médicos y los cirujanos, 22 por ciento de los asistentes de enfermería, psiquiátricos y domésticos y 15 por ciento de los enfermeros y enfermeras registradas. También son más de la mitad de los científicos médicos que trabajan en las áreas de biotecnología. El factor clave tras estos porcentajes es que la mayoría de estos inmigrantes se capacitó como profesionales médicos en sus países de origen. Si bien algunos de los que obtuvieron sus grados en el extranjero deben adquirir capacidades más avanzadas antes de trabajar en Estados Unidos, a causa de los altos estándares laborales de este país, el caso es que Estados Unidos no produce suficientes trabajadores de la salud altamente capacitados.

Queda claro que los inmigrantes que trabajan en el campo de la salud no están compitiendo por los empleos estadunidenses.

Otro indicador útil es el de los premios Nobel de ciencia. Entre los 85 ciudadanos estadunidenses que han ganado los premios de química, física y fisiología o medicina desde el año 2000, 33 de ellos, es decir, cerca de 40 por ciento, nacieron en el extranjero. Si Estados Unidos quiere conservar su posición como el país más innovador del mundo, la inmigración debe desempeñar un papel, en especial a medida que las economías del conocimiento siguen su imparable ascenso.

Las Academias Nacionales ya habían llegado a la conclusión, en un reporte de 1997, de que el efecto neto de la inmigración en la economía estadunidense era positivo. En su reporte de 2017 observaron que sin inmigración hacia Estados Unidos "está claro que el PIB sería mucho menor, y tal vez el PIB per cápita también, en gran medida porque Estados Unidos tendría una población más vieja, con un porcentaje considerablemente menor de individuos activos en la fuerza laboral". El influjo de inmigrantes tiende a reducir los precios para "el cuidado de niños, la preparación de comida, las tareas domésticas, las reparaciones de casas y la construcción". El reporte también hizo hincapié en que, dada la importancia del mercado inmobiliario para Estados Unidos, los inmigrantes y sus descendientes representan una demanda adicional —y muy bienvenida— de alojamiento. También resulta difícil imaginar cómo podrían funcionar muchas familias estadunidenses de clase media con dos padres que trabajan sin la presencia de inmigrantes que los ayuden a criar a sus hijos. En 2030 veremos cómo el dinamismo creativo que brinda la inmigración desempeña un papel aún más central en la economía estadunidense que el que tiene hoy… a menos que los constructores de muros se salgan con la suya.

Nuestros sesgos cognitivos contra la inmigración

La inmigración también es muy controvertida porque tendemos a concentrarnos más en los inconvenientes que en las virtudes. Los psicólogos Amos Tversky y Daniel Kahneman propusieron que en muchas áreas de la vida tomamos malas decisiones porque nuestro pensamiento está empantanado por el "sesgo de aversión a la pérdida". Tras realizar muchos experimentos llegaron a la conclusión de que las personas en general prefieren evitar las pérdidas que concentrarse en ganancias equivalentes. Puede resultar sorprendente, pero a la mayoría de la gente le parece más atractivo dejar de perder 10 dólares que ganar 10 dólares.

Para su tesis de maestría en la Universidad de Bergen la economista conductual noruega Thea Wiig llevó a cabo un experimento en el que le presentó a algunas personas ciertas estadísticas sobre el empleo de los inmigrantes (donde mostraba los posibles beneficios sociales de la inmigración) y el impacto de la inmigración en los programas sociales (donde mostraba las posibles pérdidas). Encontró que "las pérdidas ocupan más espacio que las ganancias" en la mente de las personas, lo que contribuye a las actitudes negativas hacia la inmigración. "La gente es susceptible a los enfoques negativos que hacen hincapié en los costos de la inmigración", escribió. En particular, "la información conductual sobre la tasa de empleo de los inmigrantes en Noruega, que es de 60 por ciento, provoca que los individuos prefieran políticas migratorias más estrictas". Las implicaciones de esta investigación son que las preferencias respecto a la inmigración y, por lo tanto, el abanico de políticas públicas posibles pueden moldearse e incluso ser manipulados en cuanto notamos que "la gente está más dispuesta a renunciar a los beneficios de la inmigración que a absorber sus costos". Cuanto más nos acercamos a 2030, más importante es reconocer cuán hábil —e influyente— ha sido el enfoque negativo de la inmigración, y cuán efectivamente ha superado los argumentos de quienes promueven sus beneficios. En un artículo en *The New York Times* el periodista

James Surowiecki argumenta que la retórica que sostiene que "estamos perdiendo nuestro país" resulta convincente porque apela a nuestro sesgo de aversión a las pérdidas, que les ha dado una ventaja electoral a los candidatos antiinmigración.

Otras investigaciones que exploran el sesgo de aversión a la pérdida arrojan luz sobre el comportamiento de los propios inmigrantes. Al analizar las diferencias conductuales entre nativos, individuos nacidos en el extranjero que deciden inmigrar y extranjeros que permanecen en su país natal, un estudio encontró que de esos tres grupos los migrantes son los que tienen mayor tolerancia al riesgo. Esto puede explicar por qué tantos inmigrantes se vuelven emprendedores. Pero también es importante notar que los inmigrantes potenciales responden con más intensidad a las malas noticias sobre las condiciones económicas futuras que a las buenas, como todos los demás. Además, la inmigración está más motivada por las dificultades económicas en el país de origen que por las oportunidades en el país de destino, como nota Mathias Czaika en otro estudio. Este hallazgo muestra que, por lo general, los inmigrantes no sólo están tratando de mejorar los estándares de vida que tenían en su propio país: están escapando de condiciones económicas hostiles e incluso desesperadas.

La posesión de propiedades (o la falta de ellas) es otro factor clave de la inmigración, porque afecta las actitudes hacia el riesgo. En un estudio publicado en *Proceedings of the National Academy of Sciences*, William Clark y William Lisowski encontraron que los inmigrantes sopesan cuidadosamente las posibles ganancias y pérdidas que conlleva la decisión de mudarse a otro país. Quienes son dueños de una casa o tienen otros tipos de propiedad son menos propensos a mudarse, dentro o fuera de su país. Es por eso que la redistribución de tierras en los países pobres podría reducir las tasas de migración más efectivamente que los muros fronterizos.

Lo cierto es que hay muchas buenas razones para concentrarse en las ventajas de la inmigración. Un reporte de 2018 de los fideicomisarios de la

Administración de Seguridad Social advertía que para 2030 sería imposible alcanzar el nivel mínimo de "suficiencia financiera de corto plazo" del fondo porque el gobierno lo usa para el pago continuo de beneficios, en vez de asegurar la viabilidad de largo plazo del sistema. *USA Today* recibió el reporte con el encabezado "La seguridad social y Medicare mueren lentamente, pero nadie en Washington mueve un dedo".

La inmigración representa no una amenaza sino una oportunidad lateral para asegurar la viabilidad futura del sistema de pensiones. Los inmigrantes pagan millones al año en impuestos de seguridad social por nómina, aunque estén indocumentados y usen números de seguridad social falsos. El grupo de reflexión New American Economy calcula que muy pocos de los 8 millones de trabajadores indocumentados que pagaron unos 13,000 millones de dólares en impuestos a la nómina en 2016 tienen derecho a recibir beneficios de seguridad social. Y resulta que los inmigrantes con sueldos bajos son los que más contribuyen, porque el impuesto de 6.2 por ciento de la seguridad social sólo aplica a los primeros 128,400 dólares en ingresos. "Deportar trabajadores indocumentados tendrá un impacto negativo, de corto y largo plazo, en los fondos de seguridad social, que están vinculados directamente con el crecimiento demográfico", afirma Monique Morrissey, economista del Instituto de Políticas Económicas. En su reporte, los fideicomisarios de la Administración de Seguridad Social observaron por qué un aumento en las oleadas migratorias son potencialmente benéficas: "La tasa de costos baja con un aumento en la inmigración neta total porque la inmigración ocurre a una edad relativamente temprana, lo que aumenta las cifras de trabajadores cubiertos más pronto que el número de beneficiarios".

En resumen, los enfoques importan. Si usted piensa lateralmente puede convertir un problema en una enorme oportunidad. Cuanto más logremos enfocar nuestra atención en las oportunidades, más probabilidades tendremos de adaptarnos con éxito a los desafíos de 2030.

¿De verdad ocurre la fuga de cerebros?

Hasta los opositores más acérrimos de la inmigración concuerdan en que necesitamos extranjeros altamente capacitados para llenar las lagunas de la economía estadunidense. Pero ¿eso significa aprovecharse de los países más pobres, que pierden a algunas de las personas más talentosas en provecho de otras naciones? En la década de 1950 los británicos acuñaron el término "fuga de cerebros" para calificar la pérdida de su capital humano en beneficio de Estados Unidos y Canadá, donde los médicos, ingenieros y otros trabajadores altamente calificados encontraban trabajos mejor remunerados que en su país natal. Durante las últimas tres o cuatro décadas un proceso parecido de migración de talento ha despojado a países en desarrollo como Bangladesh, Nigeria y Filipinas de buena parte de su capital humano más valioso. Según Anna Lee Saxenian, geógrafa y politóloga de la Universidad de California en Berkeley, el círculo de empobrecimiento provocado por la fuga de cerebros puede convertirse en un círculo virtuoso de "circulación de cerebros", en beneficios de los países tanto de origen como de destino.

Miin We, por ejemplo, emigró a Estados Unidos desde su nativa Taiwán para obtener un doctorado en energía eléctrica en la Universidad de Stanford. Tras graduarse en 1976 trabajó para las legendarias compañías Siliconix e Intel. Diez años más tarde cofundó en Silicon Valley VLSI Technology, una empresa dedicada al diseño y la manufactura de circuitos integrados. Para finales de la década de 1980 Taiwán se había convertido en un imán para la manufactura de chips, de modo que We decidió emplear a sus contactos en Estados Unidos para fundar Macronix, una de las primeras compañías de semiconductores del país y la primera compañía taiwanesa en aparecer en el índice Nasdaq. Su vida se convirtió en un tránsito permanente por el Pacífico. El emprendedurismo de Wu se alimenta, y se beneficia, tanto de su nación de origen como de su país de adopción.

James Joo-Jin Kin se mudó de Corea del Sur a Estados Unidos en la década de 1960, en busca de educación. Cuando llegó a la Wharton School "ambas partes de la península coreana estaban devastadas por la guerra, y no puedes ni imaginarte lo sombrías que eran las perspectivas para todos los coreanos. Éramos desesperadamente pobres, y nuestra nación se encontraba en ruinas". En 1969, tras obtener un doctorado y trabajar como profesor universitario, fundó Amkor Technology, un proveedor de servicios de empaque y prueba de semiconductores que en 2018 reportó ventas por 4,200 millones de dólares. Amkor emplea a casi 30,000 personas en fábricas del este de Asia y Portugal, además de tener varias instalaciones en Estados Unidos. El nombre de la compañía lo dice todo: es un híbrido de "América" y "Corea" (Korea en inglés). Amkor ha ayudado a Corea del Sur a convertirse en la potencia tecnológica que es hoy. "Sobrevivimos, perseveramos y luego prosperamos", afirma Kim.

Los emprendedores visionarios como Wu y Kim demuestran el posible impacto de la inmigración en muchos países. Gracias a los bajos costos de transporte y a las ventajas de las comunicaciones digitales, hoy en día un emprendedor puede operar un negocio a caballo en un par de países distantes entre sí, como India y Estados Unidos o China y Estados Unidos, explotando los recursos complementarios que existen en cada uno. Hoy en día es posible colaborar en tiempo real a través de continentes enteros, tanto en las tareas más rutinarias como en las más complejas. Como resultado, se crean empleos tanto en el país de origen de los inmigrantes como en el de destino. Y si bien hasta hace poco el mercado para estas colaboraciones era primordialmente Estados Unidos, en el futuro cercano el crecimiento de los mercados de consumo chino e indio creará colosales oportunidades para esta clase de emprendedores o compañías transnacionales.

Además, los beneficios de esta circulación de cerebros por el mundo, tal como la describe Saxenian, son múltiples: atrae inmigrantes altamente calificados hacia una economía como la estadunidense, que enfrena con frecuencia escasez de mano de obra, y crea empleos para los estadunidenses en algunas de las industrias del futuro, pero lo más importante es que construye un puente entre Estados Unidos y algunos de los mercados emergentes más grandes del mundo, un fenómeno que posiblemente rinda frutos extraordinarios conforme el centro de gravedad de la actividad económica y el consumo se traslade del Atlántico Norte hacia Asia y eventualmente África.

El Banco Mundial ha estudiado la enorme escala de esta colaboración internacional mediante las llamadas *redes de la migración* de emprendedores e ingenieros que estudiaron en Estados Unidos. Dependiendo de su país de origen, entre 50 y 75 por ciento de ellos regresó a sus hogares, donde muchos fundaron sus propias compañías. Entre los que permanecieron en Estados Unidos, 50 por ciento vuelve a su país de origen al menos una vez al año por viajes de negocios. Los efectos benéficos de las redes de la migración de trabajadores altamente calificados son particularmente notorios en Israel, Taiwán e India. La tecnología de la información es el sector que mejor se presta a este tipo de desarrollo transnacional, posiblemente gracias a sus bajos requerimientos de capital.

Si bien las oportunidades intrínsecas de la migración son gigantescas, también lo son los posibles escollos cuando los nativos sienten que llevan las de perder. Es imperativo debatir tranquilamente sobre las mejores políticas para determinar el volumen, los tiempos y la composición de la inmigración con el fin de maximizar las oportunidades, tanto para los países de origen como los de destino, de modo que la globalización no deje atrás a millones de personas cuando pierdan sus empleos y se degraden sus comunidades. La investigación muestra que los sistemas de cuotas no parecen ser la mejor forma de alcanzar esas metas, y que los sistemas basados en la demanda laboral y las habilidades tienen mejores oportunidades de éxito. Tal vez el mejor ejemplo sea Canadá, que ha logrado atraer inmigrantes altamente calificados al ofrecerles a los estudiantes universitarios extranjeros rutas para obtener una visa de trabajo al graduarse. La Conference Board of Canada, una asociación patronal, calculó en 2018 que si durante las dos décadas siguientes se restringiera la inmigración, la tasa de crecimiento económico caería 30 por ciento: "Si Canadá le pusiera un alto a la inmigración experimentaría una contracción de la fuerza de trabajo, se debilitaría el crecimiento económico y se enfrentarían mayores desafíos para financiar servicios sociales como el de la atención médica". Las economías más vibrantes en 2030 serán las que logren aprovechar las contribuciones dinámicas de los inmigrantes al tiempo que cuiden a quienes resultan perjudicados por las constantes transformaciones de la economía.

Bebés, migración y oportunidad

En este capítulo seguimos a los bebés para darnos una idea de cómo será 2030. Ya nacieron los jóvenes consumidores del futuro cercano, y la migración compensará en parte el rápido envejecimiento de las poblaciones en algunos países del mundo. Mientras tanto, el costo de los ajustes a la nueva realidad será la creciente ansiedad, e incluso la ira, de quienes se quedan atrás. El resultado de estas fuerzas contradictorias dependerá de cómo transformemos las ansiedades del presente en oportunidades para el futuro.

Para muchos países del mundo, incluyendo Estados Unidos, la solución se encontrará en el equilibrio entre las necesidades y las aspiraciones de distintos grupos demográficos. Los segmentos de población jóvenes y viejos perciben los desafíos por venir en formas radicalmente distintas, como es de esperarse. Donde unos ven ganancias los otros tienden a ver pérdidas. El capítulo 2 muestra cómo pueden aprovecharse las oportunidades intrínsecas de los grandes cambios demográficos.

2. El gris es el nuevo negro

APRENDER NUEVAS TECNOLOGÍAS EN LA TERCERA
EDAD, POSPONER EL RETIRO Y REPENSAR LAS IDEAS
DE "VIEJO" Y "JOVEN"

Mi generación, enfrentada a una disyuntiva entre la fe religiosa y la desesperación existencial, optó por la marihuana. Ahora nos encontramos en la etapa del Cabernet.

Peggy Noonan, periodista y escritora

Los 2,300 millones de milenials —los nacidos entre 1980 y 2000— están en el foco de la atención mundial. Sus mentes, sus billeteras y sus votos: las empresas y los políticos los quieren a todos. Según Morgan Stanley, los milenials son actualmente "el rango de edad más importante para la actividad económica", porque son quienes iniciarán familias, tendrán bebés y gastarán dinero para establecerse.

Éste es un error.

Para empezar, no son distintos de las generaciones anteriores en su heterogeneidad. Los milenials vienen en muchas formas y colores. Algunos están muy capacitados, otros no. Algunos son ricos, otros se las ven negras para llegar al final del mes. Algunos son consumidores narcisistas, otros aborrecen el mercantilismo. Los medios adoran generalizar sus actitudes o comportamientos, con frecuencia en formas sensacionalistas:

"Los milenials están terminando con las cenas románticas."

"Es oficial, los milenials arruinaron el *brunch*."

"Los milenials están acabando con la industria de la cerveza por su obsesión con el rosé."

"Los milenials están matando la industria de las servilletas."

"Los milenials están masacrando la industria fílmica."

"¿Terminarán los milenials con los bienes raíces?"

"¿Por qué los milenials no tienen sexo?"

Pero hay otra razón, mucho más trascendental, por la que toda esta alharaca con los milenials resulta una exageración: a diferencia de lo que suele pensarse, los milenials *no* son el segmento de mercado que más rápido crece en el mundo. De hecho, el segmento de mayor crecimiento por edad tal vez lo sorprenda. Con frecuencia lo ignoran las empresas, pero los cortejan los políticos (porque es más probable que voten) y resulta que son dueños de al menos 50 por ciento de la riqueza neta global, cerca de 80 por ciento en Estados Unidos. Se trata de la población mayor de 60 años, que para 2030 el mundo tendrá 400 millones más, particularmente en Europa, América del Norte y China. En Estados Unidos este grupo demográfico incluye tanto a los *baby boomers* como a la generación silenciosa (aquellos que crecieron durante la Depresión y vivieron o pelearon en la Segunda Guerra Mundial; Tom Brokaw los llamó "la mejor generación"). El historiador estadunidense Neil Howe señala, en un artículo para *Forbes*, que "la riqueza relativa de los viejos actuales no tiene precedentes históricos". Howe sabe un par de cositas sobre el tema: fue él quien acuñó el término *milenial*.

Los datos de la Reserva Federal indican que los miembros de la "generación silenciosa poseen cerca de 1.3 veces más riqueza que los *boomers*, más del doble que los de la generación X y 23 veces más que los milenials". Según Howe, "los mercadólogos se sienten atraídos por el nuevo poder adquisitivo de los *boomers* y han comenzado a gastar en publicidad para consumidores mayores, de 60 y 70 años de edad". Una de las principales revistas de la industria, *Advertising Age*, incluso subrayó "una serie de campañas protagonizadas por octogenarios para marcas globales como Nike y Poland Spring". Y es un mito que los costos de la atención médica asociados con la población anciana en Estados Unidos estén subiendo precipitadamente. De hecho, la mayoría del gasto en servicios de salud desde 2002 ha ocurrido en la población de entre 18 y 64 años de edad.

Cómo pensar sobre las generaciones

Nos encontramos en una coyuntura única en la historia: viven al mismo tiempo varias generaciones de un tamaño relativamente parecido que comparten el escenario y compiten por influencia. Las generaciones importan porque exhiben conductas características que tienen que ver con la época en la que crecieron y su situación en el momento actual. "La creación de una cosmovisión es el trabajo de una generación, más que de un individuo", escribió el novelista John Dos Passos. "Pero cada uno de nosotros, para bien o para mal, contribuye con su ladrillo al edificio."

Estos días las empresas se enfrentan a un dilema doble: los desconciertan los patrones de consumos de los milenials *y* no están seguros de cómo aproximarse a una generación mayor que vive y gasta durante más tiempo que cualquier otra hasta la fecha (la idea de un retiro cómodo que comience a los 65 años, un referente largamente vigente, ya no resulta relevante). Para complicar aún más las cosas, ¿hay algo en común entre estos dos grupos demográficos? "Está de moda tundirle a los *boomers*", escribió en 2016 Linda Bernstein en un artículo de *Forbes*. Muchos jóvenes están furiosos con los *baby boomers*, pues los culpan por todo, desde la crisis financiera y el cambio climático hasta una economía imposible de predecir. También hay una fisura política. Mientras que, en promedio, la gente más joven tiende a ser más progresista, ve en sus padres y abuelos un apoyo generalizado a los políticos populistas, las nuevas formas de nacionalismo y los muros para mantener fuera a quienes consideran indeseables. Además, la crisis financiera de 2008 hizo que la gente se cuestionara la antigua idea de que cada generación nueva estaba destinada a ser más próspera que sus padres. Pero los señalamientos van también en el sentido contrario, pues las generaciones se acusan mutuamente de ser narcisistas y de actuar únicamente en interés propio.

Lo que es realmente nuevo en estas dinámicas intergeneracionales es que conforme se acerca 2030 las definiciones convencionales de "joven" y "viejo" se volverán obsoletas. Ya no podemos asumir que el dinamismo sea sinónimo de juventud y la decadencia se asocie exclusivamente con la vejez. Los nuevos avances tecnológicos transformarán por completo la forma en la que nos relacionamos con el retiro y el cuidado geriátrico. Haga una pausa para imaginar un mundo en el que nuestros padres y abuelos estén entre las personas más activas y productivas del planeta. Imagine a los milenials, criados en un mundo de alta tecnología, creando negocios cuyo objetivo explícito es beneficiar a la población de más de 60. Piense en un mundo en el que la edad sea un factor menos relevante para el empleo, donde no sea inusual contratar a un septuagenario, por ejemplo. ¿Cómo se materializaría el poder adquisitivo de este grupo de más de 60, que se calcula que alcanzará los 15 billones de dólares al año?

¿El gris es el nuevo negro?

El sociólogo alemán Karl Mannheim fue el primero en poner de relieve la importancia de las generaciones. En sus textos, escritos hace un siglo, definió las generaciones como grupos de personas unidas por el tiempo y el espacio que se comportan de formas características que *se mantienen estables durante toda su vida*, formando una especie de significado colectivo conectado con ciertas experiencias: la Depresión, la Segunda Guerra Mundial, el movimiento por los derechos civiles, internet o las redes sociales, por ejemplo. Esto es diferente de un "grupo de edad", que sencillamente denota el hecho de haber nacido en un periodo arbitrario, como una década cualquiera, sin ningún rasgo unificador asignado.

Los miembros de una generación particular desarrollan una conciencia compartida a pesar de las diferencias socioeconómicas o culturales. Mannheim se refirió a estos subgrupos como "unidades generacionales". Pensemos, por ejemplo, en las diferencias que existen dentro de la "generación de los derechos civiles" en Estados Unidos, en términos de sus opiniones sobre la sociedad, su relación inmediata con la causa y su nivel de participación política.

Pero hay otro aspecto de las generaciones, conceptualizado por primera vez en la década de 1970 por el antropólogo y sociólogo francés Pierre Bourdieu. En vez de identificar un evento histórico, Bourdieu se centró en las "predisposiciones". Para él, cada generación desarrolla "prácticas o aspiraciones naturales y razonables que otra [generación] encuentra impensables o escandalosas". En otras palabras, un elemento de la rutina adquirida (lo que él llamó *habitus*) y la socialización son lo que distingue a las generaciones.

Este elemento identitario es esencial para entender el impacto de las generaciones sobre la economía, en particular en términos de ahorro y de consumo. Piense en lo que implica la competencia de distintas generaciones para sacar adelante sus propias agendas políticas y económicas. Y considere que dentro de cada una de estas generaciones hay diferentes subgrupos con sus propias necesidades y preocupaciones.

Reflexione también sobre la forma en la que el envejecimiento en una generación dada afecta las actitudes o las conductas a lo largo del tiempo. Cualesquiera que fueran sus diferencias al nacer, ¿será que las personas de la misma generación convergen en conjuntos de valores conforme envejecen?

No se moleste en tratar de impresionar
a los consumidores grises

"Anticipo el momento en el que se inicie la crisis, en el que encanezca el pelo, en el que comience el declive físico", escribe el periodista y editor británico Stefano Hatfield. "También estoy esperando que los anunciantes comiencen a dirigirse a mí, que me hagan el blanco de una estética y un tono aspiracionales." Las encuestas indican que un sorprendente 96 por ciento de los británicos mayores de 50 se sienten ignorados por los anunciantes. "Los *boomers* tienen el dinero, pero a los anunciantes no parece importarles", se lee en un artículo reciente publicado por la Asociación Estadunidense de Personas Retiradas (AARP, por sus siglas en inglés). Si así se sienten los que acaban de cumplir 50, imagínese cómo es para los que tienen 60 o 70. El crecimiento poblacional de los jóvenes va y viene, pero la población mayor de 60 aumenta en forma constante en todo el mundo.

Hagamos las cuentas.

En China, unas 54,000 personas celebran su cumpleaños número 60 *cada día*. En Estados Unidos esa cifra es de unos 12,000. En todo el mundo suma unos sorprendentes 210,000. Pocos emprendedores o empresas pueden resistirse a cifras como éstas. Para 2030 la cantidad de personas en este grupo de edad será de unos 1,400 millones en todo el mundo (hoy existen 1,000 millones); Estados Unidos tendrá 14 millones más (para un total de 90 millones), México 6 millones más, Reino Unido 3 millones más, India 50 millones y China unos colosales 113 millones extra. Incluso los países subdesarrollados verán enormes incrementos, en especial en términos relativos. Por ejemplo, Bangladesh pasará de 13 a 21 millones de personas de 60 años o más.

La estadística clave para quienes están en el negocio de analizar las consecuencias sociales del cambio demográfico es la proporción de la población total que representará este grupo. Para 2030 alcanzará 38 por ciento en Japón, 34 por ciento en Alemania, 28 por ciento en Reino Unido, 26 por ciento en

Estados Unidos y 25 por ciento en China. ¿Podrán sostenerse los sistemas de salud y de pensiones?

Se trata de una buena pregunta, pero veamos estas mismas cifras de manera lateral a través de las lentes de las oportunidades. En 2018 *Forbes* calificó el envejecimiento de la población como "una bendición para los negocios". Por su parte, *The Economist* sostuvo recientemente que "los consumidores mayores reorientarán el escenario de los negocios". Estamos en los albores de la era del "mercado gris", uno que crece sin cesar en poder adquisitivo, en particular en el caso de las economías emergentes. Y sin embargo, el Boston Consulting Group calcula que únicamente una de cada siete empresas está preparada. No es ningún secreto que la mayoría de los departamentos de tecnología, mercadotecnia y ventas, tanto en compañías establecidas como de reciente creación, están ocupados por jóvenes que, naturalmente, tienen puntos ciegos cuando se trata de identificar oportunidades en el mercado gris. Pero se trata de un error. No sólo es un mercado más sano que nunca antes sino que, según ciertos cálculos, para 2030 tendrá un poder adquisitivo de 20 billones de dólares.

No resulta nada fácil ocuparse de las necesidades y deseos de los consumidores grises. Como señala Maria Henke, decana asociada de la Escuela de Gerontología de la Universidad de California del Sur: "Los viejos son un público difícil. Con ellos no sirve de nada la exageración. En lo que respecta a la publicidad, ya lo han visto todo". Y es verdad: si eres un *baby boomer*, que nació entre 1944 y 1964, imagina todas las revoluciones que has visto pasar por la industria de la publicidad, desde los *jingles* de radio hasta el márketing viral. Se impone la fatiga: "¿De verdad necesito esto?".

Pero el desafío va bastante más allá de encontrar la estrategia de comunicación y publicidad correctas. Algunas personas envejecen más rápido que otras. Sus necesidades y preferencias evolucionan de manera distinta, y no necesariamente piensan "como viejos" o se sienten ancianos. Hatfield observa, astutamente, que "la mayoría de la industria de la publicidad en particular, y de los medios en general, han sido incapaces de notar que los 50 años de hoy no son los 50 años de nuestros padres". El problema se encuentra en el supuesto de que la gente entra en categorías definidas por la edad. Coco Chanel dijo una frase memorable: "Nadie es joven después de los 40, pero se puede ser irresistible a cualquier edad". Y, sin embargo, "los anuncios dirigidos a los consumidores mayores tienden a ser condescendientes, en el mejor de los casos, y ofensivos, en el peor", explica Jeff Beer en *Fast Company*. Sarah Rabia, directora global de estrategia cultural de TBWA, una agencia de publicidad, resume acertadamente el dilema: "O tratas de ser más incluyente y de no definir por edad, sino de buscar los valores y las similitudes en tu público (porque hay muchas cosas que pueden tener en común un *boomer* y un milenial) o te concentras rabiosamente en este público, pero con un tono alegre, moderno y progresista".

Un meticuloso estudio arrojó que "la gran mayoría de las personas opinan que envejecer bien significa pasar tiempo con gente más joven y más vieja que uno mismo", señala Nadia Tuma, vicepresidenta de investigación de la agencia de publicidad internacional McGann. "El tema son los vínculos intergeneracionales, que son mucho más importantes que encontrar una buena crema humectante." Aquí está la idea central: las categorías que heredamos del pasado no seguirán siendo útiles en 2030. "Es casi como si las demografías que creamos funcionaran como obstáculos para entender más profundamente a la gente", concluye Tuma.

Déjeme ofrecer otro ejemplo de lo difícil que resulta entender a los consumidores grises. Los bienes de consumo duraderos —como electrodomésticos, herramientas y automóviles— representan un desafío único. Por definición se diseñan y fabrican para durar, idealmente, al menos 5, 10 o hasta 20 años. Durante ese tiempo las necesidades y las capacidades de los usuarios que envejecen pueden cambiar en formas que vuelven obsoleto el producto *para esa clase de usuario*. No olvidemos que los consumidores grises prefieren no reemplazar los bienes duraderos con tanta frecuencia como los jóvenes, sobre todo si tienen que asegurarse de que sus ahorros les duren para todo el retiro. Pensemos en cuál es la lavadora ideal para una persona de 64 años. Las de carga frontal seguirán siendo fáciles de usar, y requieren menos electricidad que otras. Pero para los 70 u 80 años de edad las personas podrían encontrar más convenientes las de carga superior (aunque la cuenta de la electricidad sea mayor). Los controles deberían ser fáciles de manejar, y los iconos y los textos, más legibles. "Una tapa fácil de sujetar [en una lavadora de carga superior] es clave para cualquiera que tenga problemas con las manos", señala un artículo sobre lavadoras adecuadas para consumidores grises. "Además, cuanto más profunda y ancha sea la tapa, más fácil será ver y localizar para quienes tengan problemas de vista."

Hay dos formas de demostrarles a los consumidores de edad avanzada que los productos han sido adaptados a sus necesidades. La primera es ofrecer una opción de alquiler (en vez de compra), que les permita cambiar el producto cada pocos años y que en términos económicos es más atractiva para las personas que podrían no sobrevivir a la vida útil del producto. La segunda tiene que ver con el diseño funcional de productos que anticipan los declives en salud, habilidades físicas o capacidades cognitivas de las personas que los usan. En el caso de las lavadoras es perfectamente posible incluir un grado de variación en las preferencias del usuario para diversas generaciones, por ejemplo, incluyendo distintos tipos de pantallas y de controles digitales.

Prioridades grises

Las oportunidades para sacar al mercado nuevos productos y servicios para el mercado gris son formidables. La clave es entender cómo decidirá gastar su dinero la gente mayor. A nadie le sorprenderá saber que la calidad de vida es una de las principales prioridades. Según la AARP, la mayoría de los ancianos son optimistas en cuanto a su calidad de vida general, incluyendo el bienestar financiero, la salud física y mental, el tiempo de ocio y recreación, y la vida familiar. Aproximadamente tres de cada cuatro personas esperan que su calidad de vida mejore o permanezca sin cambios (aunque este optimismo comienza a menguar a partir de los 70 años). Cada vez con mayor frecuencia la calidad de vida se define en términos de independencia, autonomía, movilidad y conectividad. Y no sólo se trata de manejar las consecuencias del deterioro físico y cognitivo, sino también de combatir la soledad y encontrar fuentes de alegría y de sentido. Tal vez quien mejor retrató estos desafíos fue el director sueco Ingmar Bergman en su filme *Fresas salvajes* (1957), en el que un gruñón médico de 75 años se embarca en un viaje de 650 kilómetros en auto para recibir un premio a la trayectoria. En el camino se encuentra con personas que le recuerdan incidentes perturbadores y frustraciones no resueltas, algunas de las cuales lo acompañan en este viaje de reevaluación y autodescubrimiento. La odisea revela cuán profunda es su soledad.

Conforme el mercado gris adquiere relevancia, la atención a la salud, el cuidado en el hogar, los servicios de asistencia en casa y otras industrias de servicios por el estilo están destinadas a prosperar en 2030. El ocio y el entretenimiento también serán importantes. Pero tal vez las oportunidades más emocionantes sean las relativas a la calidad de vida, que se beneficiará de las soluciones más creativas e innovadoras.

Pensemos en los zapatos. Hay un sinnúmero de opciones en términos de diseño, calidad y precio, por no hablar del gusto y las preferencias. La industria está constituida por miles de marcas y de compañías, y ninguna, excepto Nike, tiene una participación significativa en este mercado. Ahora sumémosle las necesidades del mercado gris. Los zapatos que mitigan el dolor de rodillas y caderas ya tienen mucha demanda; ahora es esencial diseñar zapatos que sean bonitos y fáciles de usar. Los consumidores sin problemas físicos no suelen pensar en el asunto, pero también existe una demanda de zapatos modificados en forma asimétrica para satisfacer dichas necesidades. Esta clase de detalles enfocados en los consumidores pueden atraer millones de posibles clientes hacia las empresas dispuestas a adaptar su estrategia de marca a los nacientes cambios demográficos. ¿Y qué sucede con las experiencias de compra en tienda? Algunos ejemplos de cosas que pueden hacer los vendedores minoristas son: abrir las tiendas más temprano, puesto que los adultos mayores tienden a levantarse antes, y ofrecer descuentos en las primeras horas; añadir un programa de lealtad; asegurarse de que haya suficientes lugares para sentarse y contratar personal capacitado para entender las necesidades y preocupaciones del mercado gris.

Otra oportunidad es la del sector de la salud y el deporte. Los estudios de gimnasia y yoga han comenzado a emerger cerca de las oficinas (de la gente joven). Por ejemplo, el Consejo Internacional para el Envejecimiento Activo tiene una herramienta que permite localizar centros deportivos adecuados, por dentro y por fuera, para una demografía activa que envejece, pero ésta sólo arroja cinco de estos gimnasios entre los 77,494 barrios de Katy, Texas, con unos 105,000 residentes; dos para mi zona en el centro de Filadelfia, donde viven 20,000 personas, y sólo uno en Lexington, Virginia, uno de los asentamientos con más población joven de Estados Unidos. En el condado de Sumter, en Florida, que tiene la edad mediana más alta del país, sólo existen 75 gimnasios adecuados para adultos mayores para 125,000 residentes. Ya es hora de pensar en abrir más de ellos en las áreas en las que viven (o querrían vivir) los ancianos.

Ahora bien, ¿qué pasa con las compras en línea? Existe un gran debate sobre la posibilidad de que los adultos mayores se vuelquen a los sitios de comercio en línea como una alternativa más cómoda para comprar, en particular conforme pierden su función y capacidad motora. Según eMarketer, los estadunidenses de 60 y mayores se encuentran unos pocos puntos porcentuales por detrás de otras generaciones en el uso de Amazon Prime, en investigar un producto digitalmente antes de comprarlo en la tienda o adquirirlo en un mercado en línea. Sin embargo, están muy atrás en el uso de teléfonos inteligentes para completar una compra o para enterarse sobre un producto a través de redes sociales. Aunque no son en absoluto rezagados digitales, los consumidores grises muestran algunas señales de preferir la compra de proximidad: en tiendas pequeñas y locales en los que encuentren la ayuda personalizada que suele gustarles. Existen datos de la consultora Nielsen que muestran que los viejos visitan toda clase de tiendas, en particular de alimentos, con mucha mayor frecuencia que otros grupos de edad. Pero un canal no excluye a los otros. De hecho, el comercio electrónico y la compra en lugares físicos pueden ser complementarios, aunque debemos recordar que una gran fracción de los adultos mayores se vuelve muy sensible a los precios para asegurarse de que ie duren sus ahorros.

El gasto discrecional, o gasto en cosas distintas a las necesidades de alojamiento, comida, servicios, salud, transporte y educación, es otra área de crecimiento para el consumo gris. En Estados Unidos el gasto discrecional llega a su punto máximo en personas de entre 35 y 55 años, para las que representa cerca de 40 por ciento del gasto total. Los ancianos reducen gradualmente sus gastos no esenciales a causa de su movilidad reducida y su mayor necesidad de servicios de cuidado. Para los mayores de 75 este tipo de gasto cae a menos de 33 por ciento.

Ahora bien, si pensamos en este gasto discrecional de los mayores en términos globales veremos que las cosas cambian. En Europa, Canadá y Japón la proporción del gasto discrecional es 12 puntos superior que en Estados Unidos, gracias a que la población debe gastar menos de su propio bolsillo. En otras palabras, la cobertura de la atención médica afecta la magnitud de los gastos no esenciales. Por ejemplo, el adulto mayor promedio de 65 años en Estados Unidos dedica 14 por ciento del gasto a la atención médica, mientras que en Reino Unido es menos de 3 por ciento. Esto les permite a los adultos mayores británicos gastar el doble, proporcionalmente, en cosas como ropa, restaurantes y viajes.

En lo que respecta al ocio, un error común es creer que los adultos mayores gastan más que otros grupos de edad porque tienen más tiempo libre. En realidad los consumidores grises no necesariamente son mayores consumidores de viajes y entretenimiento que otros grupos demográficos, y cuanto más tiempo se sientan sanos y fuertes, más se dedicarán a otras actividades, como trabajar (al menos medio tiempo), buscar oportunidades en la economía gig (de trabajos menores, *gig economy* en inglés) u ofrecerse como voluntarios. Además, la categoría "ocio" es tan heterogénea que en realidad oculta varias tendencias importantes. Pensemos en lo que la gente hace con su tiempo libre. Los adultos mayores pasan más tiempo viendo televisión, leyendo y relajándose o pensando. En cuanto a las actividades remuneradas, los ancianos actuales están más dispuestos a gastar su dinero en viajes que cualquier generación antes de ellos, gracias a que están más sanos y en mejor estado físico. En gasto total de los ancianos en turismo es más alto en Europa, China y Japón que en Estados Unidos, lo que significa que en este último país hay más posibilidades de crecimiento que en cualquier otro lugar, siempre y cuando los gastos médicos no se eleven. Y puesto que muchos ancianos prefieren viajar distancias cortas, la demanda de turismo gris creará empleos sobre todo dentro de sus propios países.

La fortuna en la cima de la pirámide demográfica

Muchas empresas descubrieron la receta del éxito al concentrarse en el mercado gris, y algunas que iban de bajada evitaron la quiebra gracias a que se reinventaron a su imagen y semejanza. Pensemos en Philips, una de las compañías multinacionales más viejas, grandes y tradicionales del mundo. Gerard Philips la cofundó con su padre, Frederick, en los Países Bajos en 1891, y para 1895 ya se encontraba al borde de la bancarrota. Así que Gerard invitó a su hermano Anton, que era ingeniero, tras lo cual la compañía cambió de enfoque para incorporar el rigor científico a su diseño de producto. Tenían de su lado un espíritu innovador, puesto que los neerlandeses habían sido pioneros de la revolución científica en el siglo XVII. Lo que siguió fue una serie de inventos revolucionarios: el foco con filamento de tungsteno (1907), la rasuradora eléctrica (1939), el casete (1963), la videocasetera (1972), el disco compacto (1983), el GSM de telecomunicaciones móviles (también en 1983) y el reproductor de DVD (1998), por mencionar sólo algunos.

Sin embargo, en las décadas de 1980 y 1990 Philips se vio en apuros ante la presión de competidores japoneses, surcoreanos y chinos de bajo costo, y la compañía se vio inundada por pérdidas multimillonarias. Los altos mandos intentaron todo para devolverle la rentabilidad: contrataron a algunos de los mejores asesores, reestructuraron sus plantas de manufactura, ajustaron la logística internacional, renovaron la mercadotecnia, instauraron un sistema de dobles líneas jerárquicas y equipos interfuncionales en los que los ingenieros y los mercadólogos trabajaban de la mano para ofrecer el tipo de productos que los clientes realmente querían. Nada parecía funcionar.

Philips pasó por seis directores generales en tres décadas (en comparación, tuvo cinco durante sus primeros cien años). Y entonces, en 2011, nombraron a Frans Van Houten. Era de casa: llevaba toda su vida trabajando en Philips y su padre estaba en el consejo de administración de la compañía. Pero él no repitió los errores de sus predecesores; en vez de nadar contra las cambiantes corrientes de la economía global y las tendencias demográficas, decidió que la compañía debía seguirlas. Los focos y los televisores, el sustento tradicional de la compañía, se volvían menos rentables cada año. ¿Qué debía hacer una marca global como Philips? Van Houten propuso una dirección distinta: concentrarse en aparatos electrónicos para el cuidado de la salud, productos intensivos en investigación y hechos a la medida, por ejemplo escáneres y equipos de imagen, para los cuales la demanda iba en aumento conforme la población mundial envejecía. Hoy en día la división médica de Philips representa más de 60 por ciento de sus ingresos corporativos, y las ganancias se han disparado.

Reinventando "la vejez"

"Mi mamá, que acaba de retirarse, es una persona mayor y bastante hábil para la tecnología", escribe Jennifer Jolly, colaboradora de *USA Today*. "Es una excelente jugadora de Apalabrados, sabe cómo subir fotos a Facebook […] y de vez en cuando se toma una buena *selfie*", explica. "Resulta que estas dosis engañosamente simples de la vida digital pueden ser justo lo que necesitan tanto los adultos mayores como sus seres queridos." Un estudio publicado en el *Journal of Gerontology* y dirigido por Sheila Cotton, profesora de la Universidad Estatal de Michigan, encontró que los adultos mayores estadunidenses que usan internet manifiestan tasas menores de depresión. A los ancianos este resultado no les parece nada sorprendente. A sus 70 años, Annena McCleskey se está recuperando de una cirugía de cadera. "No quería estar encerrada, en una situación que me alejara de mis amigos y de todo lo demás", dijo. Internet "trajo a mi familia, amigos y diversión a donde yo estaba".

El célebre mantra "la tecnología lo cambia todo" es particularmente cierto cuando de envejecer se trata. Para empezar, los avances en medicina, nutrición, biotecnología y otros campos ayudan a cada vez más personas a vivir más tiempo. Para 2030 la gente de 70 años vivirá como lo hace hoy la de 50.

A diferencia de lo que suele pensarse, la realidad virtual, la inteligencia artificial y la tecnología, por mencionar unos cuantos campos de reciente creación, no responden fundamentalmente a las necesidades y deseos de los jóvenes; la mayoría de los avances y los desarrollos más emocionantes se crean como respuesta a las necesidades de la población mayor de 60 años.

Pensemos en Rendever, una *startup* dirigida al desarrollo de aplicaciones de realidad virtual con el objetivo de ayudar a los adultos mayores a superar su sensación de aislamiento. "Rendever desarrolla experiencias de realidad virtual específicamente para los residentes de asilos que ya no pueden aventurarse al exterior y explorar el mundo por su cuenta", afirma el director general y cofundador Kyle Rand. "Gracias a la realidad virtual, te pones un casco y puedes estar en cualquier parte del mundo [...] Un momento estás jugando bingo o haciendo manualidades y al siguiente estás en la cima de la torre Eiffel." El aislamiento acelera el deterioro cognitivo y aumenta la hipertensión, entre otros problemas de salud. Pero el truco es usar la realidad virtual para crear una situación social, como un juego. "En un asilo pueden ponerles cascos a seis residentes para que todos tengan la misma experiencia al mismo tiempo", dice Rand. "La tecnología de redes les permite disfrutar estas experiencias de grupo juntos." También emplea la "terapia de recuerdos" para reducir los niveles de estrés. Tener "una experiencia envolvente en la que regreses a un lugar de tu vida que fue importante para ti" puede resultar muy tranquilizador.

Otra posibilidad atractiva para mejorar la calidad de vida de los ancianos es el desarrollo de exoesqueletos (piense en Iron Man, pero para abuelos) personalizados para responder a necesidades específicas, como subir escaleras, cargar bolsas del súper, hacer las camas o recuperarse de una fractura de cadera. Recuerda que a los adultos mayores les preocupa en particular la calidad de vida, la autonomía y la independencia. Innophys, una *startup* japonesa, ha vendido 1,000 unidades de su Exo-Muscle, un soporte dorsal robótico que ayuda a la gente a cargar objetos pesados, como bolsas del súper o una maleta, con precios desde 6,000 dólares. "Con los exoesqueletos, la parte crucial es el control: el artefacto tiene que entender cuándo dar inicio al movimiento", explica el director general, Takashi Fujimoto. Otras compañías están desarrollando sensores que detectan señales eléctricas en el sistema nervioso para monitorear movimientos musculares.

Japón es líder mundial en robótica para adultos mayores, puesto que es hogar de uno de los mercados grises más grandes del mundo, tanto en términos absolutos como relativos. En Japón se ha vuelto todo un desafío encontrar cuidadores a precios accesibles. Este problema se ve exacerbado por la falta de inmigración (en casi todos los países, incluyendo Estados Unidos, cerca de 90 por ciento del cuidado de adultos mayores lo realizan inmigrantes). Para 2025, Japón necesitará un millón extra de enfermeras que hoy no existen en el país. ¿Será que los japoneses resolverán esta escasez con la ayuda de robots? Compañías como Toyota han desarrollado prototipos de "robots de apoyo humano" que pueden alcanzar medicinas, llevar un vaso de agua o correr las cortinas mediante comandos de voz. Otro ejemplo es Paro, una foca robótica que les lleva alivio a los pacientes confinados a sus camas. Su capacidad relajante es fenomenal: los pacientes no sólo reportan menos ansiedad y depresión, sino que para quienes sufren demencia interactuar con la foca robótica los ha desalentado de alejarse de las áreas en las que son monitoreados. Actualmente se usa en unos 30 países. Dinamarca tiene estas focas en 80 por ciento de sus asilos de ancianos estatales. Tal vez te preguntes por qué diseñar una foca y no, digamos, un perro o un gato. La razón resulta ser muy humana: un perro o gato fueron, naturalmente, la primera opción, pero el inventor, el doctor Takanori Shibata, se dio cuenta de que los pacientes los comparaban con sus contrapartes reales y "sus expectativas eran demasiado altas". Además, "a los amantes de los perros nos les gustaba el gato robot, y a los amantes de los gatos no les simpatizaba el perro robot". Por su lado, muy poca gente conoce una foca real.

Si bien, en términos generales, Estados Unidos se encuentra detrás de Japón en la robótica gris, se han hecho algunos esfuerzos por adoptar innovaciones tecnológicas. Brookdale Senior Living, la red más grande de comunidades para adultos mayores, con más de 100,000 residentes, está apostando a asistentes digitales operados por voz, que son particularmente útiles para pacientes con artritis o degeneración macular. ElliQ, el robot de Brookdale, anima a los residentes a permanecer activos mediante juegos en línea, chats de video, charlas TED y otras actividades sociales. Los ancianos que interactúan con los robots parecen estar menos deprimidos y más conectados. Brookdale llama esta nueva iniciativa "robots con los brazos abiertos".

Los japoneses también están ensayando con aplicaciones de tecnología robótica para otros grupos de edad. El robot Nao Evolution VS interactúa con niños en hospitales de larga estancia, le enseña a los diabéticos a vigilar y controlar su nivel de azúcar en la sangre, lleva a cabo sesiones de fisioterapia y enseña diversas materias. Al parecer a los niños les gusta mucho interactuar con los robots, tal vez más que con los cuidadores humanos.

A algunos les parecerá aberrante la idea de un futuro en el que los robots cuiden a los ancianos y a los niños. Pero la verdad es que no tenemos alternativa, por dos razones: hoy en día no nacen suficientes bebés para hacerse cargo de todas las tareas de cuidado que serán necesarias y existe un esfuerzo, impulsado por gobiernos de todo el mundo, por detener el flujo migratorio que, como ya discutimos, suele ser la fuente de este tipo de trabajadores.

Además, los adultos mayores han comenzado a estudiar y a emprender. En su sexta década, Michael Taylor se decidió a buscar nuevos horizontes. "Me pregunté a mí mismo qué quería ser cuando fuera grande", cuenta, y decidió hacer una maestría en diseño de interiores y comenzar su propio negocio. "En 1997 las personas de entre 55 y 64 años conformaban únicamente 15 por ciento de los emprendedores exitosos", señala un artículo en la revista *Entrepreneur*. "Para 2016 esa cifra subió a 24 por ciento, según el Índice Kauffman de iniciativa empresarial." Dado el tamaño de la población anciana en el futuro y de su mayor expectativa de vida, 50 por ciento de los emprendedores podrían encontrarse en ese rango de edad para 2030.

La billetera gris

Además de la atención médica, del comercio minorista y de la robótica, uno de los segmentos de la economía global que más rápidamente cambiará a causa del envejecimiento de la población será el de las finanzas. Un estudio reciente de dos economistas del Banco de la Reserva Federal de San Francisco ejemplifica esta dinámica. Los autores observaron una alta correlación en el mercado bursátil estadunidense entre las tasas costo/beneficio para las acciones negociadas en bolsa y el envejecimiento de la población. Las tasas costo/

beneficio son el precio de una acción dividida entre las ganancias por acción. Las tasas costo/beneficio altas indican que los inversionistas están dispuestos a pagar muy bien por ser dueños de parte de las ganancias que está obteniendo una compañía. Esto significa que ven las acciones con optimismo porque creen que a la compañía le irá bien en el futuro. Los economistas encontraron que entre la década de 1950 y principios de la de 2010 las tasas costo/beneficio promedio para todas las compañías con actividad bursátil en Estados Unidos siguieron un patrón: cayeron conforme la población envejecía y se elevaban conforme se hacía más joven.

¿Cómo puede ser? ¿Cuál es la relación entre el envejecimiento y los precios de las acciones?

La razón de esta correlación de largo plazo es doble. Desde el punto de vista de los inversionistas, la gente suele experimentar más aversión al riesgo conforme envejece. Los jóvenes tienden a colocar sus ahorros en categorías de activos que les ofrecen un aumento de valor que implica mayores riesgos. Las acciones están en esta categoría. Cuando la gente cumple 50 o 60 años comienza a redistribuir sus portafolios mediante la compra de más bonos, que son menos riesgosos. Finalmente, conforme se acercan al retiro, empiezan a retirar dinero o a comprar una pensión o anualidad (una suma fija de dinero que se paga en cuotas).

También existe una correlación entre la edad y el consumo. Conforme envejece, la gente cambia sus hábitos de consumo. Ya no reemplaza sus automóviles o electrodomésticos, y tiende a no comprar nuevas casas; por el contrario, se reduce. En vista de las modificaciones en los comportamientos de inversión y de gasto que ocurren a lo largo de la vida, no resulta extraño que los valores del mercado bursátil reflejen los cambios demográficos. Al pensar en 2030, hay una cosa que parece probable: conforme la población envejece en todo el mundo, los precios de las acciones no serán tan altos, en relación con las utilidades de las compañías, como hasta ahora. Sin embargo, si entre hoy y ese año observamos una transformación en cómo pensamos sobre el envejecimiento, y si aprovechamos las posibilidades implícitas en él, el vínculo entre el mercado de valores y el envejecimiento podría convertirse en un círculo virtuoso.

En lo que respecta a los servicios bancarios, los efectos del envejecimiento serán muy considerables. Para empezar, es probable que la demanda de hipotecas y créditos al consumo caiga, pero existirá un gran interés por contratar productos que le permitan a la gente reducir los riesgos asociados con la inversión de sus ahorros, de modo que les duren más. Además, entre los adultos mayores existe una creciente demanda de mecanismos para generar ingresos mediante las casas en las que viven. Airbnb, como veremos en el capítulo 7, es una de estas posibilidades. Actualmente, en muchas partes del mundo los bancos ofrecen "hipotecas inversas" o tratos en los que los dueños de inmuebles acuerdan entregarle su casa al banco cuando mueran, a cambio de un pago único al inicio de esta hipoteca o bien una serie de pagos mensuales. El dueño de la casa puede, así, tanto permanecer en ella como recibir ingresos por su propiedad.

Los bancos tradicionales se encuentran bajo enorme presión para recuperar la confianza de los consumidores, incorporar tecnologías y ofrecer productos innovadores. El envejecimiento implica otro desafío más: un descenso en la tasa de ahorros, puesto que más allá de cierta edad las personas tienden a pasar de ahorradores netos a gastadores netos. Resulta que, tradicionalmente, recibir depósitos de sus clientes ha sido para los bancos la forma más barata de obtener fondos. En consecuencia, los consumidores terminan pagando tasas de interés más altas cuando piden préstamos.

Las buenas noticias son que el envejecimiento de la población estimulará la demanda de servicios de asesoría, gestión patrimonial y pensiones anuales, entre otros productos. El problema es que los bancos no son los únicos que ofrecen este tipo de productos de alto margen. Actualmente toda clase de intermediarios financieros y *startups* de "tecnología financiera" están compitiendo por el mercado gris. La industria de la tecnología financiera debe "ir más allá de crear soluciones tecnológicas para la gente de 18 a 35 años y concentrarse en soluciones que resuelvan también nuestras necesidades conforme envejecemos", opina Theodora Lau, fundadora de Unconventional Ventures y exdirectora de innovación de mercado en AARP. La tecnología financiera representa una oportunidad formidable de integrar servicios para muchas generaciones. "Un elemento central de esta estrategia es cuidar el ecosistema que apoya a los adultos mayores, incluyendo a sus cuidadores", sostiene Lau.

Otro problema apremiante que la tecnología financiera podría resolver es qué hacer cuando el cónyuge a cargo de las finanzas de la familia queda discapacitado o muere, como subraya el periódico *American Banker*. ¿Qué pueden hacer los 40 millones de personas viudas que no saben nada de finanzas cuando su otra mitad ya no esté allí para encargarse del dinero? Brad Kotansky enfrentó este problema cuando murió su padre. "Me tomó tres años armar el rompecabezas […] había una cantidad tremenda de cosas acumuladas durante 80 años […] Para mí el primer paso fue hablar con mi madre", que dejó que fuera su marido quien administrara las finanzas familiares. Kotansky decidió fundar Onist en 2017, una app que ayuda a los integrantes de las familias y a otros interesados a compartir documentos financieros y documentos como testamentos, poderes notariales y escrituras para que pongan en orden las finanzas familiares tras la muerte de un familiar. La compañía vende su software a los bancos y otras instituciones financieras.

O pensemos en otra situación, por desgracia demasiado frecuente: un adulto pierde su empleo y no está preparado económicamente para un retiro prematuro. Transitar por las opciones que ofrece la seguridad social y los servicios de salud puede resultar abrumador, y diseñar un plan financiero funcional es muy difícil en situaciones de crisis; todo esto puede volverse aún más difícil por el drástico quebranto de la autoestima que suele acompañar la pérdida de un empleo. Ramya Joseph fundó Pefin cuando su padre perdió su trabajo. Los 5,000 clientes de la plataforma cuentan con un modelo individual creado mediante inteligencia artificial y *big data* que les ofrece una planeación financiera individual, asesoría y opciones de inversión. "A fin de cuentas, aunque el dinero es el vehículo, de lo que se trata es de que la gente pueda hacer lo que más le importa en la vida, y por eso ofrecemos consultoría y asesoría permanentes", señala la directora general, Catherine Flax. "Si recibo un dólar de más, ¿debería ahorrarlo, usarlo para pagar deudas u optimizar mi programa para el retiro?" La compañía también vende su software a importantes fondos de pensiones.

Tal vez una de las áreas más importantes a considerar para el futuro es el del abuso financiero, un problema cada vez más grave que afecta de forma desproporcionada a la población gris. Lamentablemente, quienes cometen este tipo de crimen suelen ser familiares, amigos, vecinos, cuidadores, abogados, empleados de banco y líderes de comunidades religiosas. Los préstamos abusivos y el robo de identidad también están a la orden del día. Según la Asociación Nacional de Servicios de Protección de los Adultos, uno de cada 20 adultos mayores reporta abusos financieros, pero sólo se denuncia uno de cada 44. La Coalición Nacional para la Vejez estima que el abuso financiero y los fraudes representan pérdidas por entre 3,000 y 36,000 millones de dólares anuales sólo en Estados Unidos. Esta enorme incertidumbre demuestra lo poco que sabemos sobre esta epidemia. La AARP reporta que las pérdidas por víctima ascienden, en promedio, a 120,000 dólares. Como de costumbre, la tecnología puede venir al rescate, con apps que ayuden a personas de todas las edades a dar seguimiento a sus ingresos, gastos, ahorros e inversiones, pero también podría exacerbar el problema. La ciberdelincuencia financiera es difícil de controlar, una señal de que las recompensas para quien encuentre una solución serían enormes. Tal vez pueden programarse robots para que proporcionen cuidados a quienes los necesiten sin robarles.

Y la tecnología financiera también puede ayudar a los adultos mayores desprevenidos que son víctimas de fraudes. "Mi madre era contadora, así que el problema no fue que no supiera nada de finanzas", explica Howard Tischler, cofundador y director general de Ever Safe. Pero, puesto que era ciega, "consiguió a alguien que pagara sus cuentas, pero esa persona se hacía un cheque a sí misma todas las semanas. Al final, perdió todos los ahorros de su vida. Hasta que me di cuenta de que estaba teniendo problemas de memoria [y le diagnosticaron alzhéimer] no tenía idea de que estaba siendo explotada". La cofundadora de Ever Safe es Liz Loewy, que dirigió la Unidad de Abuso a Personas Mayores en la oficina del fiscal de Manhattan. Entre otros casos muy sonados estuvo a cargo del de Anthony D. Marshall, el hijo único de la filántropa y socialité Brooke Astor. Marshall pasó dos meses en prisión por robarle millones de dólares a su madre. ¿La razón? Descubrió que ella iba a reducir su herencia a la mitad, a una cifra de 14.5 millones de dólares, una pequeña proporción de su fortuna de 100 millones de dólares. Su madre, víctima de alzhéimer, el cual causaba estragos a su mente, no pudo defenderse.

Ever Safe también usa *machine learning* para detectar cambios inusuales en el comportamiento financiero que puedan atribuirse a un tercero con malas intenciones. "El concepto básico era mandarle al consumidor y a sus seres queridos o a otros profesionales un reporte de actividades sospechosas para que estuvieran al tanto de que algo estaba pasando antes de que se convirtiera en una crisis", explica Tischler. "Tomamos en cuenta los patrones que Liz pudo observar como fiscal de casos de abusos financieros a las personas mayores, añadimos observaciones de nuestros algoritmos de *machine learning* y mandamos alertas para asuntos como depósitos faltantes —de seguridad social o pensiones, por ejemplo—, así como cambios en los patrones de gastos, inversiones inusuales y apertura de cuentas no autorizadas, por mencionar sólo algunas actividades."

El mercado laboral gris

En la película *Pasante de moda* (*The Intern*), de 2015, el viudo de 70 años Ben Whittaker (interpretado por Robert De Niro) pregunta: "¿Que cómo voy a pasar el resto de mis días? De todas las formas imaginables: golf, libros, películas, cartas. Hice yoga, aprendí a cocinar, compré plantas [*comienza a hablar en mandarín*], tomé clases de mandarín. Créeme, ya lo intenté todo". Termina uniéndose a una *startup* de moda en línea de Brooklyn, como parte de un nuevo programa para atraer personas mayores, liderado por la directora general, Jules Ostin (Anne Hathaway). Tras varios giros y vueltas, Ben se convierte en el asesor y confidente más cercano a Jules.

Pensemos en todo el talento desaprovechado por no usar el conocimiento y la experiencia de las generaciones grises, cada vez más numerosas. Hagamos una pausa y atrevámonos a imaginar un mundo distinto, en el que nuestros abuelos se encuentren entre los miembros más activos y productivos de la sociedad.

Cuando el estadista prusiano Otto von Bismarck implementó el primer programa de seguridad social para los ancianos su propósito era el de "domesticar" a la clase trabajadora ofreciéndoles algo que esperar en el futuro. Se le ocurrió así uno de los más grandes inventos de finales del siglo XIX, que —con el teléfono, el motor de combustión interno y las fibras artificiales— revolucionaría la edad moderna. Al combinarse con la escolarización universal, otra innovación del siglo XIX, los planes de retiro produjeron una segmentación radical de la vida en tres etapas diferentes: aprendizaje, trabajo y descanso. Ya no se trataba de un asunto de preferencias personales: el gobierno te decía qué hacer según tu edad, y las normas sociales reforzaban este modelo de vida tan reglamentada.

Lo que es asombroso es que durante tanto tiempo el gobierno, las leyes e incluso la cultura dominante nos hayan convencido de que a partir de cierta edad las personas ya no pueden hacer contribuciones importantes a la sociedad y la economía. Las personas de 65 años o más (o cualquier otro número arbitrario) pasaron a considerarse parte de la población "pasiva", ni trabajadores ni dependientes.

Pero a la luz del aumento en la expectativa de vida (para 2030 las personas de 65 años vivirán, en promedio, otros 22; y en los países desarrollados esa cifra puede ser de hasta 25 años) es momento de reconsiderar esta verdad consabida. "El deseo de trabajar también viene de una preocupación económica", dice Catherine Colinson, directora general del Centro Transamericano de Estudios sobre el Retiro, "pero también lo trasciende, porque existe un deseo de estar conectado con el mundo." Las empresas también se están volviendo muy conscientes de las pérdidas que sufren cuando se retira un trabajador con experiencia. "Conforme se retiran los *baby boomers*, su conocimiento institucional se va con ellos", dice Susan Weinstock, vicepresidenta de AARP. "Los trabajadores mayores representan un gran valor para los patrones." Durante las épocas de máxima demanda de sus productos o servicios, empresas como Boeing, Michelin y UPS han llamado nuevamente a trabajadores retirados para que las ayuden.

Existen otros posibles beneficios. Muchas investigaciones muestran que la diversidad en términos de género o etnicidades tiende a reducir la cohesión de grupo y el desempeño, pero potencia la creatividad y la solución innovadora de problemas. Si bien el impacto de la edad tiende a difuminarse por su asociación con la permanencia en el puesto de trabajo, existen algunos reportes de que los grupos conformados por un grupo de diversas edades pueden ser más creativos. Por ejemplo, BMW, la compañía automotriz alemana, descubrió que los equipos de trabajo intergeneracionales se desempeñan mejor cuando se trata de generar ideas y resolver problemas. "Un equipo multigeneracional ofrece una forma diversificada de aproximarse a un proyecto o problema", sostiene Helen Dennis, especialista en el tema. "Cuanto más ideas distintas haya, más ventajas tienes para el logro del objetivo." *Pasante de moda* aborda en forma brillante que la interacción entre generaciones en el lugar de trabajo puede conducir a situaciones en las que todos ganen (y muchos se rían). Pero ¿qué hay de las consecuencias inesperadas?

Una de las grandes consecuencias imprevistas de trabajar después de la edad de retiro ha sido la creciente renuencia de los gobiernos de Europa y Estados Unidos a tomar plena responsabilidad por el bienestar de las personas ancianas. La discusión sobre el gasto discrecional y la idea de que "el gris es el nuevo negro" también ha tenido el efecto de persuadir a los políticos de que los ancianos pueden arreglárselas sin los apoyos gubernamentales. Por ejemplo, los problemas fiscales de los gobiernos, la ideología de la autosuficiencia y el poder adquisitivo de la población anciana refuerzan, entre algunos sectores, la idea de que las pensiones estatales no sólo no pueden, sino que tampoco deberían, representar su único sustento. Hoy muchos políticos creen, en mayor medida que en décadas pasadas, que los ancianos deberían resolver su propio futuro, por ejemplo generando ingresos adicionales mediante la renta de las habitaciones de sus casas o conduciendo un Uber, como veremos en el capítulo 7. Conforme la demografía de los mayores de 60 crece en todo el mundo es inevitable que se conviertan en el centro de debates acalorados, en particular ahora que las generaciones más jóvenes de contribuyentes —los milenials y la generación Z— comienzan a adquirir poder político.

Y los milenials también se harán viejos

En 2040 se retirarán los primeros milenials. Bautizada originalmente como generación Y, con frecuencia se define como la generación que nació entre 1980 y 2000, aunque hay quien los identifica más concretamente como los que nacieron entre principios de la década de 1980 y finales de la de 1990. Son mucho más que un grupo de edad, en la medida en que nacieron en una época en la cual las tecnologías de la información y las comunicaciones experimentaban un salto drástico que transformó nuestro mundo. No todos los milenials, sin embargo, son "nativos digitales", en el sentido de que sólo la mitad de esta generación nació en la era de las redes digitales que conocemos hoy. Podríamos decir que los milenials se criaron —si no es que nacieron— digitales.

Pocos milenials han comprado alguna vez un CD, no digamos ya reproducido un casete, revelado una película fotográfica, usado cinta correctora para tapar un error en una máquina de escribir, pedido instrucciones para llegar a algún lado en automóvil, visto televisión abierta, enviado un fax o usado un teléfono de disco. Apenas pueden imaginarse cómo era la vida antes de la telefonía 4G, ni siquiera 1G. En circunstancias como éstas, las amistades ya no están limitadas por la geografía, y las relaciones íntimas se han visto transformadas por el impacto mediador de las redes sociales y las apps de citas. El mundo de 2030 y en adelante estará determinado en parte por las actitudes y los comportamientos de los milenials, de modo que tenemos que entender a esta generación decisiva para imaginar el mundo dentro de una década.

Algunos de los primeros análisis sobre los milenials fueron bastante controvertidos y causaron mucho revuelo. Por ejemplo, el libro de 2006 *Generation Me: Why Today's Young Americans Are More Confident, Assertive, Entitled—and More Miserable Than Ever Before* (*Generación Yo: Por qué los jóvenes estadunidenses actuales son más confiados, asertivos, seguros… e infelices que nunca*), de Jean Twenge, propuso el argumento de que los milenials son la generación más narcisista que ha existido, y que la culpa la tienen los padres. "Les hacemos un pésimo favor a nuestros hijos cuando los convencemos de que sólo porque son especiales para nosotros (sus progenitores) el resto del mundo piensa tratarlos igual", escribió. "La mejor preparación que pueden recibir no es el narcisismo o incluso la autoestima, sino tu amor y tu apoyo, y tu mensaje de que el trabajo duro y la perseverancia son más importantes para el éxito que creer en uno mismo." Otros críticos han puesto de relieve distintos rasgos, como su deseo de contribuir a la sociedad, buscar experiencias nuevas o dar prioridad a los empleos que satisfacen sus pasiones en vez de ofrecerles seguridad económica. Si bien es cierto que un estudio de 2016 encontró que los milenials obtienen puntajes más altos en el Inventario de Personalidad Narcisista que sus padres, la comparación no es del todo justa, en particular si consideramos que las actitudes de las personas hacia la vida cambian con la edad.

De hecho, los demógrafos e historiadores William Strauss y Neil Howe, que tras publicar el primer análisis sobre los milenials han tenido mucho éxito como asesores para empresas, gobiernos y universidades, sostienen que esta generación parece ser tan desprendida como la generación silenciosa. Strauss y Howe caracterizan a los milenials estadunidenses como seguros, confiados, orientados al trabajo en equipo, prácticos, comprometidos y enfocados en los logros. Otros, como David Burstein, creen que los milenials están motivados por una especie de "idealismo pragmático" que los lleva a emplear herramientas prácticas para hacer del mundo un mejor lugar, sin caer en enfoques radicales o revolucionarios de cambio social. Esto explica, tal vez, por qué el movimiento Occupy Wall Street fue relativamente breve y apacible.

El problema con estas caracterizaciones de los milenials (positivas o no) es que suelen aplicarse fundamentalmente a "adolescentes [y adultos jóvenes] blancos y acomodados que logran cosas magníficas y que crecen en los suburbios", como explica el periodista Eric Hoover. Se trata de jóvenes "que pueden enfrentar su ansiedad mientras buscan ingresar a las universidades más exigentes y que hacen *multitasking* tranquilamente, mientras sus padres helicóptero sobrevuelan reconfortantemente cerca de ellos". Los milenials que provienen de contextos socioeconómicos menos privilegiados deben ser, con toda seguridad, distintos en sus actitudes y comportamientos. En términos generales, "los milenials estadunidenses son la primera generación que sólo tiene 50 por ciento de probabilidades de ser más próspera que sus padres", observa Jia Tolentino en *The New Yorker*. Su futuro bienestar no está para nada garantizado en una economía global cada vez más competitiva. Acariciar sus egos, como muchos mercadólogos suelen hacer, podría empeorar sus perspectivas económicas.

Según estadísticas recabadas por el Consejo de Asesores Económicos de la Casa Blanca durante la presidencia de Obama, los milenials estadunidenses se encuentran en promedio menos interesados en poseer casas u automóviles, siguen viviendo con sus padres durante la segunda y, en algunos casos, la tercera década de sus vidas, y posponen o renuncian al matrimonio. Uno de cada cuatro ni siquiera se molesta en obtener una licencia de conducir. En el capítulo 7 analizaremos con más detalles estos sorprendentes patrones de conducta.

Un estereotipo totalmente impreciso sobre los milenials estadunidenses es que saltan compulsivamente de un trabajo a otro. En realidad, los milenials tienden a pasar más tiempo en cada empleo que la generación X, aunque prefieren tener trabajos significativos que trepar rápidamente la escalera corporativa. Algunas investigaciones indican que su preferencia por el trabajo en equipo responde a su uso intensivo de redes sociales, que también los hace desear una mayor interacción con los supervisores y exigir un equilibrio más sano entre el trabajo y el juego.

Un factor crucial de las preferencias laborales de los milenials tiene que ver con que su experiencia temprana en el mercado fue contaminada por la crisis financiera de 2008 y la consiguiente recesión (si bien el impacto fue diferente en distintos países del mundo, en la mayoría de los mercados emergentes fue una época de crecimiento económico sostenido). Así, en la población milenial mundial en realidad existen dos realidades diferentes: la de los milenials que crecieron en países ricos, donde los ingresos de la clase media llevan dos o tres décadas estancados, y la de quienes se criaron en países en desarrollo, para los cuales las oportunidades económicas son mucho mejores que las de sus padres o abuelos. Incluso dentro de la unidad generacional milenial de Europa y Estados Unidos existe una subunidad que nació en hogares prósperos y otra que nació en el seno de hogares pobres o de padres cuyos empleos de clase media desaparecieron como consecuencia de la globalización y el cambio tecnológico. Así, las empresas y los emprendedores deberían tomar con una pizca de sal cualquier generalización sobre el comportamiento de los milenials como consumidores y sus implicaciones para el futuro.

Las conclusiones que se derivan de las encuestas actitudinales son igualmente problemáticas. La mejor fuente de estudios sobre valores culturales internacionales, la World Values Survey, encontró que los milenials comulgan con valores vinculados a la expresión personal más que la mayoría de las generaciones en el mundo y en cualquier región de éste. Esta diferencia se debe a que tienen más medios materiales, mayores habilidades intelectuales y mejor conectividad social que sus mayores. A su vez, esto los lleva a manifestar comportamientos más independientes, a tener más opciones y mayor espacio para actualizar el potencial interno. (Como ocurre con los otros estudios que menciono en este libro, los promedios inevitablemente ocultan importantes diferencias, sobre todo entre los milenials prósperos y los de entornos familiares más modestos.)

Por supuesto que los valores son importantes, sobre todo a la hora de tomar decisiones económicas. Pero buena parte del comportamiento económico de los milenials responde al alza en los costos de la vivienda y la educación superior. Mientras tanto, la mayoría de la riqueza —y de los ingresos que pueden derivarse de ella— está en manos de sus padres y abuelos. La socióloga Kathleen Shaputis culpa a estos problemas económicos por la tendencia de los milenials a postergar ritos de transición como el matrimonio y el nacimiento de los hijos. En su libro *The Crowded Nest Syndrom* (*El síndrome del nido lleno*) escribe sobre la generación "Peter Pan" o "búmeran", que se encuentra detenida en una etapa particular de la vida, entre la adolescencia y la adultez, que ella llama "adultez emergente".

Bajo estas circunstancias, a nadie debería sorprenderle que la tasa de ahorro entre los milenials sea una de las más bajas que se recuerde. Y no existe mejor ventana hacia el futuro que lo que la gente ahorra en el presente. Moody's Analytics sonó la alarma en 2014, cuando mostró que los adultos estadunidenses menores de 35 años tenían una tasa de ahorros *negativa*, de −1.8 por ciento, lo que significa que en vez de ahorrar para el futuro piden prestado para mantener su consumo. Por supuesto, cuanto más nos alejemos en el tiempo del impacto de la Gran Recesión, mejorarán las cosas. Según una encuesta de 2018 realizada por el Bank of America, uno de cada seis milenials estadunidenses de entre 23 y 37 años tiene ahorros por más de 100,000 dólares. Es una cifra muy impresionante. Pero otras encuestas han revelado que sólo 13 por ciento de las personas de entre 18 y 24 años de edad tiene más de 10,000 dólares en ahorros, un porcentaje que sube apenas 20 por ciento para aquellos entre 25 y 34 años. Setenta y cinco por ciento de los milenials cree que su generación gasta de más, comparada con otras generaciones, y 20 por ciento afirma que no puede comprar una casa. Con las deudas en tarjetas y en préstamos estudiantiles altos en niveles históricos no debería sorprendernos que a la mayoría de los jóvenes milenials se les dificulte tener ahorros. En 2017 los estadunidenses menores de 35 años cargaban con deudas educativas de casi el doble que los estadunidenses de su grupo de edad en 2001. Durante ese mismo periodo, el patrimonio medio neto de los jóvenes estadunidenses se desplomó de 15,000 a 10,400 dólares.

Pero hay que tener cuidado con las estadísticas. Recuerda que la población milenial en el mundo, y en países específicos como Estados Unidos, no es homogénea. Las empresas que buscan atraer milenials como sus clientes tienen que reconocer ese hecho y no asumir que todos están cortados con el mismo molde. El mundo de 2030 no estará determinado por una generación monolítica, sino por la interrelación entre varias subunidades generacionales de milenials definidas por la educación, el ingreso y la etnicidad.

¿Qué sigue a los milenials?

Con frecuencia menciono una estadística muy interesante. En algunos países la población de entre 15 y 34 años irá en descenso, especialmente en China, Japón y Europa. En otras regiones, por el contrario, aumentará al menos durante una o dos generaciones más, como en el sur de Asia, el Medio Oriente y África. Estas tendencias no son más que el resultado del número de niños que nacen hoy en día. Sin embargo, Estados Unidos no entra en ninguna de estas categorías. Para 2017 vivían 90.4 millones de personas en este grupo de edad, y los pronósticos para 2030 son de 89.5 millones. Se trata casi de la misma cantidad, pero será un grupo muy distinto de jóvenes. Déjeme explicarle por qué.

Sostengo que calcular los efectos de la inmigración equivale a predecir el futuro. Mientras que en 1980 aproximadamente 78 por ciento de la población de entre 15 y 34 años de edad en Estados Unidos eran blancos no hispanos, para 2030 serán menos de 50 por ciento. El grupo de edad más joven en Estados Unidos y en Europa se volverá más diverso en términos étnicos y lingüísticos. Puesto que las familias inmigrantes suelen tener más hijos en promedio, la composición de nuestros jóvenes va a cambiar rápidamente, mucho más que la población en general. Lo que hoy llamamos "minorías" en diez años serán mayorías.

Esta tendencia entraña algunos cambios conductuales importantes. Hoy en día los hijos de inmigrantes están más dispuestos a casarse, a comprar una casa y un automóvil que sus pares nativos. Es la esencia del sueño americano. Así pues, los hijos de inmigrantes constituyen una unidad generacional separada. A menos que los hijos milenials de los inmigrantes se asimilen a la población general a un paso mucho más acelerado que el de generaciones previas de inmigrantes, en 2030 los jóvenes estadunidenses se comportarán en forma muy distinta a la de los jóvenes actuales.

Pensemos por un momento en qué implican para la economía colaborativa los cambios en la composición etnolingüística, uno de los acontecimientos más emocionantes en el mundo. Las encuestas muestran que los hispanoamericanos, los afroamericanos y los asiáticos-americanos tienden más a usar apps de transporte y servicios de alojamiento compartido que sus contrapartes predominantes. Esto tiene sentido cuando consideramos las diferencias de poder adquisitivo.

Otra tendencia importante tiene que ver con el emprendedurismo. Los hispanoamericanos suelen ser, más que cualquier otro grupo, blanco o no, trabajadores autónomos o dueños de un negocio. Además, los emprendedores hispanos tienden más en general a hablar inglés como primera lengua o a preferirla. Si bien la participación de los hispanos en empresas de alta tecnología aún es baja, es posible que también esto cambie conforme más hispanos se gradúan de la universidad.

Es fácil calcular el tamaño y la diversidad de la generación Z, la que sigue a los milenials, pero ¿cómo serán su identidad y su conducta? En un completo reporte sobre el tema elaborado a partir de un estudio global exhaustivo la Varkey Foundation de Londres sostiene que su identidad será definida por todas las manifestaciones de la desigualdad, desde la de oportunidades educativas y la discriminación por género y raza hasta la migración y el aumento en la brecha de riqueza. También será la generación que sienta todo el peso de la crisis de pensiones: es posible que deban pagar más impuestos para que sus padres y abuelos reciban los beneficios que les prometieron. ¡Uf!

Además, será la primera generación de adultos jóvenes que haya nacido plenamente en la era de las redes digitales. Los miembros de la "generación Z han crecido con las oportunidades ilimitadas que les ofrece el poder de las computadoras y las redes. Es más probable que hayan viajado a otros países, que tengan amigos que viven en el otro lado del mundo y que conozcan gente de religiones y culturas distintas a las de sus padres y abuelos", indica el reporte Varkey. "Las actitudes y las leyes sobre temas sociales que van desde el matrimonio entre personas del mismo sexo hasta los derechos de las personas transgénero han cambiado, durante su vida, a una velocidad vertiginosa. El género y la raza, mientras tanto, siguen siento asuntos tan divisivos y controvertidos como siempre."

Pero ¿será que todos los integrantes de la generación Z del mundo compartan las mismas ideas? En 2016 la Varkey Foundation encuestó a 20,000 personas de entre 15 y 21 años de edad en 20 países (es importante tener presente que los encuestados eran parte de paneles de investigación global en línea, lo que sesga la muestra hacia jóvenes urbanos con estándares educativos relativamente altos). La encuesta halló que, lejos de tener valores locales y provincianos, en este grupo de edad predominan valores globales; los encuestados en países con diferentes niveles de desarrollo económico comparten muchos de los mismos puntos de vista. Tienden a demostrar actitudes tolerantes hacia asuntos controvertidos como la inmigración y el matrimonio entre personas del mismo sexo, y a tener opiniones progresistas sobre temas como la desigualdad, el cambio climático y la libertad de expresión. El estudio concluye que esta generación puede estar motivada por la idea de la "ciudadanía global", que contrasta con el espíritu de nacionalismo que está en auge el día de hoy.

Las desconcertantes generaciones chinas

En ningún lugar del mundo existe una interrelación entre generaciones tan compleja como la de China. Lo que hace de este enorme y diverso país un laboratorio social tan fascinante es que sólo le ha tomado 30 años lograr lo que a Europa y Estados Unidos les tomó dos o tres siglos. En 1712 el inventor inglés Thomas Newcomen diseñó la primera máquina de vapor (perfeccionada más tarde por el inventor escocés James Watt, que también desarrolló el concepto de caballo de fuerza, que luego se traduciría a otra unidad de poder que hoy conocemos como el watt). Este invento desató la Revolución industrial. A Gran Bretaña le tomó 300 años convertirse en la economía de servicios que es hoy, y esto sólo tras muchas crisis y quebrantos. A Estados Unidos le tomó la mitad de ese tiempo. China, por el contrario, hizo la transición de economía agraria a economía tecnológica y orientada a servicios en menos de dos generaciones.

Como resultado de la veloz transición económica y demográfica que experimentó este país, para 2030 tendrá unos 60 millones *menos* de personas de entre 15 y 35 años que en 2020, y 114 millones *más* de personas de 60 años en adelante. "Los países desarrollados de Occidente caminan a buen paso hacia el fenómeno del envejecimiento de la población", dice Yuan Xin, demógrafo de la Universidad de Nankai en Tianjin, "pero China está en una carrera loca."

Los adultos mayores en China enfrentan un futuro más desafiante que el de sus contrapartes estadunidenses, no sólo porque sus filas crecen rápidamente sino porque muchos jóvenes han abandonado el campo. Zhang Fumin y Liu Xiuying son una pareja de septuagenarios. Viven en Longwangtou, una pequeña aldea a unos 1,300 kilómetros al sur de Beijing. Sus dos hijos se mudaron a la capital del país tras graduarse de la universidad. Los demógrafos llaman a los progenitores de edad avanzada como Zhang y Liu "los viejos que dejaron atrás". En 2017 nació su primer nieto y decidieron mudarse temporalmente con su hijo menor para ayudarlo a criar al bebé, aunque planeaban regresar a la aldea tras unas semanas. Las autoridades chinas creen que de los 215 millones de personas mayores de 60 años que vivían en 2015 en China unos 50 millones residían lejos de sus hijos. Esta cifra podría casi duplicarse en 2030. "Una migración de gran escala de jóvenes trabajadores, de las zonas rurales de China a las ciudades […], ha separado a muchos hijos adultos de sus padres ancianos y ha impuesto importantes retos a los patrones tradicionales de apoyo familiar", observa el etnógrafo Jieyu Liu en un estudio reciente. "Estos desafíos se ven multiplicados por el hecho de que en China rural los viejos se han visto privados de una pensión estatal y de otras medidas de seguridad social que sí están disponibles para los residentes de las ciudades."

La migración hacia las ciudades también empaña el panorama para los milenials que viven en el corazón del campo chino. Mientras que en Estados Unidos la principal fractura entre los milenials tiene que ver con el contexto socioeconómico, en China tiene que ver con la división campo-ciudad. La mayoría de los jóvenes urbanos son clase media o directamente alta, mientras que la mayoría de los jóvenes rurales son pobres. Otra diferencia clave es que los milenials urbanos chinos han superado a los estadunidenses en términos de actividad en redes digitales, incluso si se ajusta por poder adquisitivo. Están mucho más conectados digitalmente, son compradores en línea más asiduos, pagan todo electrónicamente y no parece importarles mucho cómo se use su información personal. Tenemos pocos datos sistemáticos sobre los valores y actitudes de los milenials urbanos chinos, pero podemos afirmar que les satisface expresar valores como la tolerancia social, la satisfacción vital, la expresión pública y la aspiración a la libertad, y no tienden a ver la modernización, la riqueza y el progreso como "occidental". Ahorran tres veces más que sus pares estadunidenses, aunque lo mismo ocurre para otros grupos demográficos en China, lo cual no es una mala idea, en vista de la futura distorsión de la pirámide de edades, con 25 por ciento de la población mayor de 60 años para 2030.

El futuro de los "viejos" y los "jóvenes"

Una forma imaginativa de crear nuevas oportunidades de colaboración intergeneracional es la enigmática idea lateral del "dormitorio-asilo", un centro de cuidado de largo plazo para adultos mayores en el que los estudiantes universitarios tengan habitaciones gratuitas y un sentido de propósito a cambio de un número de horas de trabajo al mes. En Países Bajos, donde se hicieron los primeros experimentos, existe una presión creciente para encontrar recursos que permitan ofrecerles a los ancianos el cuidado y la atención que merecen. "Fue entonces cuando pensé en otro grupo de personas —en este caso los estudiantes— que tampoco tienen mucho dinero", afirmó Gea Sijpkes, directora de uno de estos innovadores dormitorios-asilos. Los estudiantes asisten a los adultos mayores en algunas de sus necesidades diarias y también los ayudan a mejorar sus habilidades digitales. Las posibilidades de atraer más ancianos a este tipo de centros depende de su capacidad para reducir los sentimientos de soledad, que los investigadores asocian con un acelerado deterioro cognitivo, detrimento de la salud y mayores tasas de mortalidad.

Los análisis de generaciones —ya sean por diversión o para obtener beneficios económicos— deben hacerse con cautela. Arthur E. Levine, expresidente del Colegio de Profesores de la Universidad de Columbia y de la Fundación

Woodrow Wilson observó que "las imágenes generacionales son estereotipos". En su opinión nuestra búsqueda permanente de contrastes nos impide ver las similitudes. "Hay algunas divergencias notables", afirma, "pero entre los estudiantes del pasado y el presente existen más similitudes que diferencias. Aunque, si escribieras un libro diciendo esto, ¿qué tan interesante sería?"

Cada generación de la historia ha estado formada por una diversidad desconcertante de individuos, de modo que pensar en términos de generaciones, unidades generacionales y subunidades ofrece algo de rigor analítico. Pero el tema central de este capítulo va más allá. Entender a los milenials hoy no asegura que los entendamos mejor en el futuro, porque su comportamiento sin duda cambiará. Conforme los integrantes de una generación pasan por las diversas etapas de su vida ajustan sus actitudes y conductas. El grupo de personas de más de 60 años de la actualidad será distinto —posiblemente mucho— del mismo grupo demográfico en el futuro. Pero una de las razones tiene que ver menos con la generación que estemos estudiando y más con las cambiantes concepciones de qué significa en realidad la vejez.

La revista *Wired* y Pfizer, una de las compañías farmacéuticas más grandes del mundo, han unido esfuerzos para imaginar cómo será envejecer en el futuro. "Por supuesto existen muchas incertidumbres en el horizonte del envejecimiento", dice Pol Vandenbroucke, director de estrategia médica de Pfizer, "pero muchos podemos adoptar medidas hoy para asegurarnos de que la vejez no sólo signifique vivir más, sino vivir bien." Podemos contar con que la medicina y la tecnología nos mantendrán cada vez más sanos conforme envejecemos, pero nuestra conducta también será clave para permanecer física y mentalmente alertas. Aquí hay una predicción intrigante: "La generación milenial va a ser muy distinta de sus mayores *baby boomers* y la generación X. Dejando de lado los estereotipos, ellos representan un punto de inflexión cultural importante: son la primera generación expuesta a internet desde la infancia. Su afición por la conectividad permanente y el acceso inmediato a la información moldea rasgos que ya podrían estar preparándolos para una vejez exitosa". Los milenials bien podrían ser la generación que aprenda que la longevidad requiere un compromiso vitalicio para mantenerse sano y activo, y su fuerte inclinación por la hiperconectividad puede ayudarlos a superar el aislamiento cuando sean viejos. Como sostiene Stephen Ewell, director ejecutivo de la Consumer Technology Association Foundation: "Los milenials [...] están muy interesados en prepararse para vivir largos periodos de vida saludable. Nosotros no sólo incorporamos esas ideas sino que las tomamos y las convertimos en parte de nuestro ecosistema para hacer comunidades más fuertes".

Los milenials tendrán vidas más largas que las generaciones anteriores, así que las apuestas por definir su estilo de vida son cada vez más altas. Las buenas noticias, según el Proyecto Sightlines del Centro para la Longevidad de la Universidad de Stanford, es que "el número de fumadores va notablemente a la baja, y el ejercicio a la alza. Los milenials tienen más amigos que los apoyan en épocas difíciles que los jóvenes del pasado. Hay más milenials con diplomas universitarios que en generaciones previas, y no hay mejor predictor de una vejez exitosa que la educación". Pero también hay malas noticias, en particular desde el punto de vista de la seguridad económica. Muchos milenials tendrán una situación económica óptima cuando lleguen al momento de su retiro, pero un número igual, si no es que mayor, se encontrará en graves apuros durante la mayoría de su vida adulta. Desde una perspectiva global estamos ante una bifurcación similar en los destinos de distintos grupos, como veremos en el siguiente capítulo.

3. Cómo seguirle el paso a los Singhs y los Wangs

**LA VIEJA CLASE MEDIA, LA NUEVA CLASE MEDIA
Y LA BATALLA POR LA ATENCIÓN**

La clase media es tanto un sentimiento como un nivel de ingresos.

Margaret Haley, escritora estadunidense

En 2009 la economía india se encontraba en un auge sin precedentes. Diez millones de personas saldrían de la pobreza ese año, y frente a los ojos de todos nacía una incipiente clase media. Tata Motors, fundada en 1945, era la principal empresa automovilística del país y estaba decidida a permanecer en la cima. Y para lograrlo, Ratan Tata, bisnieto del fundador del Grupo Tata, develó su nuevo modelo, el Tata Nano. Con un precio equivalente a 2,000 dólares se trataba de un vehículo muy austero, sin aire acondicionado y accionado por un diminuto motor de 634 cc. "La historia que estamos contando hoy comenzó hace unos años, cuando observé familias que se desplazaban en vehículos de dos ruedas: el papá al mando de la motoneta, su hijo menor parado frente a él y su esposa detrás, sosteniendo un bebé", le contó Tata a los reporteros. "Me pregunté si sería posible concebir una forma de transporte segura, económica y para todos los climas que pudiera usar una familia como ésta. Hay quien lo llamó el sueño de un solo hombre, y en efecto lo fue." Siguiendo la visión del director, la compañía invirtió fuertemente y construyó una fábrica capaz de producir 250,000 unidades al año. Ratan Tata entregó personalmente los primeros tres Nanos. Como reportó entonces *Economic Times*, Ashok Raghunath Vichare, un oficial de aduanas de 59 años de Mumbai, recibió el primero y se sintió "muy contento" de conducir el automóvil "hasta un templo hinduista cercano para que bendijeran el vehículo". El segundo fue adquirido por Ashish Balakrishnan, un empleado de banco de 29 años que no podía esperar para "salir de paseo al Bandra-Worli Sea-Link", un puente de 5.5 kilómetros de largo en Mumbai. "Éste es mi primer auto", declaró. "El precio fue un factor decisivo." La compañía esperaba que esta actitud fuera premonitoria del entusiasmo de la naciente clase media india por reemplazar sus bicicletas y motocicletas, como hizo un excomisionado asistente de la policía de Mumbai de 82 años de edad, que reemplazó su motoneta por el Nano.

Pero no ocurrió así. Por el contrario, los consumidores compraron Suzukis, Hyundais, Toyotas y otras marcas extranjeras. Cuando vieron espectaculares que anunciaban el Nano como "El auto más barato del mundo" asociaron el vehículo con los pobres. Las ventas nunca alcanzaron las expectativas de la compañía. "La gente lo llamaba el auto más barato y, lamento decirlo, también nosotros, es decir, la compañía cuando estaba promocionándolo", admitió Tata. "Creo que fue una idea desafortunada."

El Nano pasará a la historia de los negocios como uno de los peores errores corporativos de todos los tiempos. "No me gusta cómo la gente percibe el Nano, y tiene que ver con el aspecto", dijo el operario de computadoras Sushank Sharma, de 22 años de edad. "Yo me voy al trabajo en motocicleta, y si quiero salir con mis amigos o ir a una boda prefiero un auto. Pero me quedaría sentado en casa antes de ir en un Nano." La nueva clase media en mercados emergentes como India es sobre todo aspiracional. Al fijar la vista atrás, y no adelante, Tata Motors creó algo que no correspondía con la nueva conciencia de clase de esta demografía, y dejó ir una emocionante oportunidad de mercado. No entendió que los Singhs, fieles a su nuevo estatus de clase media, querían parecerse a los Joneses.

Por el contrario, pensemos en el éxito del fabricante de parrillas para exteriores estadunidense Weber-Stephen Products LLC cuando entró al mercado indio. Pensemos, también, en el reto que enfrentaba: ¿cómo vender asadores en un país en el que la gente no come res o cerdo, y los hombres no suelen cocinar?

Weber-Stephen se fundó en 1893, con el nombre de Weber Bros. Metal Works. A principios de la década de 1950 George Stephen Sr., copropietario de una tienda de láminas de metal en Chicago, que buscaba formas de mejorar el brasero que usaba para cocinar en exteriores, imaginó un asador más práctico compuesto de dos hemisferios de metal: la parte inferior sería el receptáculo para el carbón encendido y la superior, la tapa. Fue un éxito. Para refinar aún más el producto Stephen unió fuerzas con Weber Bros., y hoy en día su asador esférico es parte del paisaje cotidiano de muchos patios y jardines estadunidenses. La compañía ha desempeñado un importante papel en la popularización de la carne asada, que en este punto ya forma parte de la cultura estadunidense. "La tradición culinaria de cocinar carne lentamente sobre un fuego indirecto […] se ha vuelto tan preponderante con los años", escribe Natasha Geiling en Smithsonian.com, "que el asado mismo representa una forma de cultura popular que aparece en los programas de televisión, los viajes nostálgicos por carretera e incluso platillos fusión como los tacos BBQ."

En 2010, un par de años después del fatídico lanzamiento del Tata Nano, Weber-Stephen decidió probar suerte con el mercado indio de clase media y contrató a Sivakumar "Siva" Kandaswamy para administrar el lanzamiento del producto. Kandaswamy entendió los retos a los que se enfrentaba, y el equipo que reunió estaba en sintonía con las diferencias culturales entre India y Estados Unidos. Investigaron exhaustivamente la forma en la que los consumidores indios de clase media percibían la comida y el acto de cocinar, pero también dedujeron que las actitudes y los hábitos tradicionales podían cambiar conforme más personas subían peldaños de la escalera socioeconómica y comenzaban a ver películas y programas de televisión extranjeros. Unos años después "ya se había arraigado una cultura del asado casero en India", notaba Dave Sutton, consultor en Top Right Partners, en Atlanta. "License to grill: India adopta el asado",* se lee en el encabezado de un artículo de 2011 en el *Times of India*. "Y pensábamos que el asado era demasiado estadunidense para gustarle a los indios, que adoran sus tandoor", dice el artículo. "Lo cierto es que cada vez más indios de las ciudades adoptan el asador, en particular en centros que reciben grandes cantidades de indios migrantes que regresan al país, como Bangalore, Pune, Gurgaon y partes de Mumbai." Weber-Stephen sabía que tenía que persuadir a los consumidores indios de disfrutar los placeres de los asadores de patio. Como certifican sus propios documentos, la compañía "aporta beneficios funcionales y emocionales adicionales al proporcionarle a los consumidores consejos, herramientas y recetas locales". Pronto las familias indias de clase media se reunían alrededor del asador para preparar desde pollo tandoori hasta kebabs de plátano. Y esto ocurrió gracias a que Weber-Stephen no se asustó ante las complejidades del mercado indio; por el contrario, acogió esta nueva oportunidad.

•

El filósofo griego Aristóteles dijo una vez que "la comunidad política más perfecta es aquella en la que la clase media tiene el control y supera en número a las otras dos clases". La clase media es, en efecto, la columna vertebral de las sociedades y las economías modernas. Louis D. Brandeis, el astuto reformista

---

* Juego de palabras con el título de la película *Licence to Kill*: licencia para matar, que significa algo así como "licencia para asar".

progresista estadunidense de principios del siglo XX, predijo una vez que "en este país podemos tener democracia o podemos tener una gran riqueza concentrada en manos de unos cuantos, pero no podemos tener ambas". Por mucho tiempo Estados Unidos y Europa Occidental lograron mantener un delicado equilibrio que permitió que la gigantesca riqueza generada por la economía global fuera a parar a manos sobre todo de las clases medias estadunidenses y europeas.

Pero ya no.

Si bien las clases medias estadunidenses y europeas siguen siendo las más ricas del mundo, sus fortunas se han estancado y su estatus está menguando. Por el otro lado, cada año más de cien millones de personas se unen a las filas de la clase media en los mercados emergentes y experimentan dramáticos aumentos en sus ingresos. Ellos van al alza; nosotros estamos de capa caída.

La figura 5 muestra la distribución de poder adquisitivo de las clases medias en distintas regiones del mundo. A escala global, la clase media está conformada por individuos que tienen ingresos de entre 10 y 100 dólares al día. Para una familia de cuatro esto se traduciría, aproximadamente, en ingresos anuales de entre 15,000 y 150,000 dólares.

La mayoría de las clases medias actuales viven en Estados Unidos y Europa, pero para 2030 China, India y el resto de Asia (excluyendo Japón) alojarán más de la mitad del poder adquisitivo del mundo (ya ajustada la inflación). Se trata de un cambio abismal: en la década de 1920 compañías como General Motors y Sears se convirtieron en los titanes de su época al satisfacer las necesidades de una clase media en expansión; en la segunda década del nuevo milenio, Alphabet y Amazon son los reyes supremos.

De hecho no necesitamos esperar hasta 2030 para que ciertas áreas del consumo se desplacen a Asia. Pensemos en la supremacía de China en las compras en línea. El Día del Soltero —una celebración que ocurre básicamente en línea— generó 25,000 millones de dólares en ventas en 2017, eclipsando los 7,000 millones que dejó el Ciber Lunes en Estados Unidos. O consideremos

Figura 5. Porcentajes de poder adquisitivo de las clases medias (%)

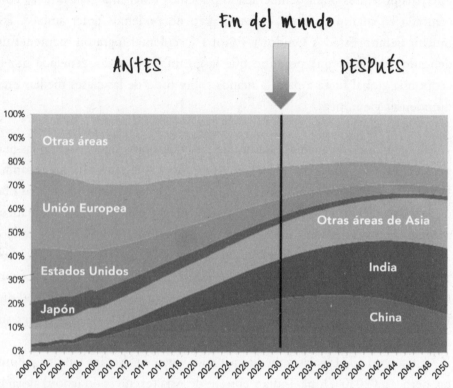

Homki Kharas, The Brookings Institution

los juegos de apuestas: Macao, en el sur de China, genera anualmente ingresos brutos por apuestas de 33,000 millones de dólares, comparados con los 7,000 millones de Las Vegas.

Pero las tendencias indican que el mercado chino de clase media será el más grande del mundo en términos de poder adquisitivo sólo por una década, dos a lo más. La población india, joven, cada vez mejor educada y con un enorme potencial de crecimiento será para 2030 el mercado emergente más atractivo del mundo.

De *Madame Bovary* a *Los Simpson*

En el pasado los directores de empresas y los políticos europeos y estadunidenses entendieron muy bien a la clase media; ellos contribuyeron activamente a crear ese gran segmento poblacional que no es ni rico ni pobre. Ayudaron a que esta clase media prosperara gracias a productos baratos, baja inflación y estabilidad política. La clase media se convirtió en el motor de la economía de mercado. Puesto que la mayoría de la actividad económica es impulsada por la distribución y la venta de bienes y servicios de consumo ningún país desarrollado puede vivir sin ellas. De aquí la popularidad de términos como "confianza del consumidor", "índice de precios al consumidor" y "crédito al consumo". Si los consumidores no gastan, toda la economía se frena... y se pierden elecciones.

Nuestras ideas modernas sobre la clase media provienen de un reporte del gobierno británico que data de 1913, que la definía como esas personas que no son ni clase alta ni clase trabajadora tradicional. La historia reciente del mundo occidental ha girado en torno a ampliar dicho espacio intermedio, pero la creciente desigualdad en ambos lados del Atlántico Norte ha provocado la contracción de este amplio segmento poblacional.

Otra perspectiva sobre la clase media, un poco anterior, la pensaba como una especie de transición. Charles Dickens, que entendió la vida inglesa decimonónica mejor que casi nadie, sostenía que "si bien presumimos perpetuamente que [la clase media] es nuestra salvación, no es más que un pobre fleco en el manto de la clase alta". En 1937 otro agudo observador de la vida británica, George Orwell, escribió en *El camino a Wigan Pier* que "nosotros, los miembros de la decadente clase media —el maestro de escuela privada, el famélico periodista sin contrato [...] los oficinistas, los funcionarios, los comerciantes foráneos, los arruinados vendedores de tejidos de las ciudades de provincias—, podremos integrarnos sin problemas en la clase obrera a la que pertenecemos, y, seguramente, no será tan terrible como creíamos. Al fin y al cabo, no tenemos nada que perder".

Desde un punto de vista económico, la clase media permite tener una existencia cómoda. "La comodidad es condición de las clases medias", escribió el crítico de arte británico Clive Bell. Los economistas definen la clase media como aquella que disfruta de cierta cantidad de ingresos discrecionales por encima de los necesarios para cubrir las necesidades básicas de alimento, alojamiento y educación. Los consumidores de clase media piden hipotecas para comprar casas, compran electrodomésticos prácticos, salen de vacaciones, mandan a sus hijos a buenas escuelas y planean su retiro. En otras palabras, ser de clase media significa vivir en una posición económica segura, lejos del día a día de los trabajadores de clase baja. O al menos así era antes.

Definir las clases medias según sus ingresos puede resultar práctico, pero también difumina las diferencias entre, digamos, un enfermero y un plomero, o el dueño de un pequeño negocio y un contador, que pueden pertenecer a la clase media, pero poseer niveles educativos y carreras notablemente distintas. Una idea muy extendida es que un título universitario representa un pasaporte para la clase media, pero muchos integrantes de esta clase no recibieron educación superior.

En realidad "clase media" es mucho más que una categoría económica o educativa. "Estar en la clase media es tanto un sentimiento como un nivel de ingresos", observó la ingeniosa autora estadunidense Margaret Halsey. El estatus de clase media es tanto un estado mental sociopsicológico como una condición económica. El novelista francés Gustave Flaubert capturó la mentalidad clasemediera de forma magistral en *Madame Bovary* (1856), una novela en la que una mujer se siente atrapada por su estatus de clase media. "La clase media es muy curiosa", escribió J. K. Rowling. "Es la clase que mejor conozco y también la más pretenciosa de todas, y eso es lo que la hace tan graciosa." La clase media no se trata sólo de aspiración, sino también de ostentación, el tema de la famosa tira cómica de Arthur R. "Pop" Momand, *Keeping up with the Joneses*,* que

---

* Algo así como *Estar a la altura de los Joneses.*

se publicó diariamente entre 1913 y 1938, precisamente el intervalo en el que la clase media pasó de su primer estallido a su peor descalabro durante la Gran Depresión. La competencia por el estatus en la escala social es tan vieja como la sociedad misma, pero indudablemente adquirió una nueva dimensión cuando la clase media comenzó a crecer en el transcurso del siglo XX. "A los Smith les gusta la nueva obra; los Joneses van a verla y copian la opinión de los Smith", escribió Mark Twain en un ensayo de 1901 titulado "Corn-Pone opinions" ("Opiniones sobre el pan de maíz").

Saltemos ahora a *Los Simpson*. En esta serie animada de televisión la familia Simpson es dueña de una casa en un vecindario lleno de dueños de pequeños negocios y profesionistas; el padre ocupa una serie de empleos administrativos; la madre se queda en casa; se van de vacaciones; ahorran para la universidad de los niños; tienen mascotas, etcétera. No fue sino hasta la sexta temporada, episodio 23, que Homero Simpson admite ser de clase media. De hecho muestra un talón de pagos que indica que gana el equivalente de unos 37,000 dólares de 2016, lo que sitúa a los Simpson firmemente dentro de la categoría de ingresos promedio.

Dado que la clase media es un grupo tan grande a nadie le sorprenderá saber que no existe consenso sobre los valores que comparten sus integrantes. Algunas nociones históricas que vienen a la mente son la propiedad, el equilibrio, la decencia y el decoro. La novelista y dramaturga estadunidense Gertrude Stein lo dice inmejorablemente: "Yo sólo afirmo que el ideal de clase media que exige que la gente sea afectuosa, respetable, honesta y feliz, que evite las excitaciones y cultive la serenidad, es el ideal que me atrae, en resumen es el ideal de la vida familiar afectuosa, de los métodos honrados de negocio".

También existe la tendencia de asociar a la clase media con la necesidad de pertenencia, y la investigación sugiere que los individuos de clase media exhiben mayores niveles de ansiedad por estatus que los de clases alta o baja. Como explican Damon J. Phillips, de la Universidad de Columbia, y Ezra W. Zuckerman, del MIT: "La necesidad de pertenencia se incrementa en la medida en la que los actores valoran la integración a un grupo, pero se sienten inseguros de esta integración". Mientras que los individuos de alto estatus suelen sentirse confiados en su posición social y tienen poca necesidad de ajustarse, la gente de bajo estatus "se siente libre de desafiar las prácticas aceptadas porque ya están excluidos, independientemente de sus acciones". Son los del medio los que sienten la presión por pertenecer, tanto por el deseo de subir algunos peldaños de la escala social como por el miedo de bajarlos.

Dicho esto, resulta aleccionador notar que el comportamiento de la clase media tiende a no ser tan virtuoso como algunos sostienen. Una distinción clave entre la clase media y la clase trabajadora es el individualismo de la primera y el comunitarismo de la segunda. Una crianza de clase media pone énfasis en las decisiones individuales y la independencia, mientras que el ethos clásico de la clase trabajadora tiene que ver con la solidaridad y la interdependencia. Resulta que las conductas inmorales son más prevalentes entre los miembros de la clase media y las conductas pro sociales y altruistas son más comunes en la clase trabajadora. Una investigación publicada en *Proceedings of the National Academy of Sciences* encontró que "los individuos de clase alta tenían más probabilidades de violar la ley al conducir, en relación con los individuos de clase baja […] a exhibir tendencias de toma de decisiones inmorales […] apropiarse de los bienes valiosos de otras personas […] mentir en una negociación […] hacer trampa para aumentar sus posibilidades de ganar un premio […] y avalar el comportamiento inmoral en el trabajo".

Por ahora, las clases medias en Estados Unidos y Europa constituyen un colosal enigma. Si bien las caracterizan la propiedad, la honestidad y el decoro también son susceptibles de conductas inmorales a causa de su ethos individualista, su pretensión y su presión para pertenecer al grupo. También está la capa adicional de frustración e ira que acompaña la pérdida de estatus en esta época de estancamiento económico a nivel global y local.

No estamos solos en el universo

Zhou Yuanyan nació en Mongolia interior. Se mudó a una aldea en el sexto anillo de circunvalación de Beijing, desde donde viajaba una hora y media hasta su trabajo en la ciudad, primero como camarera y luego como agente inmobiliaria. Cuando las cosas empezaron a mejorar económicamente su madre se mudó con ella, y juntas disfrutan la comodidad que conllevan su empleo, vida y estatus nuevos. "Mi ingreso por comisiones aumentó mucho… así que pudimos mudarnos dos veces", Zhou declaró al *Financial Times*. Para 2030 China verá sumarse a su clase media a 400 millones de personas como ella.

A miles de kilómetros de distancia, en ciertos países y ciudades de África, lentamente toma forma otra clase media. "Estoy muy, muy, muy entusiasmado", declaró John Monday, operador de una turbina de gas, cuando un amigo lo fotografiaba frente a un supermercado en un centro comercial de Warri, una próspera ciudad en la región petrolera de Nigeria. Según *The New York Times*, Monday viajó cerca de 350 kilómetros para visitar el nuevo centro comercial. "Una persona de clase media puede venir al centro comercial y experimentar una sensación de pertenencia", dijo Monday. El quinto grupo financiero más grande del país, Access Bank, cuyos directores de sucursal me han escuchado hablar sobre las perspectivas para 2030, estiman que más de 10 por ciento de los 200 millones de habitantes de Nigeria son ahora de clase media, y cada año se suma la extraordinaria cifra de 1.5 millones más.

Aunque sigue siendo pequeño, según estándares chinos o indios, el mercado de consumidores de clase media sigue creciendo en África. Según un reporte reciente de Deloitte esto se debe fundamentalmente al crecimiento demográfico, el incremento en el poder adquisitivo, la expansión de las ciudades y el uso de la tecnología. Distintas encuestas arrojan que entre 25 y 50 por ciento de los consumidores que viven en las economías africanas más importantes —Nigeria, Sudáfrica, Egipto y Kenia— han percibido un progreso material en sus vidas en los últimos cinco años. Tienen ingresos discrecionales, aspiran a comprar marcas bien conocidas y estarían dispuestos a pagar un pequeño extra para estar al día en la última moda o tendencia. La calidad es más importante que el precio, y se prefieren las marcas internacionales. Si bien el mercado está listo para las marcas estadunidenses y europeas, las compañías y los emprendedores locales no tardarán mucho en competir para posicionarse.

De hecho, según Brand Africa, una ONG que se dedica a promover una imagen unificada de África a nivel internacional, las 100 marcas más admiradas del continente provienen de 28 países, entre ellos ocho naciones africanas. Si bien entre estas 100 hay 24 marcas estadunidenses, se cuentan al menos 17 africanas. Y conforme evolucionen los mercados de consumo del continente, más marcas africanas tendrán éxito.

La clave para entender la esencia de la nueva clase media en mercados emergentes como China o Nigeria es reconocer en qué se distinguen de la vieja clase media de Estados Unidos, Europa o Japón. Para empezar, la "vieja" clase media lo ha sido durante generaciones. Pero la nueva clase media está formada por "dinero nuevo". Mientras que el ingreso per cápita *promedio* de las personas de clase media en Estados Unidos, Europa y Japón es unas tres veces mayor que el de las clases medias en China, India y otros mercados emergentes, se encuentra anquilosado. Las diferencias generacionales y de ingresos entre la vieja y la nueva clase media hacen a los consumidores de clase media de los mercados emergentes más aspiracionales que sus padres en los países desarrollados.

Figura 6

Por qué el iPhone se ve como un iPhone

El iPhone es el producto de consumo de clase media más icónico de principios del siglo XXI. No sólo es un teléfono: también es un calendario, un buscador de internet, una cámara, una calculadora, una linterna, un sistema de reproducción de música y video, un lector de libros electrónicos y una infinidad de otras cosas, todas incluidas en un dispositivo extremadamente versátil y fácil de usar, con más poder de procesamiento que la computadora de la misión Apolo o HAL, la supercomputadora hablante de *2001: odisea del espacio*.

La pantalla táctil de mi iPhone es maravillosa. Pero observemos de cerca la caja en la que llegó (figura 6).

"FCC" indica que el producto satisface los estándares técnicos y de seguridad de la Comisión Federal de Comunicaciones, un organismo del gobierno de Estados Unidos, y "CE" indica que satisface los estándares paralelos para los productos que se venden dentro de las fronteras de la Unión Europea. Pero ¿por qué referirse únicamente a Estados Unidos y Europa y no a otros países o uniones económicas?

La razón es que actualmente éstos son los dos principales mercados. Allá en la década de 1980, antes de que Europa se convirtiera en el mercado único que es hoy (y el segundo más grande del mundo) sólo aparecía el logotipo del FCC en los productos electrónicos. En otras palabras, los mercados principales son los que escriben las reglas del juego, sencillamente porque son grandes e influyentes. Las compañías que compiten por su rebanada del pastel no tienen opción más que cumplir con las regulaciones de producto que decidan introducir estos gobiernos.

Para 2030, sin embargo, China e India serán los mayores mercados de consumo. Estoy dispuesto a apostar todo mi fondo de pensiones en que, junto a los logos de la FCC y la CE, nuestros teléfonos inteligentes llevarán un sello de aprobación regulatorio chino, y posiblemente también indio.

Los mercados de clase media en expansión también están cambiando las reglas de la competencia tecnológica de otras formas. Consideremos las patentes.

La Constitución de Estados Unidos en su artículo primero le otorga al Congreso la atribución de "promover el progreso de la ciencia y las artes útiles al garantizar, por tiempo limitado, a los autores e inventores el derecho exclusivo a sus escritos y descubrimientos respectivos". Para los inventores ese derecho exclusivo se protege mediante una patente, que puede aplicarse a una nueva sustancia farmacéutica, dispositivo mecánico o material compuesto. En Estados Unidos una patente confiere un derecho exclusivo de uso por 20 años. Durante décadas la Oficina de Patentes y Marcas de Estados Unidos ha sido la agencia más importante de protección de inventos, y probablemente lo siga siendo por un tiempo. Pero si bien en 2016 la cifra de patentes solicitadas en Estados Unidos fue tres veces mayor que en 1995, en India fue siete veces mayor, y en China 72 veces mayor. Conforme China e India crezcan en importancia, también lo hará su cultura de patentes de nuevos productos e inventos.

¿La batalla de las clases medias?

La Hooker Furniture Corporation vende desde camas y tocadores hasta sofás y sillones. En 1925 el pequeño Clyde Hooker Jr., de 4 años de edad, tiró del cordón del silbato de vapor que marcaba el primer día de labores en la compañía. La empresa fue fundada un año antes en Martinsville, Virginia, a unos 15 kilómetros de Carolina del Norte, el corazón de la industria del mueble en Estados Unidos. En la década de 1990, tras decenios de crecimiento, las importaciones baratas desde México y otros países comenzaron a debilitar a los productores de la región. "Nuestros clientes están cada vez menos dispuestos a comprar muebles producidos en el país", se lamenta Paul Toms, presidente y director general de Hooker. La compañía se vio obligada a cerrar cinco plantas y a reducir su planilla laboral a 200 empleados, una disminución de 90 por ciento. La industria del mueble de Carolina del Norte perdió, en total, 60 por ciento de sus empleos. "Se trataba de personas buenas y trabajadoras que hicieron todo lo que les pedimos y no tuvieron la culpa de nada. No tuvimos alternativa. Vendimos muebles por menos de lo que nos costaba hacerlos". Mientras tanto florece la industria de los muebles chinos, y no a causa de las exportaciones sino primordialmente gracias a la creciente demanda de la clase media del país, que crece a toda velocidad.

Los destinos divergentes de las clases medias en los países desarrollados y en los mercados emergentes serán una realidad política definitoria en 2030 y después. En efecto, a los Joneses les costará trabajo estar a la altura de los Singhs y los Wangs, y en más de un sentido. "Según a quién le preguntes y dónde, la clase media crece o se contrae, se siente optimista o ansiosa, se hace más rica o más pobre, está políticamente activa o es apática", sostiene Clive Crook, columnista y editor. ¿Será que las distintas clases medias del mundo compiten unas con otras por empleos y prosperidad? Si es así, y existe una competencia desleal, es posible que entre los electores gane terreno el apoyo a medidas extraordinarias, como el proteccionismo.

En 2015 el Pew Research Center anunció que la cifra de hogares ricos y pobres en Estados Unidos excedió, por primera vez en dos generaciones, la cifra de hogares de clase media. En 1971 había 80 millones de hogares de clase media (comparados con 52 millones por arriba o por debajo). Para 2015 había 120.8 millones de familias de clase media, comparadas con 121.3 millones en los otros dos grupos. Aristóteles se retorcería en su tumba. Como un reflejo del estancamiento de la clase media estadunidense, Homero Simpson ha intentado cerca de 200 empleos distintos desde que el programa se transmitió por primera vez hace tres décadas, sin mostrar el menor progreso profesional. Seiscientos episodios y ninguna mejoría en su situación económica.

Los políticos y expertos han achacado desvergonzadamente el letargo, cuando no deterioro, de la calidad de vida de las clases medias estadunidenses y europeas a la inmigración, la competencia desleal de los mercados emergentes y la indiferencia de las élites por las caras oscuras de la globalización. El resultado han sido el Brexit y la presidencia de Donald Trump. La economía global y el orden geopolítico que nació tras la Segunda Guerra Mundial sufre los ataques inmisericordes de ambos lados del espectro político.

El encontronazo también ocurre entre empresas. Las de los mercados emergentes crecen más cada día, mientras que las compañías estadunidenses y europeas se están encogiendo, con algunas excepciones notables, como las de tecnología. Pero incluso en esos sectores tecnológicos las compañías chinas e indias aumentan de tamaño, y no sólo a causa de la dimensión de la población a la que sirven, sino gracias a que hay más gente en línea y usando servicios digitales. Lo cierto es que en China o India hay más usuarios de banda ancha, redes sociales y pagos electrónicos que en Estados Unidos. Y la brecha no hará más que ensancharse.

¿Cómo les irá a las compañías estadunidenses conforme el centro de gravedad del consumo global de clase media se traslade hacia Asia? ¿Pueden competir por la participación de mercado con sus contrapartes extranjeras? Alibaba es más grande que Amazon, Didi acaba de comprar las operaciones chinas de Uber e India se jacta de tener más técnicos e ingenieros empleados en el sector de la tecnología de la información que Estados Unidos. Las compañías fuertes son importantes para la clase media porque crean empleos bien retribuidos y ofrecen carreras y oportunidades de desarrollo profesional. Esta economía global es un escenario muy duro y competitivo para todos, pero en particular para la clase media, precisamente porque empresas como General Motors se encuentran en retroceso.

Ahora pensemos en nuevos tipos de compañías, como Spotify y Airbnb. Estos dos celebrados campeones de la economía de alta tecnología son "unicornios": como mencionamos antes, empresas de capital privado valuadas en más de 1,000 millones de dólares. Durante años han sido las favoritas de los ángeles inversionistas y los capitales de riesgo. Y sin embargo, la enorme mayoría de sus clientes y sus ingresos están confinados a Europa y América.

Airbnb se las ha visto negras para expandirse. Spotify no reporta cuántos clientes tiene en China o India; curiosamente ambos países están incluidos en la categoría genérica "resto del mundo". Algo no está bien cuando una compañía como Spotify evita distinguir dos mercados nacionales que están por convertirse en los más grandes del mundo.

Incluso Netflix —una compañía estadunidense que opera en más de 190 países, tiene más suscriptores e ingresos por streaming en el extranjero que localmente y representa 20 por ciento del tráfico global en línea— ha pospuesto su entrada en el mercado chino. Produce contenidos en mandarín, pero para la migración china. Enfrenta menos barreras en India, pero se ha visto obligada a recortar los costos de las suscripciones para remontar su lento crecimiento. "Ya enzarzado en una batalla con gigantes globales como Walt Disney Co. y Amazon.com Inc.", reportó en 2019 *Economic Times*, "Netflix ahora debe vérselas con radiodifusoras y potentados de Bollywood aliados con operadores inalámbricos multimillonarios que atraen a los usuarios con servicios gratuitos u ofertas de hasta 40 centavos de dólar al mes […] Esta intensa competencia podría echar por la borda el objetivo del director general de Netflix, Reed Hastings, de sumar 100 millones de clientes en India". Cuando se escribió este artículo Netflix sólo tenía cuatro millones de clientes allí, en un mercado de streaming dos veces más grande que Estados Unidos. ¿Será que las empresas estadunidenses están dejando caer el balón?

En términos más generales, si una compañía tuvo éxito con la vieja clase media no existen garantías de que suceda lo mismo con la nueva. Hay muchas historias de horror de empresas estadunidenses que malinterpretaron por completo las preferencias y los hábitos de los consumidores en mercados emergentes. Esto puede parecer evidente, pero a la nueva clase media no necesariamente le gusta lo que disfrutan los estadunidenses. Por ejemplo, eBay tiene TaoBao en China, que ha mostrado un desempeño consistentemente malo porque no fue capaz de entender que los consumidores chinos prefieren interactuar directamente con los proveedores y les interesan poco los sistemas de evaluación. Walmart vendía esquís en Brasil —un país sin montañas nevadas, ya no digamos pistas de esquí— y productos al por mayor en Corea del Sur, donde los consumidores prefieren comprar pequeñas cantidades. También ignoró las diferencias en las actitudes de los consumidores: entre los consumidores indios y chinos las tiendas grandes son percibidas como caras, mientras que en Estados Unidos se consideran las más baratas.

Y existe otro efecto, potencialmente desestabilizador, que tiene que ver con el alza en el consumo de clase media en mercados emergentes como China: la generación más joven de consumidores no ahorra tanto como lo hicieron sus padres y sus abuelos. "En la generación de mis padres era suficiente tener un empleo decente, un trabajo estable, y lo que hacían era ahorrar dinero, luego comprar casas y tener hijos", observa Liu Biting, un milenial con un puesto de mercadotecnia en Shanghái. "Pero nosotros vemos el dinero como una cosa que hay que gastarse." Cada vez más milenials chinos piden préstamos de corto plazo en diversas plataformas crediticias para pagar préstamos anteriores que obtuvieron para alimentar su consumo. Yu Runting también trabaja en mercadotecnia en Shanghái, pero su ingreso mensual, de unos 1,300 dólares, apenas es suficiente para cubrir su renta y sus necesidades básicas. Y sin embargo, tal como reportó el *Jing Daily*, se ha comprado una "bolsa de hombro Celine 'mediana clásica' (precio al público 4,400 dólares), una bolsa de cuero Chanel 'Gabrielle' (4,500 dólares), una bolsa de hombro Bulgari 'Serpenti Forever' (2,100 dólares) y los aretes de oro Tasaki 'balance eclipse' (1,800 dólares) usando al límite sus tarjetas de crédito y complementándolas con los créditos que ofrece el sistema de pagos en línea Huabei, de Alipay". Yu afirma que "toda la gente que trabaja en mi empresa, desde las recepcionistas hasta los gerentes, tienen al menos dos bolsas de lujo, y sé que la mayoría de los colegas de mi nivel piden prestado". May Yee Chen, que dirige el Innovation Group en J. Walter Thompson Intelligence para la región Asia-Pacífico, observa que "muchos de estos consumidores milenials y generación Z de lujo son hijos únicos [...] libres de las limitaciones prácticas o culturales de la generación de sus padres, a los que les enseñaron a ahorrar, ahorrar, ahorrar".

Queda claro que los jóvenes consumidores chinos comienzan a comportarse como si fueran estadunidenses, un fenómeno que socava el cómodo arreglo en el que los chinos ahorraban y los estadunidenses gastaban. En 2020 la deuda en los hogares chinos representa 50 por ciento del PIB, comparado con 76 por ciento en Estados Unidos. Para 2030 ambos países podrían estar al mismo nivel. Si la generación más joven en China ya no quiere ahorrar por los estadunidenses, éstos tendrán que ajustarse el cinturón.

¿Puede este planeta mantener a varias clases medias?

Satish y Arlene Palshikar viven en Portland, Oregon, y son ávidos recicladores. En 2017 condujeron su Prius híbrido hasta una instalación de separación de residuos para entregar sus productos reciclables. Allí un empleado les dijo que China ya no reciclaría el plástico estadunidense. Hacía poco que el gobierno chino le había informado a la Organización Mundial de Comercio que ya no aceptaría ciertos tipos de residuos sólidos "para proteger los intereses ambientales de China y la salud de las personas". Una batalla clave en la escalada de la guerra comercial entre el gobierno de Trump y China tiene que ver con el tema del reciclado. Antes, China despachaba bienes manufacturados a Estados Unidos y Estados Unidos enviaba sus desechos y su material reciclable de regreso. Era un arreglo que beneficiaba a ambas partes. Los consumidores estadunidenses de clase media son los mayores productores de desechos del mundo. Treinta por ciento de los desechos reciclables que produce el país se exportan, y China recibe casi la mitad. Cada año ese país aceptaba para reciclar unos 47 millones de toneladas de desechos de plástico.

Pero hoy China, India y muchos otros países en desarrollo tienen que cuidar a sus propias clases medias, y ocuparse de su propia basura. Sin la capacidad que tenía China de absorber los residuos sólidos de todo el mundo es incierto a dónde irá a parar esa basura. "Debido al incremento constante en la producción y el consumo de plástico, el compromiso tanto de empresas como de países con las economías circulares y las crecientes tasas de reciclaje, la cantidad de desechos de plástico que necesite un 'hogar' seguirá creciendo en el futuro cercano", concluye un estudio de la Universidad de Georgia. "¿A dónde irá ahora el plástico? A menos que se nos ocurran algunas ideas audaces y nuevas estrategias de manejo, será imposible mantener las tasas actuales de reciclaje, y nuestras ambiciosas metas y calendarios para la multiplicación de los esfuerzos de reciclaje resultarán infranqueables." De hecho, la renovada guerra contra los desechos de plástico en Europa y Estados Unidos tiene más que ver con la negativa de China de recibir su basura que con una nueva conciencia ecológica.

El crecimiento de las clases medias en todo el mundo implica que las cifras de personas por debajo de la línea de pobreza siguen descendiendo en términos globales. Se trata de una buena noticia, pero también suscita una alarmante pregunta para el futuro, tal como la formuló certeramente *The New York Times* en 2001: "¿Puede el planeta mantener más Estados Unidos?". ¿Puede usted imaginarse un mundo en el que 2,000 millones de personas en mercados emergentes consuman como lo hace el estadunidense promedio? El consumo total de las clases medias en el mundo crecerá aproximadamente 55 por ciento entre 2020 y 2030. Conforme aumentan sus ingresos, las personas tienden a comer más proteína, y pronto exhiben una preferencia por la carne de res, por encima del cerdo o el pollo. Y se necesitan 6,800 litros de agua potable para producir medio kilo de carne de res. Ahora pensemos sobre las materias primas necesarias para fabricar un automóvil o una lavadora, y el gas o la electricidad que se requieren para mantenerlos funcionando. Más vale que se nos ocurran formas creativas de evitar conflictos por recursos naturales escasos, incluyendo agua, minerales y energía. Necesitaremos obreros, ingenieros y emprendedores que diseñen y ofrezcan mejores sistemas para administrar los recursos limitados que poseemos. Y tal vez tengamos que cambiar nuestra tendencia al despilfarro, como veremos en el capítulo 7.

Los milenials luchan por llegar a la clase media

"Actualmente estoy como trabajador temporal en una empresa de seguros y reaseguros como analista de reclamaciones", se lee en una entrada de Reddit. "Se supone que mi puesto tendría una duración de seis meses… me dijeron que ya mandaron mi información para hacerme empleado permanente. Ya van 10 meses y aún no sé nada de ellos. Yo sólo quiero un puesto asalariado permanente, no esta mierda del trabajo por horas… Estudié mercadotecnia y por alguna razón terminé trabajando en el campo de la gestión de riesgos financieros. ¿Qué estoy haciendo mal?" Otra entrada se lamentaba de que, tras estudiar por cuatro años para obtener una licenciatura en comercio, "Siento que podría haberme quedado con la preparatoria, y con los aumentos salariales ahora ya ganaría lo mismo sin haber tenido que desembolsar más de 40,000 dólares". Y una tercera afirmó que: "Las cosas no te van a funcionar sólo porque tengas un título, no importa lo que te hayan dicho tus papás. Si no tienes la experiencia relevante prepárate para empezar con un salario bajo, eso si te contratan… si eres lo suficientemente encantador como para que te contraten".

Estas historias revelan un patrón: la clase media está encogiéndose en Europa y Estados Unidos no sólo porque la gente está perdiendo empleos bien remunerados en la competencia global por la automatización, sino también porque los jóvenes no pueden obtener esos empleos estables en primer lugar; sencillamente hay menos trabajos. "Para las generaciones más jóvenes se ha vuelto más difícil llegar a la clase media", concluye un estudio de la OCDE de 2018 que analizó datos de varios países europeos, así como de México y Estados Unidos. "Esto ocurre porque las generaciones más viejas suelen estar mejor protegidas de los cambios en el mercado laboral y de los peligros que enfrentan quienes perciben menores salarios que las generaciones más jóvenes. Desde la generación de los *baby boomers* el grupo de ingresos medios se ha reducido con cada nueva generación." Por ejemplo, mientras que sólo 60 por ciento de los milenials treintones forman parte de la clase media, cerca de 70 por ciento de los *baby boomers* pasaron por ella durante una etapa similar de sus vidas.

Y lo que de verdad resulta alarmante es que tener hijos les dificulta mucho a las familias alcanzar una posición de clase media, en una dinámica que se autoperpetúa y que puede castigar aún más las tasas de fertilidad. "Los padres de clase media se han visto obligados a invertir más en sus hijos, al tiempo que los patrones y los gobiernos les dan cada vez menos garantías", escribe el periodista Patrick A. Coleman en su libro *Fatherly* (*Paternal*). Una vez más, las anécdotas se suman a una tendencia con importantes implicaciones para el futuro. "El porcentaje de hogares con hijos en la clase de ingresos medios también se ha desplomado [en Europa y Estados Unidos], de 72 a 68 por ciento para las parejas con hijos y de 55 a 44 por ciento entre padres solteros." Para 2030 Europa y Estados Unidos serán hogar no sólo de una clase media más reducida sino de una sociedad más polarizada, con un porcentaje mayor de niños que nacieron en familias pobres o ricas, y pocos de ellos habrán disfrutado de la tradicional comodidad de encontrarse en el medio.

Otra tendencia enigmática es que las personas de más de 60 años actualmente representan una proporción mayor de la clase media en Estados Unidos y Europa que nunca antes, porque muchos tienen empleos bien remunerados, ya terminaron de criar a sus hijos y han logrado ahorrar un poco. "La conformación de la clase de ingresos medios ha experimentado un profundo cambio", concluye el estudio de la OCDE. "A lo largo de las últimas tres décadas ha envejecido más rápidamente que el grueso de la población [...] A partir de la generación de los *baby boomers* las oportunidades de llegar a los ingresos medios se han ido reduciendo con cada nueva generación."

¿La recuperación es posible?

Búfalo, Nueva York, era tradicionalmente una de las áreas metropolitanas más ricas del país, llena de prósperos negocios de todos los tamaños y una vibrante clase media. Es hogar de maravillas arquitectónicas diseñadas por luminarias como Louis Sullivan y Frank Lloyd Wright. Según Frederick Law Olmsted, diseñador del Central Park de Nueva York, Búfalo era "la ciudad mejor planeada de Estados Unidos, si no es que del mundo". La describió como una ciudad "democrática e igualitaria". Su plan urbano, que data de 1804, se caracteriza por un sistema radial de calles superpuesto a una retícula, como en Washington, D. C. Su cercanía a un lago inspiró a la crítica arquitectónica Ada Louise Huxtable a bautizarla "el mejor paisaje urbano de Estados Unidos". La ciudad alberga el primer museo de arte moderno, la Galería de Arte Albright-Knox, fundada en 1862. También fue la primera ciudad de Estados Unidos en usar alumbrado público. Pero desde la década de 1950 gran parte de esta historia se ha visto empañada por los efectos del declive de la fabricación y su fuerte costo para los residentes de clase media de la ciudad. Durante décadas han permanecido abandonados silos de granos, instalaciones de transportes y ruinosos edificios de oficinas.

A los beneficios de la inmigración que discutimos en el capítulo 1 se suma que los inmigrantes pueden convertirse en importantes recursos para la renovación urbana. Construidas originalmente por inmigrantes europeos, varias zonas de Búfalo se han visto renovadas por nuevas oleadas de inmigrantes, esta vez de Etiopía, Somalia, Laos, Myanmar y Serbia, entre otros países. Según David Stebbins, que ha escrito exhaustivamente sobre el renacimiento de las ciudades en la región de los Grandes Lagos, "estos nuevos residentes traen consigo una ética laboral y un espíritu emprendedor que están ayudando a repoblar vecindarios al borde de la ruina y creando nuevos negocios para llenar los escaparates abandonados". Esta tendencia es parte de un patrón más amplio. "La diversidad de inmigrantes parece tener beneficios generalizados en la fuerza laboral", señala un análisis de 2017 preparado por el grupo de reflexión bipartita New American Economy, que basa sus hallazgos en una muestra nacional de 33.5 millones de trabajadores estadunidenses. "Cuando llegan inmigrantes con ideas distintas y nuevas habilidades, los patrones pueden dar puestos que de otro modo permanecerían vacantes, hallar nuevas soluciones a los problemas e incursionar en nuevas áreas de su negocio." Gracias a esto, una vez que un influjo de migrantes llega a un área metropolitana los salarios, tanto los altos como los bajos, experimentan aumentos de hasta 6 por ciento en promedio.

Búfalo ha superado por mucho a otras ciudades de la región, incluyendo a Rochester y Syracuse. Los detractores sostienen que cualquier ciudad de ese tamaño se habría recuperado tras una inyección de 1,000 millones de dólares en subsidios y apoyos. "El Búfalo de Cuomo: ¿Nueva York paga de más?", se lee en el encabezado de una nota de *The New York Times* que hace referencia a esta declaración del gobernador Andrew Cuomo, en 2012: "Creemos en Búfalo. Seamos coherentes e invirtamos en lo que creemos: en la B. La B de Búfalo y la b de billón".* Para 2018 se habían invertido cerca de 1,500 millones de dólares, buena parte en proyectos que han sido criticados por crear muy pocos empleos permanentes, por ejemplo, la planta de paneles solares de Tesla que está altamente automatizada. Arrojarle dinero a las ciudades en decadencia puede ayudar si los fondos se gastan bien, cosa que no siempre ocurre, pero apostar por la renovación mediante la atracción de talentos nuevos y personas trabajadoras tiende a ser una mejor estrategia de largo plazo.

Nadie duda de que en 2030 la economía representará un panorama muy duro y competitivo para todos, en particular para los habitantes de lugares como Búfalo. Pero también hay atisbos de esperanza. En un minucioso estudio, Alan Berube y Cecile Murray, de la Brookings Institution, rastrearon la evolución de 185 municipios urbanos con una importante historia ma-

---

* *Billion* significa "mil millones" en inglés.

nufacturera. En 2016 estos municipios albergaban cerca de 12 por ciento de la población estadunidense, y la mayoría se ubica en el Medio Oeste y el noreste. Los investigadores hallaron que aunque más de 50 por ciento logró recuperarse de la crisis, 70 por ciento fue incapaz de aprovechar las oportunidades que surgieron en los nuevos sectores de la tecnología y los servicios entre 1970 y 2016. Entre las ciudades y los municipios con mejor desempeño se encontraban Brooklyn, Queens y Búfalo, en Nueva York; Filadelfia; San Luis, y varias en los alrededores de Boston. Otras siguen rindiendo por debajo de lo esperado, incluyendo Albany, Nueva York; Dayton, Ohio, y Detroit y Flint, en Michigan. Sólo un puñado de factores explican estas diferencias: la presencia de importantes universidades de investigación, apoyo político local para las iniciativas de calidad de vida que atraen a grupos diversos de personas talentosas y receptividad a la inmigración. Así, los destinos de la clase media estadunidense cambian según la ciudad y la geografía; algunas áreas metropolitanas crecen y otras se quedan atoradas. ¿Hay forma de devolverle la prosperidad de las clases medias a la mayoría de la población?

Ford, Amazon y la idea del ingreso básico universal

"El 4 de enero de 1914 Henry Ford era un próspero mecánico vuelto emprendedor en la floreciente industria automotriz de Detroit", escribió mi colega de Wharton, Daniel Raff. "Sus autos eran muy populares, pero su nombre era desconocido en el mundo entero, excepto aquél bajo el que se vendían los Modelos T". Al día siguiente hizo un frío característico en Detroit. Henry Ford y James Couzens, su vicepresidente, estaban por hacer un anuncio sin precedentes: la Ford Motor Company pensaba duplicar la paga de sus trabajadores a 5 dólares al día. Hoy esto equivale a 126 dólares, o 14 dólares la hora por días de trabajo de nueve horas, cerca del doble del salario mínimo federal para 2019, de 7.25 dólares la hora. "La oferta de 5 dólares de Ford desata una fiebre del oro", se leía en el encabezado del *Times-Star* de Detroit. "Miles de hombres buscan empleo en la fábrica de Detroit. Se distribuirán 10 millones de dólares en bonos quincenales. Ningún empleado recibirá menos de 5 dólares al día."

"Una vertiente de la reacción pública a la noticia", narra Raff, "fue bien ilustrada por un cartón del *New York Globe and Commercial Advertiser*: varios hombres gordos con sombreros de copa, abrigos con cuello de piel y cigarros hacen fila en una ventanilla de pagos. Otro caballero como ellos es chofer de un automóvil. 'Hawkins', dice, '¿podría pasar a la ventanilla y recoger mi paga? Lo olvidé por completo la semana pasada'." El Día de Cinco Dólares catapultó la imagen de Henry Ford, que pasó a ser una celebridad mundial. "El Plan Estadunidense; la prosperidad automotriz se derrama desde la cima", escribió John Dos Passos en su novela *El gran dinero* de 1933. "Pero esos cinco dólares al día, pagados a obreros estadunidenses buenos y limpios que no bebían o fumaban cigarrillos o leían o pensaban [...] hizo de Henry Ford el magnate de los automóviles, el admirador de Edison, el amante de las aves, el gran estadunidense de su tiempo."

Los ingenieros de Ford habían racionalizado y estandarizado el proceso de ensamblaje. Habían conseguido recortar el tiempo que tomaba construir un Modelo T, de 12 horas a apenas 93 minutos. Esta eficiencia hizo que la jornada laboral se contrajera significativamente y que los obreros se aburrieran, cosa que a su vez provocó que la rotación se disparara 370 por ciento, es decir, que la compañía empleaba a cerca de cuatro personas diferentes al año para ocupar cada posición de la línea de ensamblaje. "El razonamiento de Ford fue que una mejor paga haría más tolerable el tedio de la fábrica", escribió *The Henry Ford*, una publicación que promueve la contribución de Henry Ford a la cultura estadunidense de la innovación. Durante su investigación Raff no encontró "ninguna evidencia en absoluto de que la compañía tuviera inconvenientes para ocupar los puestos vacantes". Además, la oferta de Ford no representaba un aumento directo de sueldo; en realidad se trataba de un plan de reparto de utilidades que estipulaba que el trabajador recibiría un bono si satisfacía ciertos requisitos y nivel de desempeño. Según *The Henry Ford*, la compañía creó un infame Departamento de Sociología "para monitorear los hábitos de sus empleados fuera del lugar de trabajo". Para calificar para el Día de Cinco Dólares "los empleados tenían que abstenerse del alcohol, no abusar físicamente de sus familias, no aceptar inquilinos, mantener limpias sus casas y depositar en forma regular en una cuenta de ahorros". Este enfoque paternalista de la gestión laboral en realidad era bastante común por ese entonces. "Los inspectores de la Ford Motor Company iban a los hogares de los obreros, hacían preguntas de sondeo y observaban las condiciones generales de vida." El desarrollo cultural y económico temprano de la clase media estadunidense tiene una enorme deuda con la visión de Henry Ford; él contribuyó a la formación de una gran clase de consumidores ansiosos de comprar bienes de producción masiva como los suyos.

Adelantemos el reloj al 2 de octubre de 2018, el día que Amazon anunció que le pagaría a todos sus empleados en Estados Unidos —de tiempo completo, medio tiempo y temporales— al menos 15 dólares la hora, más del doble que el salario mínimo federal. La compañía, que emplea a 250,000 personas a lo largo del año (y a 100,000 más en la temporada navideña) ha sido abiertamente criticada por sus prácticas laborales. Con este incremento salarial la empresa "escuchó a sus críticos", según el director, Jeff Bezos, y "decidió que quería ir a la cabeza". Como Henry Ford, el hombre más rico de nuestra época escogió un número redondo que representara su poder simbólico. Hasta el senador Bernie Sanders, que presentó la "Ley para detener a Bezos" en el Congreso, alabó la decisión: "Hoy quiero reconocer el mérito donde es debido. Y quiero felicitar al señor Bezos por hacer exactamente lo correcto".

Pensemos en las diferencias y las similitudes entre los mundos que Ford y Bezos habitaron al tomar sus respectivas decisiones. Aunque en 1914 la tasa de desempleo era de cerca de 14 por ciento, y sólo 4 por ciento en 2018, el contexto era parecido en el sentido de que los trabajadores y las empresas estaban adaptándose a un dramático cambio tecnológico. Ni Ford ni Bezos perdieron nunca de vista el crecimiento, pero ambos estuvieron dispuestos a hacer concesiones para evitar la amenaza de una fuerza laboral organizada. Y ambos buscaban reducir la rotación. La jugada de Ford tuvo un efecto multiplicador en toda la industria automotriz, y el ascenso de la clase media estadunidense es, en muy buena medida, producto de la idea de que los trabajadores también podían ser, a su vez, consumidores. Desafortunadamente, si asumimos una jornada laboral de ocho horas, el Día de Cinco Dólares de Ford en 1914 equivalía a 15.69 dólares por hora en 2018 tras ajustar la inflación, es decir 69 centavos de dólar más que los 15 dólares por hora de Amazon. Como sea, muy pocas compañías están dispuestas a incrementar unilateralmente los salarios.

Hoy que diversos segmentos de la clase media comienzan a sufrir los efectos del empobrecimiento a ambos lados del Atlántico crece el apoyo a un ingreso básico universal proporcionado por el gobierno. La idea tiene muchos partidarios en Europa y Canadá. En Estados Unidos, por el contrario, la mitad de la población la considera herética y una forma de socialismo. Según un artículo de Nathan Heller en *The New Yorker*, un programa gubernamental que le entregara a cada familia un ingreso mínimo que alcance "para mantenerse —al menos en *algún lugar* de Estados Unidos— pero que no sea lo suficientemente alto como para vivir cómodamente" se ha ido popularizando no sólo entre los académicos sino también entre los líderes sindicales. Incluso los liberalistas apoyan la medida, pues perciben que es una forma de ponerle freno a la burocracia gubernamental y mermar los programas de asistencia social. A diferencia de lo que ocurre con la gama actual de programas gubernamentales de apoyo, en los que los empleados de gobierno son quienes deben decidir quién merece cada forma particular de ayuda y entregar esos beneficios, la universalidad de un programa como el que se propone reduciría costos y eliminaría burocracias. También tiene una "línea presupuestaria dura", en el sentido de que una vez que se establece una cifra de ingresos por persona o por familia, es posible saber de inmediato cuánto cuesta el programa. De hecho, el economista liberalista Milton Friedman propuso un "impuesto negativo sobre la renta" (un pago adicional que entrega el gobierno a la gente por debajo de cierto nivel de ingresos) en su libro de 1962 *Capitalismo y libertad*. Por cierto, a la administración de Johnson la idea la pareció tan atractiva que decidió emprender un programa piloto en Nueva Jersey, cuyos resultados arrojaron más preguntas que respuestas. A otros expertos les gusta el concepto de un ingreso mínimo garantizado por el gobierno, porque protegerían la economía orientada al consumidor de los efectos adversos del desempleo causado por las tecnologías, una tendencia que no hará más que intensificarse entre la actualidad y 2030. "Hay buenas posibilidades de que a causa de la automatización terminemos teniendo un ingreso básico universal o algo parecido", declaró Elon Musk en 2016. "No sé qué otra cosa podríamos hacer."

Según una encuesta de Gallup de febrero de 2018, los estadunidenses están divididos más o menos en partes iguales sobre la idea del ingreso básico universal. Los críticos temen que reduciría los incentivos para ser productivos y desvirtuaría el orgullo y la satisfacción que las personas obtienen al hacer sus trabajos. "Creo que el trabajo nos otorga cierta dignidad", argumenta Joseph Stiglitz, premio Nobel de Economía, quien con frecuencia se pone del lado de las políticas progresistas. Tampoco se tiene claro que ayude a la economía. El Instituto Roosevelt, un grupo de reflexión de izquierdas, sostiene que si se financiara mediante los impuestos, el ingreso básico universal no generaría ganancias en términos de crecimiento económico. Pero existen otros posibles beneficios. Un programa piloto en Ontario, Canadá, para personas solteras que ganan menos de 26,000 dólares al año y para parejas que ganan menos de 36,500 halló que los beneficiarios se sienten empoderados, menos ansiosos, con mejores vínculos sociales y más capaces de invertir en educación y búsqueda de empleo.

Alaska bien podría ser la prueba definitiva sobre los beneficios y los costos de un ingreso básico universal. Desde 1982 sus residentes han recibido una bonificación anual del Fondo Permanente de Alaska, financiado por los ingresos petroleros del estado. En 2018 la cantidad fue de 1,600 dólares. Un meticuloso estudio publicado por la Oficina Nacional de Investigación Económica no encontró ninguna evidencia de que la bonificación constituyera un desincentivo para el trabajo: "Una transferencia universal y permanente de efectivo no disminuye en forma significativa el empleo agregado". Mouhcine Guettabi, economista de la Universidad de Alaska, Anchorage, corrobora este hallazgo. Adicionalmente revisa otros estudios que concluyen que los alaskeños gastan más en bienes y servicios para consumo inmediato durante el mes en el que reciben el pago. En las cuatro semanas que siguen a la distribución de los cheques se incrementan 10 por ciento los incidentes relacionados con el abuso de sustancias, pero bajan 8 por ciento los crímenes contra la propiedad. Otros beneficios incluyen un aumento promedio en el peso al nacer de los bebés de madres de bajos ingresos y una reducción en la obesidad de los niños de tres años. Curiosamente, las bonificaciones reducen la pobreza pero aumentan la desigualdad, probablemente porque los hogares más ricos reinvierten el dinero, mientras que los más pobres lo gastan. Sin importar cuál sea el balance de costos y beneficios, la estrategia se basa en el supuesto de los ingresos petroleros, que se ven amenazados por la volatilidad en los precios y el agotamiento de los campos petroleros en explotación. Esta incertidumbre provoca amargas batallas políticas sobre cómo distribuir los ingresos fiscales entre los distintos programas de gobierno. Los economistas de la Universidad de California en Berkeley Hilary Hoynes y Jesse Rothstein ven con pesimismo el futuro de las estrategias de ingreso básico. Tras revisar programas piloto y propuestas políticas de Canadá, Finlandia, Suiza y Estados Unidos han llegado a la conclusión de que "reemplazar los programas contra la pobreza que ya existen con un ingreso básico universal resultaría altamente regresivo, a menos que se sumaran cantidades importantes de fondos adicionales".

Las inseguridades de la clase media

En 2030 los consumidores de la clase media en los mercados emergentes superarán en número a los de Estados Unidos, Europa y Japón en una proporción de cinco a uno, una duplicación de las cifras de 2020. Es muy probable que para entonces, en vez de *Los Simpson* estemos viendo las aventuras de los Singhs, los Wangs o los Mwangis. La acción no ocurrirá en un suburbio de Springfield, Oregon, como en los Simpson sino en Mumbai, Shanghái o Nairobi. Las principales marcas del mundo ya no reflejarán las preferencias de los consumidores estadunidenses; por el contrario, estarán adaptadas a las de las clases medias aspiracionales en las economías emergentes.

Pero la clase media no es la única fuerza transformadora hoy en día. Como veremos a continuación, el ascenso de las mujeres como asalariadas y dueñas de riqueza es el otro gran motor del cambio.

4. ¿Adiós al segundo sexo?

LAS NUEVAS MILLONARIAS, EMPRENDEDORAS
Y LÍDERES DEL FUTURO

Las mujeres con dinero y las mujeres con poder son dos ideas incómodas en nuestra sociedad.

Candace Bushnell, creadora de *Sex and the City*

Tras una doble crisis ambiental y demográfica un régimen teocrático controla zonas de Estados Unidos. Ha impuesto implacables medidas para superar la crisis y luchar contra los reductos de rebeldes que amenazan la autoridad de la república. No hay niños para llenar las escuelas. Está prohibido jugar Scrabble o cualquier otro juego no productivo. Un "Compubanco" sustituyó todo el circulante. Las mujeres no pueden tener empleos remunerados ni propiedades. Coqueterías como el maquillaje, la joyería y las revistas se consideran banales y se rechazan. Las mujeres mayores desaparecen misteriosamente. Los patriarcas en el poder y sus esposas infértiles subyugan a las mujeres de clases bajas. Las que tienen suerte servirán como vientres andantes, parte de un ambicioso plan para repoblar la tierra; las desventuradas que ya no pueden tener más hijos limpian sustancias contaminantes y desechos radiactivos. Tanto hombres como mujeres saben que hasta la menor travesura sexual se castiga con una mutilación.

Se trata del argumento distópico de *El cuento de la criada*, una novela de Margaret Atwood de 1985 (luego filmada como una serie de Hulu) que se siente perturbadoramente contemporánea. "Vivimos en el mejor momento para las mujeres y el peor momento para las mujeres", notó Atwood en 2018. "Algunas mujeres luchan por los derechos que nunca tuvieron y otras luchan contra la amenaza de perderlos."

Hacia donde volteemos, veremos señales de estos mejores momentos. Las mujeres obtienen la mayoría de los diplomas de licenciatura y posgrado en Estados Unidos, y arriba de 40 por ciento de las madres estadunidenses casadas ganan más que sus maridos. Las mujeres están acumulando riqueza más rápido que los hombres; tanto así que para 2030 más de 50 por ciento de la riqueza total se encontrará en manos de ellas.

Pero los peores momentos también están a plena vista. Un estudio sobre equidad de género financiado por la Fundación Gates llegó a la conclusión de que "faltando apenas 11 años para 2030 casi 40 por ciento de las niñas y las mujeres del mundo —1,500 millones— viven en países sin equidad de género". Tanto en Estados Unidos como en otros países se está cerrando la ventaja de las mujeres sobre los hombres en lo que se refiere a la expectativa de vida. Además, la suerte de las mujeres suele diferir con base en diversos factores: si tienen hijos, si son solteras o tienen una relación estable, si son casadas o divorciadas. Estos hechos han creado enormes divergencias entre las mujeres mismas.

Estas tendencias históricas conllevan inmensos cambios, no sólo para la sociedad sino también para los mercados de capital, puesto que en lo que se refiere a las inversiones las mujeres son distintas de los hombres; para las empresas, porque las mujeres aportan perspectivas distintas en el lugar de trabajo, y para la innovación, porque cada vez más mujeres se convierten en emprendedoras. Aún no se encuentran en igualdad de circunstancias con los hombres, pero gracias a sus nuevos papeles en la economía y la sociedad vienen cambios trascendentales.

Hollywood se dio cuenta bastante pronto. En la película de 1993 *Sintonía de amor*, un colega le dice a Annie (interpretada por Meg Ryan) que "es más probable que te mate un terrorista a que encuentres esposo después de los 40". Horrorizada, Annie responde: "¡Esa estadística es falsa!". Becky (Rosie O'Donnell) trata de calmarla: "Es verdad, es falsa", replica. "Pero se *siente* genuina". Esta escena está basada en una historia real que comenzó con un estudio realizado por tres de los mejores demógrafos del mundo. A mediados de la década de 1980 Neil Bennett, David Bloom y Patricia Craig se encontraban investigando las diferencias en las tasas de casamientos entre blancos y negros estadunidenses. Bloom era economista en Harvard, donde aún da clases; Bennett era sociólogo en Yale y Craig era su estudiante de posgrado (yo trabajé como asistente de investigación de Bennett para este proyecto durante 1989).

En 1986 un reportero del *Advocate*, un pequeño periódico de Stamford, Connecticut, estaba en busca de una buena historia para publicar el Día del Amor y la Amistad. El reportero llamó a Bennett, quien mencionó, entre muchas otras cosas, que la probabilidad de que contrajera matrimonio una estudiante soltera de posgrado a los 30 años de edad era de 20 por ciento, pero para los 40 años había bajado un orden de magnitud. La historia apareció en la primera plana del *Advocate* y la retomó un reportero de Associated Press, que mandó un cable con el encabezado: "Mujer tardada nunca casada". En junio de ese año *Newsweek* le dedicó un número mensual al tema: "La crisis del matrimonio: si eres soltera, éstas son tus probabilidades de casarte". La portada mostraba una gráfica en la que se veía cómo la curva de probabilidades caía precipitosamente conforme las mujeres se hacían mayores. En el interior había un artículo llamado "¿Es muy tarde para el Príncipe Encantado?", que incluía una línea memorable que generó un clamor público: "Las mujeres de 42 años tienen más probabilidades de ser asesinadas por un terrorista que de casarse (un minúsculo 2.6 por ciento)". Como escribió en el *New York Observer* Candace Bushnell, que más tarde se haría famosa por escribir *Sex and the City*, "Esta portada del *Newsweek* infundió el pavor en los corazones de las solteras de todo el mundo".

El "Estudio Harvard-Yale", como se conoció internacionalmente, inspiró una de las historias más sensacionales de la década. La cobertura mediática —que con frecuencia malinterpretó sus conclusiones— hizo eco en las mujeres educadas que intentaban equilibrar sus metas profesionales con su vida personal. Lo cierto es que hemos descubierto que menos de 10 por ciento de las mujeres estadunidenses en su quinta y sexta década de vida nunca han estado casadas. Y hoy en Estados Unidos viven y crían a sus hijos más parejas no casadas que casadas. Cada vez con más frecuencia se trata de parejas del mismo sexo.

La nueva posición socioeconómica de las mujeres tiene implicaciones trascendentales. Como vimos en el capítulo 1, sobre tendencias demográficas, estas grandes transformaciones son resultado de varios factores interrelacionados. Con cada vez mayor frecuencia las mujeres buscan una educación, trabajar fuera de casa y tener menos bebés.

También resulta relevante que las mujeres tiendan a vivir más que los hombres, al menos al día de hoy. No puedo prometerle nada a las mujeres que lean estas páginas, pero en promedio vivirán entre 4 y 7 años más que los hombres, dependiendo de la región. La longevidad es importante porque prolonga la cantidad de años que se pasan trabajando y el rendimiento de los ahorros invertidos. También es más probable que las mujeres hereden riqueza de sus esposos o parejas masculinas que el caso contrario.

Es una forma indirecta de decir que tengo muy buenas noticias para las mujeres: en pocas palabras, se harán ricas antes de que termine el mundo como lo conocemos en 2030. Para ser más preciso, la probabilidad de que una mujer acumule hoy suficiente riqueza para vivir cómodamente es mucho mayor que la que tuvieron su madre o su abuela.

En el mismo sentido, me temo que tengo muy malas noticias para los hombres, yo mismo incluido. No es sólo que los hombres vayan a ser más pobres o que su riqueza crezca más lentamente, en promedio —siempre en promedio— morirán más hombres en comparación con las mujeres de la misma edad. Y cuando mueran, ¿quiénes creen que heredarán su riqueza?

"Las mujeres prueban su suerte; los hombres arriesgan la suya"

¿De verdad influirá la mejoría en la situación económica de las mujeres en el futuro de los mercados por ahí de 2030? Así es, si usted cree que las mujeres son de Venus y los hombres de Marte; es decir, si usan su dinero en formas diferenciadas. Analicemos en qué medida las mujeres son distintas de los hombres en lo que se refiere al consumo, los ahorros y las inversiones.

¿Quién gasta más dinero en lujos: los hombres o las mujeres? Cuando lanzo esta pregunta en clase casi siempre obtengo de los alumnos una respuesta dividida. La mitad dice que las mujeres y la otra mitad, que los hombres. Pero, como les recuerdo con frecuencia a mis alumnos de licenciatura, la mayoría del tiempo la respuesta correcta a cualquier pregunta sobre el comportamiento de hombres y mujeres es "depende". De hecho, últimamente tiende a ser la mejor respuesta para cualquier pregunta.

Cuando se trata de lujos, por ejemplo, las estadísticas de la mayoría de los países muestran que las mujeres prefieren gastar su dinero en ropa, joyería y accesorios, mientras que los hombres van por juguetes caros como automóviles deportivos. Si pensamos que estos automóviles deportivos son lujos, los hombres gastan más que las mujeres. Si no los consideramos así, las mujeres gastan más que los hombres, sobre todo en ropa, joyería y accesorios. De este modo, la mayor diferencia conductual entre hombres y mujeres es que ellas distribuyen su gasto suntuario en un gran número de productos.

Las mujeres también se comportan en formas distintas al gastar en servicios caros pero indispensables, como educación, servicios de salud y seguros. Ven con mejores ojos que los hombres los gastos en educación, no sólo en beneficio propio sino también en el de sus hijos y sus nietos. Gastan más en su propia salud y están más dispuestas a asegurarse de que sus padres, hijos y nietos obtengan la atención médica que necesitan. Prefieren deducibles más bajos en los seguros de propiedades y riesgos y una cobertura más completa en caso de discapacidad y muerte, que conlleva primas más altas. Las investigaciones indican que en general las mujeres muestran una clara preferencia por la seguridad.

¿Así que el rápido aumento en la velocidad de acumulación de riqueza entre las mujeres nos está llevando a una transformación de la economía de gran escala? Absolutamente. Recuerde que el gasto en educación, atención médica y seguros representa cerca de 30 por ciento de la economía estadunidense. Conforme las mujeres acumulen aún mayor riqueza en la década que viene estos segmentos de la economía se verán beneficiados por la multiplicación en el gasto.

Respecto al ahorro, también es difícil saber si las mujeres ahorran más que los hombres en términos absolutos o viceversa. En el caso de las personas solteras sin planes de casarse, las mujeres ahorran más que los hombres. Las investigaciones indican que la razón tiene que ver, una vez más, con el interés de las mujeres por la seguridad y la independencia. También saben que viven más que los hombres (en promedio), así que necesitan apartar más dinero para el futuro. Sin embargo, tan pronto los hombres deciden casarse multiplican sus ahorros, sobre todo a causa de las expectativas culturales y porque les preocupa no haber ahorrado lo suficiente ahora que están por adquirir importantes responsabilidades familiares. Antes de tener hijos las mujeres casadas tienden a ahorrar más que los hombres casados de entornos similares, pero una vez que nace su primer hijo el péndulo regresa: las mujeres ahorran en promedio menos que los padres, porque pasan más tiempo con los niños y por lo tanto enfrentan más gastos imprevistos, como refrigerios, otro par de pantalones, un libro de texto o una salida escolar. Como muestran estos ejemplos, en lo referente a los ahorros la conducta depende de la etapa de la vida de una persona y de otras circunstancias.

¿La aceleración en el ritmo de acumulación de riqueza entre las mujeres cambiará las reglas del juego en términos de consumo y ahorros? Se trata de un importante efecto lateral para el futuro. Como dijo una vez la escritora feminista Gloria Steinem: "Si queremos saber cuáles son nuestros valores echémosle un ojo al talonario de la chequera" (traducción para milenials: mira tu historial de transacciones en Venmo).

Y en lo que se refiere a las inversiones, las mujeres y los hombres definitivamente vienen de planetas distintos. La mayoría de la gente cree que las mujeres son más conservadoras o reacias al riesgo cuando se trata de invertir. Las investigaciones lo corroboran. Como declara lord Henry en *El retrato de Dorian Gray*, de Oscar Wilde: "Las mujeres prueban su suerte; los hombres arriesgan la suya". Nuestras actitudes hacia los riesgos determinan la mayoría de las decisiones de nuestra vida, incluyendo el consumo y el ahorro. Y también afectan el tipo de inversiones que consideramos propicias para lograr nuestras metas financieras. No es una exageración decir que si en vez de Lehman Brothers hubiéramos tenido Lehman *Sisters* habríamos evitado la crisis de 2008.

De hecho hay un grano de verdad en esta última afirmación. Un estudio inédito que comparó la forma en que hacían operaciones bancarias hombres y mujeres para una banca de inversión en Nueva York mostró que ambos eran parecidos en términos de educación y de experiencia, pero que los hombres realizaban operaciones más frecuentes y corrían más riesgos que las mujeres, que obtenían ganancias ligeramente mayores a largo plazo.

Ya casi se termina la era en la que la mayoría de la riqueza era generada por hombres, estaba en manos de hombres y era administrada por hombres. Y los mercados financieros están por experimentar una enorme transformación. ¿No se pregunta por qué hoy en día la gente prefiere fondos bursátiles vinculados con un índice de mercado, en vez de fondos gestionados con ganancias más variables? Estoy seguro de que adivinó: la mayoría de los inversionistas actuales son mujeres. La conclusión es que entender mejor a las mujeres como consumidoras, ahorradoras e inversionistas puede ofrecerle a las compañías formidables oportunidades de mercado. De hecho, ninguna empresa tendrá éxito si no consigue entender las preferencias y las decisiones de las mujeres en su camino para hacerse del control de la mayor parte de la riqueza global.

No todas las mujeres (ni los hombres) son iguales

Sadie Marie Groff, de Missoula, Montana, dio a luz al primero de sus tres hijos cuando tenía 20 años. No fue a la universidad ni ha viajado por el mundo. Durante el día se ocupa de sus hijos y de noche trabaja como cuidadora. Sueña con obtener un diploma de técnica radióloga. Ellen Scanlon, por el contrario, vive en San Francisco. Tuvo a su único hijo poco después de cumplir 40, gracias a la fertilización in vitro. Tras graduarse de la universidad asistió a la escuela de negocios, trabajó en finanzas y fundó una compañía de consultoría estratégica. Conoció a su esposo una década antes de que tuvieran al bebé. "La estábamos pasando muy bien", explica sobre su decisión de posponer la maternidad.

Ambas, Sadie y Ellen, son mujeres estadunidenses del siglo xxi, pero viven en universos diametralmente distintos, definidos por el lugar de residencia y la educación. Un malentendido común cuando analizamos tendencias que conducen a cambios históricos es el de suponer que todos los que integran un grupo social dado se ven igualmente afectados por ellas. Si bien es cierto que las experiencias vitales de las mujeres están en mutación, también lo es que somos testigos de una importante bifurcación en la que algunas mujeres (y hombres) tienen una experiencia vital dramáticamente distinta que la de sus padres, mientras que para otras persiste el patrón tradicional. Esta divergencia ayuda a explicar por qué los destinos económicos y las conductas políticas de las mujeres y los hombres en distintas partes del mundo —en particular Europa y Estados Unidos— están tan polarizados. En pocas palabras, las oportunidades disponibles para diferentes grupos de personas suelen distanciarse con el tiempo, y lo mismo ocurre con sus opiniones políticas.

Si bien las mujeres en general son cada vez más ricas, y en promedio serán más ricas que los hombres para 2030, existen dos categorías especialmente vulnerables: las madres solteras y las mujeres divorciadas. En muchos casos las dos categorías coinciden. "Cuando estaba casada las cosas eran mucho mejores", declaró una madre de tres niños de primaria, divorciada, en una entrevista para el sitio de finanzas personales Billfold. "Pertenecíamos a una clase media bastante sólida. Teníamos nuestros problemas económicos, pero nos iba bastante bien. Tenía ahorros y un pequeño fondo para el retiro, pero tuve que sacarlo todo y gastarlo durante el divorcio." Gana 40,000 dólares al año como administradora de una pequeña ONG en un suburbio de Washington, D. C. Su exesposo, que comparte la custodia de los niños, contribuye con una pequeña fracción de los gastos, 1,500 dólares al mes. Para empeorar las cosas, habían consolidado la deuda escolar del marido a nombre de ella, que tenía un préstamo del Departamento de Educación con términos más favorables. Ahora ella gasta 1,480 dólares mensuales en renta, 1,386 en los niños y 400 en comida. No puede hacer ningún pago de su deuda escolar. "Calculé cuánto *tengo* que pagar para que no me cancelen ningún servicio."

Los medios están llenos de historias sobre acuerdos de divorcio en los que las mujeres obtienen millones de dólares, como ocurrió con el rompimiento de Jeff Bezos y MacKenzie Bezos, Alec Wildenstein y Jocelyn Wildenstein, Rupert Murdoch y Anna Torv, Bernie Ecclestone y Slavica Radić y Steve Wynn y Elaine Wynn. Pero se trata de un mito; en realidad la mayoría de las mujeres que se divorcian terminan en una situación económica mucho más desfavorable. De hecho, un estudio completo sobre el tema encontró que para las mujeres permanecer casadas casi siempre resulta más conveniente, económicamente, que divorciarse. Incluso si vuelven al mercado laboral las mujeres no regresan a la situación económica que disfrutaban durante el matrimonio, y su situación financiera incluso empeora en caso de volver a casarse. Los hombres, sin embargo, no sufren un descalabro financiero parecido cuando se separan. En general, las altas tasas de divorcio entre las parejas con hijos es un importante factor de estancamiento de la clase media en Europa y Estados Unidos, como hemos mencionado antes.

Ser madre soltera adolescente también tiende a limitar las oportunidades de las mujeres. En Estados Unidos cada año nacen cerca de 250,000 bebés cuyas madres tienen entre 15 y 19 años. La tasa de maternidad adolescente es más del doble entre negras, hispanas y nativas americanas que entre blancas, y cuatro veces mayor que entre asiáticas americanas. Es verdad que las tasas de embarazos adolescentes se reducen 6 o 7 por ciento al año, pero suelen ser las mujeres de menores ingresos y educación las que se vuelven madres durante la adolescencia. La maternidad adolescente le impone altos costos tanto a la adolescente como a sus padres, y con frecuencia lleva a la madre a abandonar la escuela y caer en la pobreza.

Es posible que en 2030 ningún factor afecte tanto el bienestar económico de las mujeres como la deserción en la escuela media superior, en particular si la razón de la deserción es un embarazo. "Todo cambió para mí en primero de secundaria", escribe Jamie Rush sobre su embarazo a la edad de 15 años. "Mi relación con mi padre básicamente terminó cuando le dije que iba a tener al bebé." Sus papás la ayudan a mantenerse a ella misma y al bebé, pero desafortunadamente el caso de Jamie no es raro: más de 60 por ciento de las jóvenes madres solteras en Estados Unidos viven en la pobreza. Por su lado, la pobreza es un factor de riesgo para los embarazos adolescentes.

La madre de Lauren murió de cáncer cuando ella tenía 12 años; su padre estaba básicamente ausente. Lauren se embarazó poco después de graduarse de la preparatoria en el sur de Massachusetts. Ahora vive en la calle.

La madre de Crēionna murió cuando ella tenía dos años. Su padre la crio hasta que tenía 7, pero entonces él entró a prisión por crímenes relacionados con drogas. La educaron varios familiares en sus casas, a las que iban con frecuencia clientes en busca de drogas. Se embarazó cuando tenía 16 años. Tanto su novio como su padre querían que abortara, pero ella decidió no hacerlo. Tras el nacimiento del bebé ambos se registraron en un albergue. "A pesar de todo esto tenía una ventaja sobre muchos de sus pares", reportó *The Atlantic*. "Había terminado segundo de secundaria. No había recurrido a la prostitución y no tenía antecedentes criminales. No tenía enfermedades mentales y no consumía drogas." Creionna perseveró: terminó la preparatoria, empezó la universidad y consiguió un empleo en una clínica de salud. Se mudó con su hijito a un departamento modesto.

Si bien las oportunidades disponibles para las mujeres van en aumento, la discriminación laboral, el divorcio y los embarazos adolescentes siguen afectando a millones de mujeres cada año en los países desarrollados. Mientras que unas pocas, como Creionna, consiguen superar los obstáculos, otras permanecen para siempre en la pobreza y el desamparo. Según el gobierno federal, unos 45 millones de estadunidenses viven por debajo de la línea de pobreza. Dieciséis por ciento de las mujeres son pobres, comparadas con 14 por ciento de los hombres. Entre las mujeres que crían solas a sus hijos la tasa de pobreza salta a 27 por ciento.

Y luego tenemos el creciente fenómeno de las mujeres (y los hombres) sin hijos. A mediados de la década de 1970 cerca de 10 por ciento de las mujeres estadunidenses de entre 35 y 39 años de edad aún no tenían un bebé; para 2016 esa cifra casi se había duplicado. Entre los cuarentones, 16 por ciento de las mujeres no tienen hijos, contra 24 por ciento de los hombres; la diferencia se debe, en gran medida, a que algunas madres permanecen solteras. Las mujeres y los hombres sin hijos se irán haciendo más comunes en todas las regiones del mundo conforme sigan bajando las tasas de fertilidad. Para 2030 un tercio de los hombres y casi la misma cifra de mujeres se retirarán sin haber tenido hijos.

La mayoría de las mujeres estadunidenses que decidieron no tener hijos están satisfechas con su decisión. "Soy jubilada, tengo 66 años y nunca tuve hijos.

Fui a la universidad gracias a una beca militar y siempre tuve un empleo administrativo. Desde que tuve 20 hasta que cumplí 40 las mujeres como yo éramos consideradas una rareza", observa una de ellas. Otras experimentan sus altibajos: "Durante mis 62 años de vida he pasado del desconsuelo al alivio ¡y luego al orgullo de nunca haber tenido hijos!". "Quien sugiere que las mujeres que no tienen hijos están condenadas a la soledad es un ignorante. Hay muchos ancianos cuyos hijos adultos no quieren tener nada que ver con ellos o que sólo los buscan para sacarles dinero", señala otra con tono desafiante. "Es posible construirse una vida feliz y muy plena sin hijos. O para el caso, sin esposo", concluye otra.

Paul Dolan, profesor de la London School of Economics que trabaja con datos sobre la felicidad en Estados Unidos, va un paso más allá: "Tenemos buenos estudios longitudinales que siguen a las mismas personas a lo largo de los años, pero voy a hacerle un flaco favor a toda esa ciencia y sólo diré lo siguiente: si eres hombre, probablemente deberías casarte; si eres mujer, no te molestes". La diferencia tiene que ver en las formas en las que el matrimonio y los hijos cambian las experiencias vitales de hombres y mujeres. "Tú [es decir los hombres] asumes menos riesgos, ganas más dinero en el trabajo y vives un poco más tiempo. Ellas, por el otro lado, tiene que tolerar esta situación y además mueren antes que si nunca se hubieran casado", observa Dolan con base en los datos. "El subgrupo de población más saludable y feliz es el de las mujeres que nunca se casaron o tuvieron hijos."

Curiosamente la "brecha de la felicidad" entre los adultos sin hijos y los progenitores es más ancha en Estados Unidos que en cualquier otro país desarrollado. Una investigación dirigida por la socióloga Jennifer Glass subraya que "los niños incrementan la exposición de los adultos a diversos factores de estrés", pero "las políticas familiares más generosas, en particular los permisos remunerados y los subsidios para guarderías, están asociados con menores discrepancias en felicidad entre padres y no padres". En algunos países los progenitores de hecho son más felices que los adultos sin hijos, tal vez porque las licencias de paternidad y los programas de guarderías son más generosos. Se trata de Francia, Finlandia, Suecia, Noruega, España, Portugal, Hungría y Rusia. Los apoyos gubernamentales para familias con hijos establecen toda la diferencia del mundo. Y si bien los programas de apoyo a las familias elevan la felicidad de los padres varones pero no de los hombres sin hijos, éstos incrementan la felicidad de todas las mujeres, tengan hijos o no. Los políticos que proponen nuevos programas familiares deben tener claro que se congraciarán más con las mujeres que con los hombres.

Para 2030 las tendencias a tener mejor educación y menos hijos habrá consolidado las diferencias entre cuatro categorías de mujeres: mujeres sin hijos, madres solteras, mujeres casadas y mujeres divorciadas. Dentro de cada grupo algunas se encontrarán en una situación económica estable y otras se las verán negras.

"Mi esposo fue quien me crio"

En los países desarrollados ocurren desfases similares entre las experiencias de las mujeres, aunque allí la tendencia es que muchas mujeres logran mejores niveles de calidad de vida con el tiempo gracias al crecimiento de la clase media. La pobreza sigue afligiendo a más de la mitad de las mujeres de áreas tanto urbanas como rurales por toda el África subsahariana y en partes de América Latina, el sur y el sureste de Asia y Oriente Medio. A las precarias condiciones económicas se suman prácticas como la mutilación genital femenina, una violación de los derechos humanos que le ha sido infligida al menos a 200 millones de mujeres actuales. Los matrimonios arreglados de niñas también son un grave problema. La organización de defensa de las niñas Girls Not Brides (Niñas, no novias) estima que una de cada cinco niñas es casada antes de los 18 años, y unos 650 millones de mujeres fueron casadas siendo menores de edad, una práctica que es más predominante en África, el sur de Asia y América Latina. Una mujer sursudanesa de nombre Helen fue obligada a casarse con un hombre de 55 años cuando ella tenía 15, una decisión que la obligó a abandonar la escuela contra su voluntad. Las niñas de 15 años tienen cinco veces más probabilidades de morir en el parto que las veinteañeras. "Me entregaron a mi esposo cuando era pequeña, y ni siquiera recuerdo cuándo fue, porque era muy chica", dice Kanas, de Etiopía. "Mi esposo fue quien me crio." Incluso en un país como Suiza el gobierno calcula que alrededor de 1,400 menores son obligadas a casarse cada año.

A pesar de los problemas que aún existen, muchas mujeres de regiones en desarrollo disfrutan oportunidades que habrían sido impensables hace una generación. En Tanzania las mujeres que necesitan equipo para seguir sus sueños empresariales —enfriadores y congeladores, máquinas de coser, hornos, máquinas para fabricar grava, tractores, camiones—, pero que carecen de los fondos para comprarlos al contado pueden obtenerlos mediante alquiler, gracias a una compañía que fundó Victoria Kisyombe. Kisyombe, una veterinaria educada en el Reino Unido, decidió dedicarse al emprendedurismo tras la muerte de su esposo, y organizó lo que terminaría por convertirse en SELFINA, la compañía de alquiler más grande de Tanzania, con más de 22,000 contratos.

Incluso mujeres altamente educadas como Kisyombe enfrentan obstáculos y una abierta discriminación. Un reporte del Banco Mundial que se ocupa de 128 países desarrollados y en desarrollo encontró un alto grado de discriminación legal contra las mujeres en áreas que entorpecen el emprendedurismo. Por ejemplo, para 2009 las mujeres de 45 países no tenían la misma capacidad legal de actuar o comprometerse en transacciones económicas que los hombres; en 49 países se evitaba que las mujeres trabajaran en ciertas industrias, y en 32 no tenían los mismos derechos a la herencia. Se encontró que la equiparación de los derechos legales resultaba en un aumento en el porcentaje de negocios propiedad de mujeres o administrados por ellas.

En términos más generales, durante mucho tiempo las mujeres emprendedoras han sido ignoradas por los diseñadores de políticas públicas. Esto es, hasta 1970, cuando Ester Boserup, una economista danesa que trabajaba para la ONU, publicó el influyente libro *La mujer y el desarrollo económico*, que ofreció un detallado análisis tanto de la forma en que las mujeres contribuyen al desarrollo económico como de la manera en que son afectadas por él. Sostiene enérgicamente que las mujeres desempeñan un papel clave en el desarrollo gracias a sus actividades dentro y fuera del hogar. Su trabajo inspiró la Década de las Mujeres de la ONU (1975-1985) y sentó las bases de una nueva oleada de programas centrados en promover el papel de las mujeres en la economía como una forma de acelerar el desarrollo económico. Este nuevo enfoque buscaba no sólo promover la igualdad de género como una meta por derecho propio, sino también explorar formas en las que las actividades económicas de las mujeres pudieran contribuir al crecimiento y el desarrollo económicos.

Finalmente, los diseñadores de políticas públicas se dieron cuenta de que sin mujeres emprendedoras los países estarían desaprovechando o subutilizando la mitad de su reserva de talentos. Como dijo en 2009 Helen Clark, directora del Programa de Desarrollo de las Naciones Unidas: "Al liberar el tremendo potencial de las mujeres emprendedoras y ocuparse de los obstáculos que enfrentan, tales como el acceso a los créditos y el financiamiento, y su incapacidad para heredar o poseer títulos de propiedad de tierras o beneficiarse de partidas presupuestales gubernamentales, podemos reducir la desigualdad y estimular el crecimiento económico". Sibongile Sambo, fundadora de la compañía aérea SRS Aviation, hace eco de estas observaciones: "Históricamente, a las mujeres de Sudáfrica, en particular a las mujeres negras, no se les ha concedido la oportunidad de comenzar y administrar sus propias empresas y de contribuir plenamente a nuestra economía", explica. "En SRS Aviation hemos aprovechado la nueva libertad política para crear libertad económica. Es una oportunidad que no tuvieron mi madre o mi abuela. Pero yo sí, y estoy decidida a aprovecharla."

Para las mujeres el emprendedurismo puede resultar liberador y generar bienestar económico, pero también puede ser una experiencia frustrante a causa de las barreras que deben enfrentar en el camino, muchas de las cuales son exclusivas de las mujeres. Como observó la egipcia Azza Fahmy, fundadora de una célebre empresa joyera con 165 empleados: "Mi nueva experiencia era inédita para cualquier joven egipcia en un entorno tradicional, pero yo estaba decidida a seguir adelante". O considere el ejemplo de Wu Huanshu, cuya compañía fabrica accesorios para ropa y que suele considerarse la primera emprendedora en China en haber creado su propia empresa: "Todavía recuerdo a un funcionario del distrito de Dongcheng [...] dijo que tenía que obtener un permiso para que mi negocio fuera legal". Fahmy y We enfrentaron innumerables obstáculos para hacer realidad sus sueños.

La ruta hacia el emprendedurismo es distinta para hombres y mujeres. Ellas tienden a incorporarse a actividades relacionadas con sus experiencias previas más frecuentes, como servicios personales, venta minorista, oficios creativos e industrias tradicionales. Además, las empresas fundadas, administradas o propiedad de mujeres tienden a crecer menos rápido, particularmente como resultado de limitaciones estructurales de diversos tipos. Uno de ellos es la falta de conocimiento y experiencia en los negocios. Como subraya Aissa Dionne, diseñadora de interiores senegalesa: "Al principio ni siquiera sabía cómo hacer un recibo. Le pedía ayuda a mis amigos".

Los investigadores no han podido encontrar evidencias consistentes de que existan diferencias de género en términos de las motivaciones para convertirse en emprendedor, en la actitud hacia el emprendedurismo, las características sociales o psicológicas de los emprendedores, el proceso de comenzar el negocio, los estilos de gestión o liderazgo o incluso el acceso continuo al financiamiento, aunque las mujeres sí enfrentan discriminación cuando solicitan fondos para comenzar una empresa. "Empecé a trabajar en Santiago, en una empresa textil", dice Isabel Roa, una emprendedora chilena. "Luego empecé a tejer por mi cuenta y a vender de puerta en puerta. El mayor problema que tuve al empezar fue la falta de capital. Lo resolví ahorrando y pidiendo préstamos."

Tal vez una de las razones más importantes por las que las mujeres enfrentan barreras para comenzar y hacer crecer su negocio es que tienen más probabilidades que los hombres de volverse emprendedoras por necesidad. Nasreen Kasuri, fundadora de una escuela en Paquistán, explica: "Me di cuenta de la limitada oferta [de escuelas] disponible y también de que la cantidad de escuelas y de pupitres no había crecido desde que yo a fui a la escuela". Y añade: "también noté que mis hijos no tendrían la suerte de beneficiarse de la educación de calidad que yo gocé. La única manera de resolver este problema era fundar una escuela que pudiera ofrecerle educación de calidad a mis propios hijos y a otros". De hecho, el Global Entrepreneurship Monitor, un estudio anual sobre actividad emprendedora alrededor del mundo, documenta que la mayoría de las mujeres que se vuelven emprendedoras lo hacen a falta de otras alternativas para ganarse la vida.

Conforme nos acercamos al año 2030 ha surgido un importante debate sobre si las mujeres emprendedoras tienen preferencias claras para imaginar, organizar y administrar empresas, y si el éxito debe definirse en términos de consecución de objetivos, un mejor equilibrio entre trabajo y familia o beneficios comunitarios, en vez de crecimiento, utilidades y fama. En esta tónica, la emprendedora ruandesa Janet Kkubana, fabricante de artesanías, se enorgullece de los beneficios que su empresa aporta a las mujeres que se enfrentan a circunstancias difíciles. "Tengo sobrevivientes, tengo viudas, tengo mujeres cuyos esposos están en prisión. Verlas a todas sentadas bajo un mismo techo tejiendo y haciendo negocios juntas es un gran logro", afirma. "Ahora estas mujeres están juntas, recibiendo un ingreso. Es increíble." Anette Zamora, una emprendedora social rapa nui enfocada en la preservación y la popularización de la cultura de la alejada isla volcánica que los europeos conocen como Isla de Pascua, reflexiona: "No sé si he tenido éxito. He recibido reconocimiento, pero no sé si tengo un concepto claro de qué significa ser 'exitosa'".

Equilibrar el trabajo y la familia

En 2030 cerca de 50 por ciento de los negocios nuevos en el mundo serán iniciados por mujeres. Pensemos en el caso de Anu Ancharya. Tras graduarse en Estados Unidos decidió regresar a India —siguiendo el patrón de la circulación de cerebros que vimos en el capítulo 1— para fundar una compañía de servicios para la industria genómica, Ocimum Biosolutions. Tras 15 años en operación y tres adquisiciones en Europa y Estados Unidos, su empresa es una de las protagonistas en la industria global de servicios biomédicos. Madre de dos niñas preadolescentes, Anu ha tenido que tomar decisiones muy difíciles para equilibrar su vida familiar y laboral: "Mis hijas ya se hicieron a la idea de que no estoy disponible la mitad del tiempo". La familia vive con los suegros de Anu, que ayudan a cuidar a las niñas. Su compañía les ofrece a los empleados tres meses de licencia por maternidad pagada. "Es un muy buen lugar para trabajar, sobre todo para las damas. Tenemos horarios de oficina flexibles", explica Jaishree Ravi, vicepresidenta asistente de sistemas de calidad y una de las primeras empleadas de Ocimum. "Si tengo que asistir a una reunión en la escuela puedo ir y regresar; sólo tengo que sumar una jornada de nueve horas al día."

Anu y Jaishree no son las únicas que sienten las tensiones de combinar la maternidad y el trabajo fuera del hogar. "En 2007 pasé por un divorcio difícil (e inesperado)", cuenta Melissa, que pronto cumplirá 50 años. Tiene un hijo en la universidad e hijas gemelas adolescentes. Como es maestra de escuela debió dejar el trabajo hasta que las niñas entraron a la escuela, y luego laboró medio tiempo para estar con ellas tanto como fuera posible. "Una de las cosas que he aprendido en este proceso de reincorporarme a la fuerza laboral y equilibrar la vida familiar", dice, "es que no estoy dispuesta a dejar de estar presente para mandar a mis hijas a la escuela en la mañana." Como tantas otras mujeres educadas de su generación, Melissa ha tenido que elegir a qué cosas renunciar, una situación en la que los hombres sencillamente nunca se encuentran.

Cerca de 70 por ciento de las madres estadunidenses trabajan de tiempo completo fuera de casa. Para más de 50 por ciento de ellas no se trata de una elección: no pueden darse el lujo de quedarse en casa o sólo trabajar medio tiempo. Helen Bechtol, de 23 años, es madre de dos niños de 4 y 5 años. Espera ir a la universidad local en Carolina del Norte. "Ahora mismo soy mesera de lunes a viernes, de las 12 a las 6 de la tarde, en un bar rural", explica. "Y soy fotógrafa de medio tiempo los fines de semana." Vive con sus padres, que la ayudan tanto como pueden. "Pago entre 650 y 700 dólares de guardería al mes. Dependo de los cupones de alimentos… El padre me da unos 300 dólares al mes por concepto de pensión alimenticia."

"No quiero que mi hijo piense que trabajar como vendedora y ganar 8.50 dólares por hora es un buen destino", explica Wileidy Ortiz, que no terminó la preparatoria y trabaja en una tienda del centro comercial Prudential Center de Boston. Se embarazó cuando tenía 19. Cuando tenía tres años su padre fue asesinado a balazos en su nativo Puerto Rico, y su madre murió de cáncer después de que se instalaran en Boston para estar más cerca de sus familiares. El padre de su hijo no le da pensión alimenticia. Recibe cupones de alimentos y ayudas para gasolina. Como en el caso de Bechtol, para Ortiz es sencillamente imposible quedarse en casa con su hijo.

Para las mujeres que pueden permitirse quedarse en casa la decisión tampoco es fácil. Existe un estigma social para las mujeres que se quedan en casa, y el temor de que volver a la fuerza laboral puede ser difícil o imposible. "No me podía imaginar el dolor emocional de tener que dejar a mi bebé con alguien más", explica Terry Spraitz Ciszek, enfermera por formación. Sus hijos ya tienen más de 30 años. Quedarse en casa "provocó algunos problemas de autoestima y de ego, porque veía que la gente avanzaba y tenía carreras emocionantes… Fue muy desalentador, y además lo veía en las noticias. En los años setenta repetían sin parar que 'las mujeres pueden con todo', y recuerdo los comerciales de Virginia Slims". El esposo de Terry es doctor y pueden permitirse el lujo, de clase media alta, de tener un solo proveedor en la familia.

Cuando las mujeres interrumpen su carrera sus ingresos se deterioran. Un estudio de la maestría en finanzas de la Universidad de Chicago descubrió que las mujeres que abandonan la fuerza laboral por tres o más años sufren una desventaja salarial del orden de 40 por ciento en relación con hombres comparables. Hay asesores vocacionales y escritores como Joanne Cleaver que aseguran que "salirse por completo de la trayectoria profesional es un suicidio laboral. No lo hagas". Sorprendentemente, la disminución en el número de bebés les ofrece una oportunidad única a las madres que buscan relanzar sus carreras. La razón tiene que ver con el envejecimiento de la población, que contrae cada vez más las reservas de trabajadores calificados. Durante décadas millones de japonesas muy instruidas abandonaron sus empleos tras casarse. Hoy están volviendo al mercado laboral en tropel porque las empresas buscan desesperadamente ocupar sus puestos libres. En 2018 hubo más mujeres japonesas que estadunidenses trabajando fuera de casa en todos los grupos de edad, excepto el de menores de 24 años. Cerca de 71 por ciento de las japonesas en edad laboral tienen actualmente empleos bien remunerados, la mayor proporción en décadas y una de las más altas del mundo. Dada la tendencia de la última década, en 2030 las japonesas podrían estar cerca de la cuota de participación de los hombres en el mercado laboral, que ronda el 86 por ciento. Sin embargo, la discriminación salarial aún es escandalosa, y las madres siguen haciendo la mayoría del trabajo doméstico y el cuidado de los hijos. "Los hombres aún no tienen mucha conciencia", se queja una diseñadora gráfica con dos hijos. "Mi esposo no tiene un concepto de igualdad de género."

El tema del equilibrio entre familia y trabajo se ha abierto paso hasta la agenda nacional de muchos países del mundo, en particular aquellos preocupados por el envejecimiento de la población y la viabilidad futura del estado de bienestar. En 1996 la ONU reportó que apenas 35 por ciento de los gobiernos en países con baja fertilidad —unos 70 en total— habían adoptado políticas para resolver estos problemas. Para 2015, sin embargo, la proporción había subido a 59 por ciento. Las políticas más comunes son las licencias por maternidad (en todos los países menos uno), las guarderías públicas (88 por ciento), subsidios por niño o familia (85 por ciento) y licencias por paternidad (64 por ciento). Vale la pena mencionar que la ONU estima que las mujeres pasan, en promedio, cuatro horas al día ocupadas en trabajo doméstico no remunerado, incluyendo el cuidado de los niños. Los hombres, por su lado, sólo invierten 1.7 horas.

El equilibrio entre familia y trabajo como concepto y como política está sujeto a muchas controversias. Tal vez la más importante es si la gente prefiere ocuparse del problema integrando su vida laboral a su vida familiar o manteniéndolas aparte. Mi colega de Wharton, Nancy Rothbard, en colaboración con Katherine Phillips y Tracy Dumas, entrevistó sobre sus preferencias a cerca de 500 empleadas estadunidenses. Ellas encontraron que las personas que prefieren mantener separado el trabajo y la familia se sienten menos satisfechas y menos comprometidas con la compañía cuando les ofrece programas como guarderías en el trabajo, pero más satisfechas y comprometidas con ésta cuando integra programas de segmentación, como horarios flexibles que les permiten desplazar el inicio y el fin de su jornada laboral.

Otra forma útil de pensar sobre este tema es subrayar los beneficios para la economía de una mayor participación de las mujeres en la fuerza laboral. Como sostiene la socióloga danesa Gøsta Esping-Andersen, la incorporación de las mujeres a la fuerza laboral desencadenó el crecimiento de toda clase de actividades de servicio orientadas al mercado que las mujeres solían desempeñar en casa sin remuneración. Si para 2030 más mujeres en los países en desarrollo tienen empleos bien remunerados, las economías de África, Medio Oriente y el sur de Asia atestiguarán una fase de crecimiento acelerado que impulsará la expansión de la clase media que discutimos en el capítulo 3.

¿Trabajar aumenta la tasa de mortalidad en las mujeres?

Mientras más mujeres aprovechan las oportunidades del mercado laboral y navegan los pros y contras del trabajo y la vida familiar, la diferencia en la expectativa de vida de hombres y de mujeres se reduce. En 1995 las mujeres vivían en promedio 7.8 años más que los hombres. Para 2018 la brecha se estrechó a 6.8 años, y la ONU calcula que para 2030 llegará a 6.3. Como muestra la figura 7, este fenómeno sólo se ve en los países más desarrollados desde finales de la década de 1990, precisamente cuando grandes cantidades de mujeres comenzaron a buscar puestos y carreras.

En Estados Unidos, un país en el que las mujeres han hecho grandes progresos en el mercado laboral, la caída ha sido dramática: la ventaja de las mujeres sobre los hombres en términos de expectativa de vida alcanzó su máximo de 7.7 años en la década de 1970, pero en 2019 fue de alrededor de 5, y para 2030 será de 4.3 años.

¿A qué se debe exactamente esta reducción? Para responder esta pregunta debemos entender por qué las mujeres viven más que los hombres en primer lugar. Los hombres experimentan tasas de mortalidad más altas que las mujeres a todas las edades. "Las hormonas femeninas y el papel de las mujeres en la reproducción se han vinculado, por mucho tiempo, con una mayor longevidad", observa *Scientific American*. "El estrógeno, por ejemplo, facilita la eliminación del colesterol malo y ofrece alguna protección contra las enfermedades cardiacas; la testosterona, por el otro lado, se ha vinculado con la violencia y la tendencia a correr riesgos." Y como si esto no fuera suficiente, "el cuerpo femenino tiene que almacenar reservas para satisfacer las necesidades del embarazo y la lactancia; esta capacidad se ha asociado con una mayor capacidad para tolerar la sobreingesta y para eliminar el exceso de alimento".

Históricamente, otra razón por la que las mujeres han vivido más que los hombres tiene que ver con su menor exposición a las que se llaman "enfermedades hechas por el hombre", incluyendo "la exposición a los riesgos laborales

Figura 7. Ventajas de las mujeres en expectativa de vida

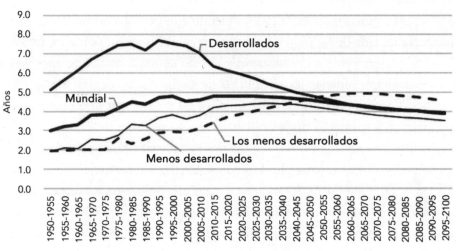

Fuente: ONU, *World Population Prospects 2019 Revision.*

en un contexto industrial, alcoholismo, tabaquismo y accidentes viales, que se han incrementado considerablemente a lo largo del siglo xx". Pero hoy las mujeres están cada vez más expuestas a esas mismas condiciones, sobre todo en los países más desarrollados.

Como subraya Lisa Berkman, directora del Centro de Estudios de Población y Desarrollo de la Universidad de Harvard, el nuevo papel de las mujeres en la economía estadunidense ha creado una "tormenta perfecta": están más expuestas a los factores de estrés del lugar de trabajo, el matrimonio y, en algunos casos, a los de ser madres solteras. "El estrés crónico puede provocar la aparición temprana de enfermedades crónicas", explica Elissa Epel, profesora de medicina de la Universidad de California en San Francisco. Epel es famosa por contribuir al descubrimiento de que el estrés tiende a desgastar los telómeros, los extremos protectores de los cromosomas que se cree que están asociados con la longevidad. Para colmo, las mujeres tienden más que los hombres a aliviarse comiendo y a reducir el tiempo que pasan ejercitándose para tratar de encontrar un equilibrio entre su vida laboral y familiar.

Y para algunas mujeres se está volviendo aún peor. La evolución de la expectativa de vida de las mujeres exhibe una incesante bifurcación en Estados Unidos que responde a la educación y el sitio de residencia; a quienes viven en áreas metropolitanas les va mucho mejor que a las demás. Entre 2009 y 2016, "los incrementos en la expectativa de vida de los hombres blancos aventajaron a los de las mujeres blancas" en 40 regiones de Estados Unidos analizadas por un equipo de demógrafos encabezados por mi colega de la Universidad de Penn, Irma Elo. Los datos se refieren a las mujeres blancas no hispanas. Lo que es peor, las mujeres vieron una reducción en su expectativa de vida —no sólo en su ventaja relativa— en ocho de esas 40 áreas: las mujeres de áreas no metropolitanas de Alabama, Arkansas, Kentucky, Luisiana, Missouri, Oklahoma, Tennessee y Texas "perdieron casi un año de expectativa de vida" entre 1990 y 2016. ¿Los culpables? El tabaquismo, las enfermedades mentales y del sistema nervioso y las sobredosis de drogas.

Los cambios en el papel de las mujeres también afectan a las poblaciones que abandonan la educación media superior. Arun Hendi, de Duke University, encontró que "desde 1990 la expectativa de vida creció o se estabilizó entre todos los grupos, sin importar educación, raza o sexo, excepto para las mujeres blancas no hispanas que no completaron la educación media superior", para quienes se vio un acusado descenso de 2.5 años a lo largo de estas dos décadas. Crystal Wilson, de Cave City, Arkansas, donde la mayoría de los habitantes son blancos, murió a los 38 años. Era mamá y ama de casa, y sufría obesidad y diabetes. "Abandonó la escuela en primero de secundaria porque se casó", escribe Monica Potts en *American Prospect*. "Así eran las cosas." Según Julie Johnson, coordinadora tecnológica del distrito escolar local, "Si eres mujer, y eres una mujer con poca educación, tus oportunidades son casi cero. Te casas y tienes hijos… Estás mejor si no trabajas. Es un círculo horroroso". ¿Qué está matando a las mujeres que dejan la educación media superior?

Según Johnson, "La desesperación de la época. Yo no sé mucho sobre estas cosas, pero eso es lo que las está matando".

En términos generales la mortalidad sigue aumentando rápidamente entre los estadunidenses de entre 25 y 44 años de edad. "A los adultos jóvenes les ha costado madurar durante la Gran Recesión; es decir, experimentan una transición retardada a la adultez, un menor índice de matrimonios y mayores tasas de cohabitación con sus padres", notan Elo y sus coautores. "Los adultos de este grupo de edad tienen tasas más altas de abuso de las drogas y el alcohol, y en las próximas décadas es posible que sufran incrementos en la morbilidad y la mortalidad relacionadas con estas conductas." Éste es el futuro que le espera a una gran cantidad de hombres y mujeres milenials que no logran beneficiarse de los vientos de cola que hemos discutido hasta ahora.

¿Un techo de cristal o una gruesa capa de hombres?

"No hay tal cosa como un techo de cristal para las mujeres", sostiene la escritora Laura Liswood. "Sólo una gruesa capa de hombres." Aunque las mujeres vuelquen sus vidas enteras en sus carreras deben enfrentar innumerables obstáculos que limitan su progreso. En 2015 *The New York Times* publicó un artículo titulado "Menos mujeres dirigen grandes compañías que hombres llamados John". De las 1,500 compañías más grandes, según Standard & Poor's, "por cada mujer hay cuatro hombres llamados John, Robert, William o James". A pesar de los avances que han logrado las mujeres en las oportunidades educativas y laborales, apenas hay un puñado al timón de las grandes corporaciones mundiales. En la calificación de Fortune 500 de las mayores corporaciones estadunidenses en términos de ingresos, menos de 5 por ciento de las directoras generales son mujeres.

La situación no es mejor en otros países. Entre las mayores empresas que cotizan en la bolsa en los países ricos miembros de la OCDE, las mujeres son apenas una pequeña fracción de las directoras generales: 4 por ciento en Reino Unido, India y Sudáfrica; 3 por ciento en Australia y México; menos de 3 por ciento, en promedio, en la Unión Europea; menos de 2 por ciento en promedio en América Latina, y exactamente *cero por ciento* en Francia y Alemania, las dos economías más importantes de la Unión Europea. Sólo en China las directoras generales rebasan la marca de 5 por ciento: 5.6 por ciento. En lo que se refiere al equilibrio de género en los consejos de administración, sólo un país (Noruega) se acerca a la paridad (con 42 por ciento de mujeres), y únicamente 15 países superan 10 por ciento (Estados Unidos está en 17 por ciento). En varios países asiáticos la mitad de las empresas que cotizan en bolsa tienen consejos de administración exclusivamente masculinos.

En lo que respecta a las mujeres en política, los datos son igualmente desesperanzadores. A finales de 2017 los únicos dos países con más mujeres que hombres en el poder Legislativo eran Ruanda (64 por ciento) y Bolivia (53 por ciento). En el otro lado de este espectro, varios países no tenían mujeres en sus parlamentos: Tonga, Micronesia y Vanuatu en el Pacífico Sur, y Qatar y Yemen en el Medio Oriente. Veintiséis países tenían menos de 10 por ciento de mujeres, y 64 naciones tenían menos de 20 por ciento. El promedio mundial subió de 10 por ciento en 1990 a 21 por ciento en 2017. Estados Unidos, con 19 por ciento, está ligeramente por debajo del promedio mundial; increíblemente, Arabia Saudita, con 20 por ciento, tiene una proporción más alta. En el poder Ejecutivo las mujeres representan más de la mitad de las secretarías, sólo en el caso de las de salud, cultura, trabajo, educación, asuntos de la mujer, medio ambiente y energía, familia e hijos y asuntos sociales, la mayoría de las cuales son áreas en las que las mujeres tienen una presencia más sólida en la economía y la sociedad.

Únicamente en lo que respecta a los funcionarios públicos de alto nivel de la burocracia estatal las mujeres suelen estar bien representadas. Ellas constituyen 50 por ciento o más de estos empleados en Hungría, Rusia, Lituana y Estonia, y más de 40 por ciento en Canadá, Suecia, Eslovenia y Kazajistán, todos países con una historia de socialismo de Estado y fuertes estados de bienestar. Está claro que cuando el reclutamiento está basado en concursos de plazas a las mujeres les va bien. Para 2030 la mayoría de los puestos de carrera de alto nivel en las burocracias gubernamentales serán ocupados por mujeres con títulos universitarios.

Una vez en el trabajo, las mujeres siguen enfrentando una brecha salarial que se calcula en más de 30 por ciento incluso en países desarrollados con leyes históricas contra la discriminación, incluyendo Austria, Reino Unido, Corea del Sur y Nueva Zelanda. En Japón y en otros países europeos la brecha es de al menos 20 por ciento. En Estados Unidos la brecha salarial por género es de cerca de 22 por ciento en todas las ocupaciones, 19 para los puestos medios y de hasta 33 por ciento para los directivos.

Conforme se acerca 2030 más mujeres se encontrarán en puestos gerenciales, aunque seguirán siendo una minoría. En el sector privado estarán gravemente subrepresentadas, mientras que en el sector público podrían acercarse a la paridad con los hombres. Sin embargo, es poco probable que la brecha salarial por género vaya a desaparecer, dado que se ha mantenido persistentemente alta durante las últimas dos o tres décadas. Pero ¿haría una diferencia que más mujeres estén al mando?

¿Las jefas son mandonas?

La ex primera ministra Margaret Thatcher y la actual canciller alemana Angela Merkel tienen algunas cosas en común. Ambas llevaron un partido conservador al éxito electoral y alcanzaron los más altos niveles de poder en sus respectivos países. Ambas eran químicas por formación. Tras graduarse de Oxford, Thatcher trabajó brevemente para el consorcio de alimentos J. Lyons & Company, donde fue parte de un equipo que desarrolló un proceso para convertir el helado convencional en helado suave, para el deleite de todos los niños del mundo. La revista *Atlantic* la apodó la "Dama de Hierro del Helado Suave", un giro de su apodo más conocido, la "Dama de Hierro". Durante su vida política Thatcher también tuvo otros apodos: la "Hija del Almacenero", la "Ladrona de Leche" y "Atila la Gallina".[*] El expresidente francés François Miterrand llegó a llamarla la mujer "con los ojos de Calígula y los labios de Marilyn Monroe", en una sorprendente muestra de misoginia.

La carrera de Merkel, si bien ha sido muy distinta de la de Thatcher, también ha suscitado comentarios sexistas. Merkel tiene un doctorado en química cuántica y trabajó como investigadora durante algunos años. Decidió involucrarse en política cuando cayó el muro de Berlín, y al año ya había sido elegida miembro del Parlamento de Alemania Federal. Ha sido descrita como la "Mujer más poderosa del mundo", "Mutti" (mami, en alemán), por su estilo político suave e inobjetable, y "Frau Nein" (la Señora No) por su insistencia en las políticas de austeridad durante la crisis de la eurozona.

El parecido clave entre Thatcher y Merkel es que ambas fueron mujeres con poder. Desafortunadamente, la tendencia es a percibir a las mujeres con poder, sin importar cuál sea su personalidad, ante todo como mujeres y con frecuencia como "regañonas". El sitio de internet Ban Bossy (Prohíban a las Mandonas) explica que "cuando un niño pequeño se impone es llamado 'líder'. Pero cuando una niña pequeña hace lo mismo corre el riesgo de que la etiqueten como 'mandona'". El problema con este trato diferencial es que "palabras como *mandona* envían un mensaje: no levantes la mano ni hables en voz alta. Para cuando están en la primaria las niñas ya están menos interesadas en ser líderes que los niños, una tendencia que continúa hasta la edad adulta". Como lo ha planteado Sheryl Sandberg, directora de operaciones de Facebook y autora *bestseller*: "Esa niñita no es mandona. Esa niñita tiene habilidades de liderazgo ejecutivo".

Pero existe un aspecto aún más profundo de las carreras de las (pocas) mujeres como Thatcher y Merkel que han alcanzado el pináculo del poder. Cuan-

---

[*] Juego de palabras intraducible: *hen*, gallina, suena parecido a *hun*, huno.

do fue maestra de la Universidad de Yale en la década de 1970, la profesora de la Escuela de Negocios de Harvard Rosabeth Moss Kanter, socióloga por formación, descubrió que las mujeres se comportan en forma distinta, y son percibidas de modo diferente, cuando trabajan en entornos en los que funcionan como "símbolo" ("token"), o cuando son minoría. En estas situaciones numéricamente distorsionadas las mujeres token son más visibles, tienden a ser caricaturizadas por la mayoría, deben toleran más presión para desempeñarse y se espera que exhiban atributos de género estrictos y predefinidos. Dadas las fuerzas estructurales en situaciones de tokenización, no es de sorprender que muchas mujeres renuncien antes de alcanzar la cima; si llegan a la oficina del primer ministro o a la suite del director general su comportamiento y desempeño siempre se ven desde una perspectiva diferente a la de los hombres.

Antes de que Thatcher y Merkel llegaran al poder Kanter había identificado cuatro "trampas funcionales" para las mujeres en las organizaciones: la mascota, la seductora, la guerrera y la madre. La mascota es percibida como "linda, dulce o aniñada" y rara vez se le toma con seriedad. La seductora "es una perra, una bruja, una vaca, una vampira o una comehombres", y les cae mal tanto a hombres como a mujeres. "El peor oprobio está reservado para las mujeres que caen en la trampa de la guerrera", explica Judith Baxter, profesora de la Universidad de Aston en el Reino Unido. "Ellas adoptan una forma histórica en la tradición de lady Macbeth o, más recientemente, Margaret Thatcher. Las caricaturizan como una mujer temible, dura, malvada, mandona o sencillamente como un hombre." Y Merkel entra en el último de estos cuatro estereotipos, el de la madre o la maestra, "tradicionalmente descrita como institutriz, mandona, desaliñada o maternal".

Conforme nos acercamos a 2030 da la impresión de que algunas actitudes hacia las mujeres como líderes están cambiando a gran velocidad. "Por primera vez desde que Gallup comenzó a medir las preferencias de los estadunidenses por el género de su jefe", reportó en 2017 la famosa empresa encuestadora, "la mayoría [55 por ciento] dijo que el género de su jefe les da lo mismo."

Veintitrés por ciento de los encuestados dijo preferir un jefe hombre si podía decidir, mientras que 21 por ciento prefería a una mujer, una diferencia dentro del margen de error de más o menos 4 por ciento. Gallup ha planteado esta pregunta desde 1953, cuando 66 por ciento prefería a un hombre, sólo 5 por ciento a una mujer y a 25 por ciento de los encuestados les resultaba indiferente. Curiosamente, en 2015 sólo 44 por ciento de las mujeres les resultaban indiferentes, comparadas con 68 por ciento de los hombres, lo que sugiere que, como hemos discutido, las mujeres difieren dramáticamente en sus actitudes y comportamientos según su edad, educación y lugar de residencia.

Aunque la encuesta se llevó a cabo un mes después de que se revelara el escándalo de Harvey Weinstein, y por lo tanto durante el intenso despertar cultural del movimiento Me Too, existen razones para creer que las mujeres podrían haber comenzado a superar la maldición de la tokenización, es decir, la tiranía de los números pequeños. Conforme las mujeres se vuelven más numerosas en una amplia gama de lugares de trabajo y siguen avanzando hasta los niveles más altos, sus papeles y posiciones se transformarán rápidamente. Para 2030 habrá importantes proporciones de mujeres en puestos de liderazgo político, social y empresarial, lo que podía socavar, de una buena vez y para siempre, los cimientos de una de las formas más flagrantes de discriminación.

La teoría de Kanter también ayuda a explicar la dinámica del mercado del matrimonio. Por allá de la década de 1940 a las mujeres estadunidenses les decían que no fueran ambiciosas en lo relativo a sus aspiraciones laborales. "¡Advertencia! Cuídate de no parecer más inteligente que tu esposo", recomendaba un libro de autoayuda. "Una cosa es ser casi tan lista, pero otra parecer más lista que él; ése es un tabú." Esta clase de consejos llegaban en una época en la que Estados Unidos enfrentaba una escasez de hombres a causa de las muertes durante la guerra. El supuesto subyacente era que las mujeres que destacaran por su cerebro serían rechazadas y se preferiría a las más "femeninas" según las convenciones de la época.

Ahora imaginemos lo que ocurre si esta escasez va en la dirección opuesta, como en China. Allí, las mujeres con doctorado con frecuencia son llamadas *di san xing*, o el "tercer sexo", haciendo alusión a la idea que pocos hombres querrían casarse con ellas. Con frecuencia se sostiene en artículos de revistas chinas que "para las mujeres profesionales competentes, *saijao* [el arte de ser tímida, linda y cariñosa] es una herramienta indispensable para no parecer ni demasiado independiente ni demasiado autosuficiente a ojos de sus novios". Estos consejos llegan al grado de sugerir que "*saijao* les ayuda a parecer suaves y femeninas en vez de duras y poderosas, rasgos que desafían las nociones tradicionales de la feminidad". Y por si fuera poco, aquí está la cereza del pastel: "sacando provecho del ego masculino las mujeres logran algo casi imposible: hacer que su hombre se sienta como hombre".

Analicemos lo que ocurre con los estereotipos de género cuando ocurren cambios súbitos en las oportunidades y las libertades de las mujeres. Las mujeres saudís obtuvieron el derecho a conducir en 2018, y desde entonces sus patrones de compra de automóviles han tomado a todos por sorpresa. "Las concesionarias de todo el reino llenaron las salas de exhibición con automóviles que pensaba que atraerían a las mujeres, como camionetitas de colores brillantes", reportó *The Wall Street Journal*. "Pero ellas, por el contrario, prefieren modelos rápidos y ruidosos." El sentido común dice que a los hombres les interesa la potencia y la aceleración, y a las mujeres les atrae la comodidad y la seguridad. "Esperábamos que las mujeres empezaran comprando autos pequeños con motores pequeños", declaró una vendedora de Audi. Pero Sahar Nasief, de 64 años, abuela de 16 nietos y activista comprometida con los derechos de las mujeres a conducir, quería un Mustang convertible. Explicó: "Siempre ha sido el auto de mis sueños". Cuando la Ford Motor Company se enteró de su preferencia le ofreció regalárselo, y Nasief escogió uno amarillo y negro, los colores de su equipo de futbol favorito. "Me encanta este auto porque ruge", dijo Nasief.

La teoría de Kanter también puede explicar este comportamiento. Todavía hay pocas mujeres conduciendo por las calles de Arabia Saudita. Como usuarias pioneras, las mujeres saudís buscan comportarse en formas que rompan con los estereotipos y las hagan parecer en igualdad de circunstancias que los hombres.

¿Las mujeres gobernarán el mundo en 2030?

El nuevo estatus que han conquistado las mujeres en la sociedad puede conducir a una transformación de la estructura de poder, y tal vez a menos escándalos, menos corrupción y una disminución en la violencia, como han descubierto cada vez más investigadores. O puede producir una dramática bifurcación en la que sólo un sector de las mujeres disfrute los beneficios y el resto se vea empujado a las orillas, dando como resultado más conflictos sociales, no menos. Sin importar si su influencia se deja sentir más en los puestos gerenciales o en los gubernamentales, las mujeres controlarán más riqueza, y tal vez la lleven hacia áreas que les interesan, incluyendo la educación y la salud, en un mundo con menos bebés y poblaciones en proceso de envejecimiento.

Conforme crece el número de mujeres influyentes, ¿nos parecerá natural aceptar a las mujeres como líderes? Es probable que 2030 sea demasiado pronto para el ideal utópico de la plena igualdad de género, en particular en vista de lo lentamente que se despliegan las tendencias actuales y de cuántas mujeres siguen siendo discriminadas o despojadas de sus oportunidades.

El factor más imponderable, sin embargo, tiene que ver con el equilibrio de poder y de estatus entre los sexos. A la medida que las ciudades crecen, las mujeres obtienen acceso a nuevas oportunidades. Pero el calentamiento global también se acelera con la expansión urbanística, como veremos en el capítulo 5. Y el cambio climático tiene a las mujeres y los niños entre sus principales víctimas.

5. Las ciudades se ahogan primero

EL CALENTAMIENTO GLOBAL, LOS HÍPSTERS Y LO TRIVIAL DE LA SUPERVIVENCIA

Cualquier ciudad, por más pequeña que sea, está dividida en dos: una es la ciudad de los pobres, otra la de los ricos.

Platón

Conforme se acerque 2030 las ciudades se convertirán en microcosmos de lo que nos espera. Cada una de las tendencias que hemos discutido en los capítulos anteriores avanza más rápidamente en las ciudades: la fertilidad se desploma más temprana y velozmente; los patrones de conducta de los milenials son de naturaleza prototípicamente urbana; la nueva clase media vive en grandes aglomeraciones, y las oportunidades y conductas de las mujeres evolucionan a mayor velocidad en las áreas más densamente pobladas. Las ciudades se han vuelto gigantescos motores del cambio, catalizadores del fin del mundo como lo conocemos.

Las ciudades ocupan 1 por ciento de la superficie del planeta y, sin embargo, son hogar de 55 por ciento de la población humana. Dicho de otro modo, la masa continental de la Tierra es de 509 millones de kilómetros cuadrados, de los cuales las ciudades ocupan aproximadamente 5 millones. Con 4,000 millones de residentes urbanos, esto representa un promedio de 775 personas por kilómetro cuadrado en las ciudades, una auténtica multitud. Las ciudades consumen 75 por ciento de la energía y producen 80 por ciento de las emisiones de carbono. También contribuyen desproporcionadamente al calentamiento global a causa de sus masas de edificios y sus superficies pavimentadas con asfalto y concreto, que atrapan calor adicional en un proceso conocido como "islas de calor".

Y todo esto con base en las cifras actuales.

Si se ve hacia el futuro, las tendencias indican que la urbanización va al alza. Cada semana la población urbana del mundo crece 1.5 millones de personas, lo que a su vez conlleva una nueva ronda de construcciones, contaminación y emisión de gases de efecto invernadero. En 2017 había 29 ciudades con más de 10 millones de habitantes. Para 2030 habrá 43, y 14 albergarán más de 20 millones. Las ciudades tienden a exacerbar las desigualdades. Conforme se vuelven la norma mundial nos iremos acercando cada vez más a crisis sociales y climáticas potencialmente catastróficas. ¿Qué se puede hacer con la pobreza urbana y el calentamiento global? ¿Necesitamos cambios de gran escala o pequeñas adaptaciones conductuales? ¿Las ciudades deberían tratar de cultivar su propia comida? ¿Es posible que las ciudades en los cinturones industriales de Europa y Estados Unidos le den un giro a su suerte?

Las ciudades están que arden (en más de un sentido)

En octubre de 2018 el Panel Intergubernamental de Cambio Climático, convocado por la ONU, advirtió en un nuevo reporte que para evitar un cambio climático catastrófico, "para 2030 las emisiones globales netas de dióxido de carbono de origen humano tendrían que reducirse a cerca de 45 por ciento de las de 2010 y alcanzar un 'cero neto' hacia 2050". En otras palabras, tenemos que empezar a actuar decididamente para evitar la inundación de las áreas costeras, reducir la frecuencia de los eventos climáticos extremos y prevenir la alteración generalizada de la agricultura antes de 2030, o si no…

"Los próximos años probablemente sean los más importantes de nuestra historia", explica Debra Roberts, codirectora de uno de los grupos de trabajo que elaboraron el reporte. Y en mayo de 2019 la ONU publicó otro sombrío reporte en el que predecía la extinción de un millón de especies de plantas y animales (de los ocho que conocemos) en el transcurso de unas pocas décadas si no se revierte el cambio climático. Conforme se elevan las temperaturas globales los habitantes de las ciudades podrían encontrarse en circunstancias casi infernales. "Las tendencias son muy dañinas para una fracción cada vez mayor de los habitantes de las ciudades", nota el científico belga Hendrik Wouters. "Las altas temperaturas producen exceso de mortalidad, de hospitalizaciones, de uso de energía y de pérdidas económicas, exacerbadas por las islas de calor urbanas."

A este paso no sólo estaremos comprometiendo nuestro futuro sino aniquilando también nuestro pasado. Según la egiptóloga Sarah Parcak, existen en el mundo unos 50 millones de sitios arqueológicos sin explorar, y conforme las ciudades se expandan al menos la mitad podría ser destruida por los saqueos, el cambio climático y las construcciones irregulares. Todo esto ocurrirá antes de 2030. En respuesta Parcak creó la plataforma de *crowdsourcing* GlobalXplorer. En *The New Yorker* Nick Paumgarten escribió sobre el espíritu democrático de la plataforma y sobre cómo "los Indiana Jones ciudadanos pueden analizar mapas satelitales e identificar posibles sitios nuevos […] La idea es usar más ojos (y, eventualmente, más arqueólogos remunerados) en la carrera contra el carbón y la avaricia".

Las ciudades serán más afectadas por el cambio climático y el aumento del nivel del mar que las áreas rurales o deshabitadas. Cerca de 90 por ciento de las áreas urbanas del mundo se encuentran en las costas, y para 2025 hasta 75 por ciento de la población mundial vivirá en las costas o cerca de ellas. Asia, que tiene la clase media de más rápido crecimiento del mundo y alberga 60 por ciento de la población global, será muy vulnerable a las inundaciones de agua de mar en ciudades como Jakarta, Manila, Ciudad Ho Chi Min, Bangkok, Osaka, Dhaka y Shanghái. Fuera de Asia, Nueva Orleans, Miami, Venecia y Alejandría (en Egipto) son las más expuestas.

El crecimiento urbano también agrava otra característica clave del mundo de 2030: la desigualdad. Se trata de un problema muy antiguo. "Cualquier ciudad, por más pequeña que sea, está dividida en dos", escribió Platón hace 2,500 años. "Una es la ciudad de los pobres, otra la de los ricos." *Metrópolis*, la película silente futurista del director alemán Fritz Lang, llevó la reflexión de Platón a la gran pantalla. La película muestra una sociedad dividida en dos: los obreros trabajan bajo tierra y los ricos disfrutan arriba de una perfecta ciudad resplandeciente, llena de vehículos futuristas, trenes, aviones, rascacielos, viaductos y pasos a desnivel. Los dos personajes principales —Feder, el acaudalado hijo del rector de la ciudad, y Maria, amada por los obreros— tratan de salvar la distancia que separa a los ricos de los pobres. La estética de la película, así como sus temas y motivos visuales, estuvieron inspirados en el cubismo, el expresionismo y el *art déco*, como muchas de nuestras ciudades actuales. El filme termina con una enigmática tarjeta: "El mediador entre la cabeza y las manos debe ser el corazón". Si bien cuando se estrenó su recibimiento fue mixto, hoy se considera que *Metropolis* es un clásico pionero que anticipó cómo se verían las grandes ciudades del futuro, con sus múltiples capas de esplendor y miseria.

El masivo crecimiento de las ciudades que vemos hoy es un fenómeno relativamente nuevo. Para tener un poco de contexto, pensemos que en la década de 1920 ninguna ciudad del mundo tenía más de 10 millones de habitantes; de hecho, sólo un puñado tenía más de un millón. En los años que siguieron al primer alunizaje, en 1969, sólo había tres ciudades que cumplían esta condición: Nueva York, Tokio y Osaka. Con el comienzo del siglo XXI se aceleró el crecimiento urbano, y la vida en las ciudades se convirtió en la nueva normalidad. ¿Todos estos cambios son benéficos? Como señaló el filósofo griego Aristóteles, el más influyente de los discípulos de Platón, "No debe confundirse una gran ciudad con una muy poblada".

De hecho, muchas grandes ciudades del mundo se han tornado deshumanizadas, desalmadas y alienantes. El pintor metafísico italiano del siglo XX Giorgio de Chirico capturó bien esta idea en sus pinturas que muestran paisajes citadinos futuristas y desolados. Los arquitectos modernistas y los urbanistas declararon que "menos es más", para citar al famoso arquitecto del siglo XX Ludwig Mies van der Rohe, y se optimizaron los diseños al grado de convertir las ciudades en ejercicios de geometría y repetición, con una interminable sucesión de avenidas, calles, edificios cúbicos, columnas, ventanas, etcétera. La simplicidad de la arquitectura modernista pronto degeneró en la tendencia brutalista de construir pesadas masas de concreto y vidrio. "No hay nada más poético y terrible que las batallas de los rascacielos con los cielos que los cubren", dijo el poeta Federico García Lorca tras su llegada a la ciudad de Nueva York en 1929. Pasarían décadas antes de que Robert Venturi cambiara el rumbo de la arquitectura modernista con su fantasioso enfoque "¡Menos es un bodrio!".

Lo cierto es que cuanto más crecen las grandes ciudades, nuestros problemas seguirán multiplicándose: los embotellamientos, la contaminación del aire, la eliminación de residuos, la pobreza y la desigualdad. Las ciudades son la zona cero en la lucha contra el calentamiento climático y el ensanchamiento de la brecha entre ricos y pobres. Pero no podemos permitirnos la desesperanza ante estos problemas cada vez más apremiantes. Charles Dickens dijo una vez que "lo más importante para tener éxito es dejar de decir 'Ojalá' y empezar a decir 'Voy a hacerlo'". Pensemos que nada es imposible, pensemos en forma lateral para enfrentar los problemas que aquejan a las ciudades y pensemos en las posibilidades en términos de probabilidades.

Luces (y sombras) de la ciudad

Las imágenes de satélite permiten crear "mapas de luminosidad" cuando las ciudades encienden sus luces por la noche, como puede verse en la figura 8, producida por la NASA.

La intensidad del resplandor nocturno está fuertemente correlacionada con los estándares de vida globales, y los investigadores la usan para triangular y verificar información de estadísticas oficiales obtenidas mediante métodos convencionales. Pero los satélites no pueden mostrarnos que bajo el exultante brillo de las luces de la ciudad se encuentran enormes cinturones de pobreza, resultado del aumento de los ingresos y las disparidades económicas. La Biblioteca de la Cámara de los Comunes de Reino Unido ha hecho la deprimente previsión de que para 2030 dos terceras partes de la riqueza del mundo estará en manos del 1 por ciento más rico, casi todos los cuales vivirán en ciudades. En 2018 Hong Kong tenía 10,000 residentes ultrarricos, con un valor neto de al menos 30 millones de dólares cada uno, superando así por primera vez los 9,000 que viven en Nueva York. Tokio, Los Ángeles, París, Londres,

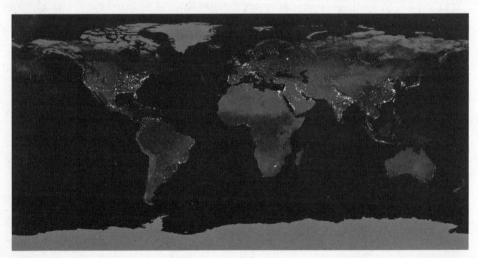

Figura 8

Chicago, San Francisco, Washington, D.C. y Osaka son las otras ciudades del ranking de las 10 con más personas ultrarricas. Pero Hong Kong también tiene una importante fracción (20 por ciento) de personas que viven en la pobreza, y lo mismo la ciudad de Nueva York (19 por ciento), según datos de los gobiernos municipales.

En 2019 la línea de pobreza federal en Estados Unidos se fijó en 28,000 dólares de ingreso anual para una familia de cuatro integrantes. Según este parámetro, 30 por ciento de los habitantes del área metropolitana de McAllen-Edinburg-Mission en Texas son pobres. En Valdosta, Georgia, el porcentaje es de 26 por ciento; en Visalia-Porterville, California, cerca de 25 por ciento, y en Bloomington, Indiana, casi 23 por ciento. En 2017 el promedio nacional era de 12.3 por ciento. Y esto a cinco décadas de que el presidente Lyndon Johnson lanzara su guerra contra la pobreza. Por ese entonces la tasa nacional de pobreza era de 19 por ciento. La pobreza —como la riqueza— se concentra en forma desproporcionada en las ciudades. El tema es que las ciudades amplifican los altibajos de la vida como la conocemos, y nos polarizan en extremos de oportunidad y desventajas.

A unas pocas cuadras del Capitolio se encuentra uno de los barrios urbanos más pobres de Estados Unidos. En 1932 los abuelos de Rosa Lee Cunningham, aparceros, migraron a esa zona de Washington D.C. desde la región rural de Rich Square, Carolina del Norte. "Su historia está compuesta por medio siglo de privaciones en vecindarios en ruinas", escribió el periodista de investigación Leon Dash en *The Washington Post*. "No lejos de los majestuosos edificios donde los políticos básicamente han fallado en sus esfuerzos periódicos por romper el ciclo de la pobreza" Rosa Lee se embarazó del primero de sus ocho hijos cuando tenía 13 años, se casó a los 16 y volvió a vivir con sus padres unos meses después, cuando su esposo comenzó a golpearla. Le tomó años mudarse a su propia casa. "Rosa Lee vivía en un mundo determinado por su pobreza, su analfabetismo y sus actividades criminales", escribió Dash. Dos de sus hijos eventualmente encontraron empleos estables. Vivían en un departamento atestado con su hijo mayor, que dormía en la sala. Otro hijo trabajaba largas horas en un KFC limpiando hornos y fumaba crack al terminar su turno. Rosa compartía un dormitorio con una de sus hijas, cuyo hijo adolescente había vivido un tiempo en un hogar para jóvenes delincuentes. Otra de sus hijas —que había cumplido una sentencia de 11 meses en prisión por posesión de cocaína— ocupaba el otro dormitorio con sus tres hijos. En total, nueve personas de tres generaciones diferentes.

"Rosa Lee es una red de seguridad para la mayoría de sus hijos", observó Dash, "que viven una existencia nómada, saltando de departamentos de amigos a la cárcel, a la calle y a casa de Rosa Lee." Lee se mudó 18 veces durante sus 45 años en la capital del país. El suyo era "el único ingreso estable, y no todo era legal. Recibe 437 dólares al mes gracias al programa de Garantía de Ingresos Complementarios para las personas discapacitadas pobres [...] El resto de su dinero proviene de la venta de bienes robados". Le diagnosticaron sida en 1988 y murió en 1995. "La pobreza es un fenómeno que ha devastado a estadunidenses de todas las razas en comunidades rurales y urbanas, pero que afecta en forma desproporcionada a los estadunidenses negros que viven en los centros urbanos del país."

Eric era uno de los dos hijos de Rosa Lee que pudieron llegar a la clase media. Conducía un Jeep y vivía en un suburbio de Washington. Eric y su hermano Alvin son los únicos de los ocho hijos de Rosa Lee que nunca consumieron drogas ni estuvieron en la cárcel. Ambos se unieron al ejército. Cuando murió su madre Alvin era conductor de autobús y Eric, que operaba equipo pesado, tenía varios trabajos eventuales. "En su familia el abuso de drogas se había convertido en el muro que nadie podía escalar", escribió Dash. "Alvin y Eric no pasan las fiestas con sus hermanos, y ninguno puede recordar la última vez que [sus hermanos] fueron a sus casas de visita. Si llegan a verse es cuando Alvin o Eric acuden al departamento de Rosa Lee a arreglar algún problema."

Mientras los pobres urbanos y la clase media empobrecida luchan y se afanan, los ricos viven a gusto. "Pasé las noches de sábado en Nueva York porque aquellas esplendorosas y despampanantes fiestas de Gatsby estaban tan vívidamente impresas en mí que aún podía escuchar la música y la risa, débil pero incesante, desde su jardín, y los autos que llegaban y salían de la explanada", escribió F. Scott Fitzgerald. "Una noche oí un auto y vi sus luces detenerse ante las escalinatas, pero no averigüé quién era. Debió haber sido un último huésped que seguramente andaba en los confines de la tierra y no sabía que la fiesta había terminado." En su mundo enrarecido los ricos compiten con los ricos por su posición social. "Conforme se acumula riqueza", escribió Thorstein Veblen en 1899, "se va desarrollando cada vez más la clase ociosa por lo que se refiere a su estructura y funciones, y surge una diferenciación dentro de ella [...] Los que están más cerca de los grados superiores de la clase ociosa rica —en cuanto a cuna, a riqueza o a ambas cosas— tienen rango superior a los más alejados de ellas por su origen y a los económicamente más débiles."

Los sedentarios y las redes sociales

Pero es fundamentalmente la clase media la que determinará el futuro de las ciudades. La clase media urbana, en continua expansión, es la columna vertebral de la economía de consumo moderna que discutimos en el capítulo 3, y sus integrantes tienen vidas muy distintas de la gente del campo. A la clase media suele interesarle gastar dinero en ocio y entretenimiento. Deja huellas de carbono y digitales mucho mayores. Los habitantes de las ciudades y sus estilos de vida decidirán el futuro de la tecnología y el consumo precisamente porque se han convertido en la mayoría de la población; las compañías desarrollarán nuevos productos y trucos mercadológicos con base en sus conductas. Más consumidores urbanos engendran más consumo de estilo urbano en un círculo infinito que se retroalimenta a sí mismo.

A medida que crecen las ciudades prolifera el fenómeno de los "sedentarios urbanos". En 2017 más personas en el mundo sufrieron hambre (821 millones) que obesidad (650 millones). Para 2030 se estima que la población obesa, de 1,100 millones de personas, rebasará con creces el número de personas que pasan hambre, que según cálculos conservadores será de menos de 200 millones conforme la clase media se expande en Asia y África. El aumento en la obesidad ha sido motivado por la explosión demográfica en las ciudades, que conlleva estilos de vida típicamente sedentarios. Los cambios en nuestra dieta y el consumo de alimentos procesados también tienen la culpa. Conforme se multipliquen las tasas de obesidad también lo harán las cifras de personas que sufren problemas cardiacos, diabetes y padecimientos articulares y musculares, entre muchas otras afecciones de salud. Habrá una mayor demanda de ropa de tallas extragrandes y de asientos muy amplios, de gimnasios y de asesoría nutricional.

La Organización Mundial de la Salud define a las personas con sobrepeso como aquellas con índices de masa corporal de entre 25 y 30. La obesidad se define como un índice de masa corporal mayor de 30. La prevalencia de la obesidad en el mundo se ha más que duplicado desde 1980. En 2016 más de 1,900 millones de adultos tenían sobrepeso, y 650 millones de ellos eran obesos. Sumados constituyen 25 por ciento de la población del planeta. Y lo que es aún peor: 41 millones de niños en edad preescolar tenían sobrepeso u obesidad. "Ese año al menos 2.8 millones de personas de todas las edades murieron por problemas de salud vinculados con el exceso de peso. Una cifra mucho mayor fue incapaz de llevar vidas normales y productivas: perdieron su empleo, fueron marginados de la sociedad o sufrieron alguna otra dolencia. Según la OCDE, "Las tasas de obesidad en adultos son mayores en Estados Unidos, México, Nueva Zelanda y Hungría, y menores en Japón y Corea [...] Se prevé que las tasas de obesidad en adultos crecerán aún más para 2030." La obesidad afecta a más mujeres que hombres, y más a los pobres que a la clase media.

La epidemia de obesidad es particularmente aguda en Estados Unidos, un país que sólo representa 4 por ciento de la población global pero tiene cerca de 18 por ciento de la masa corporal humana. Según el Centro Nacional de Estadísticas de Salud, un colosal 70 por ciento de los estadunidenses tiene o bien sobrepeso (32 por ciento) u obesidad (38 por ciento), en contraste con el promedio global de 39 y 13 por ciento respectivamente. Visto de otro modo, el exceso de peso de los estadunidenses equivale a cerca de 1,000 millones de personas adicionales en el planeta. Para 2030 se estima que cerca de 50 por ciento de la población estadunidense será obesa. La obesidad extrema, medida como un índice de masa corporal mayor a 40, afecta a 5.5 por ciento de los hombres estadunidenses y a un pasmoso 9.9 por ciento de las mujeres. Entre los niños y los adolescentes estadunidenses 17 por ciento son obesos y 6 por ciento extremadamente obesos. Estas tendencias no harán sino aumentar.

El crecimiento económico en China, India y otras economías emergentes en Asia y África (donde la desnutrición históricamente fue una mayor amenaza que la obesidad) se ha traducido en un mayor consumo de proteínas y alimentos procesados, estilos de vida más sedentarios y otros rasgos insalubres de la vida urbana. Sin embargo, las mayores tasas de obesidad, que a veces se aproximan a 80 por ciento de la población, se encuentran en las naciones insulares del sur del Pacífico, incluyendo Samoa Americana, Nauru, las Islas Cook, Tokelau y Tonga. "Antes se creía que los isleños del Pacífico padecían una predisposición genética a la obesidad", reportó el sitio de internet Healthcare Global. Sin embargo, estudios recientes indican que los culpables son las dietas occidentales. "Los alimentos tradicionales de las islas, como pescado fresco, carne y frutas y vegetales locales, han sido reemplazados por arroz, azúcar, harina, carnes enlatadas, frutas y vegetales enlatados, refrescos y cerveza."

Los estilos de vida de las ciudades también están determinados por la naturaleza frenética de la experiencia urbana, en particular en lo que toca al tráfico. Cerca de 30 por ciento del tiempo que la gente pasa conduciendo sus automóviles por el centro de las grandes ciudades de Estados Unidos lo dedica a encontrar un lugar para estacionarse. Las investigaciones indican que en las zonas urbanas del planeta, en las que la clase media ha alcanzado un tamaño importante, la gente pasa entre 20 y 30 por ciento de su tiempo de vigilia en el tráfico. No sorprende que muchas ciudades se hayan vuelto sinónimos de contaminación del aire, a veces aguda.

Y los estilos de vida urbanos se han vuelto sinónimo del uso de toda clase de aplicaciones para teléfonos inteligentes que contribuyen aún más a la bifurcación en el comportamiento entre los residentes del campo y la ciudad. Las aplicaciones de redes sociales son las que se usan con más frecuencia. Para enero de 2019 más de 80 por ciento de la población de 13 años y mayores en Estados Unidos, América Latina y el este de Asia participaban periódicamente en redes sociales como Facebook, Twitter, Instagram o WeChat. En Europa y Medio Oriente la proporción se encontraba por arriba de 70 por ciento. En contraste, en el África subsahariana la cifra era de menos de 20 por ciento, y en India de cerca de 30 (son dos regiones del mundo en las que no todos los dueños de teléfonos inteligentes tienen redes sociales). La razón de que en estos países el uso de redes sociales sea relativamente bajo tiene que ver con sus grandes poblaciones rurales. Incluso cuando tienen acceso a redes digitales y aplicaciones, los habitantes de pequeñas aldeas prefieren interactuar en persona. La fracción de la población que vive en el campo es de cerca de 59 por ciento en el África subsahariana y de 65 por ciento en India, en comparación con apenas 17 por ciento en Estados Unidos, aunque estos números están cambiando rápidamente a medida que la gente se muda a las ciudades.

¿Puede el "paternalismo liberalista" salvar nuestras ciudades… y el planeta?

La gente con frecuencia se pregunta qué se puede hacer sobre el cambio climático que no sea poner la economía entera en una draconiana dieta libre de carbón. La respuesta es que los ajustes pequeños y cotidianos a nuestra conducta diaria pueden tener grandes efectos para conjurar la catástrofe. Existen dos principios básicos que pueden hacer la vida citadina más amable con el medio ambiente, más tolerable y más disfrutable para una mayor fracción de su población. Si no los implementamos será muy difícil resolver la contaminación, el deterioro ambiental y el cambio climático. Ambos requieren de un pensamiento lateral.

El primer principio lateral es el de "lo mundano de la excelencia", o la idea de que el alto desempeño no suele ser resultado de saltos cuánticos o de talento innato sino de la suma de una serie de pequeños avances. El sociólogo Daniel Chambliss acuñó el término tras realizar un extenso análisis etnográfico y cuantitativo de nadadores competitivos, y de llegar a la conclusión de que "el desempeño excepcional en realidad es una confluencia de docenas de pequeñas habilidades o actividades, cada una de las cuales se aprende o se descubre". Según la tres veces medallista de oro olímpica Mary Meher, "la gente no entiende lo trivial que es el éxito". Se trata de una larga lista de pequeñas cosas que producen resultados destacados cuando se hacen en forma simultánea. "No hay nada extraordinario o sobrehumano en ninguna de esas acciones; sólo está el hecho de que se hacen en forma consistente y correcta", dice Chambliss. En otras palabras, la excelencia es esencialmente mundana. Veamos a continuación cómo funciona.

Los nadadores mejoran al aprender cómo efectuar un "viraje adecuado", a "empujarse con ayuda de la pared en una posición aerodinámica, con los brazos extendidos juntos sobre la cabeza", a introducir "las manos en el agua de modo que no quede aire atrapado en ellas", a usar pesas en el gimnasio para "desarrollar la fuerza necesaria", a "comer los alimentos correctos", a "usar los mejores trajes de baño", etcétera. Peter Drucker, uno de los consultores administrativos más influyentes de la historia, escribió alguna vez que para ser un directivo exitoso "no se necesitan dones, aptitudes o capacitaciones especiales. Ser un directivo exitoso exige que se hagan ciertas cosas muy sencillas". Como veremos, los pequeños ajustes conductuales pueden contribuir considerablemente a disminuir la velocidad del cambio climático y a preservar el medio ambiente para futuras generaciones.

El segundo principio tiene que ver con lo que los científicos conductuales llaman *empujones*: la modificación del comportamiento ya sea mediante refuerzos positivos o sugestionamiento indirecto para influir sobre las motivaciones, los incentivos y las decisiones de grupos o individuos. La idea del "arte del empujón" se desarrolló originalmente en un artículo titulado "Einstein meets Magritte" ("Einstein conoce a Magritte") escrito por el científico británico D. J. Stewart en 1999. En 2008 el libro *Un pequeño empujón*, de Richard Thaler y Cass Sunstein, catapultó la idea a la fama. Según ellos el problema básico es que la gente tiende a actuar de formas que no sólo son contrarias al bien común sino a su interés personal. Thaler —que luego ganaría el premio Nobel de Economía— y su coautor argumentan que el verdadero sentido del empujón es su potencial para crear cambios conductuales que promuevan tanto el bien común como los intereses individuales. Los empujones no tienen nada que ver con la regulación, la imposición o la coerción. Thaler y Sunstein lo llaman un "paternalismo liberalista". Como dicen: "Para que cuente únicamente como un empujoncito, la intervención debe ser fácil de evitar. Los empujones no son órdenes. Poner la fruta al nivel de la vista [al lado de la caja registradora] cuenta como un empujón. Prohibir la comida chatarra, no".

Los empujones operan mediante cambios pequeños, sutiles y económicos. Para poner un ejemplo: al dibujar la imagen de una mosca en los urinales del aeropuerto Schipol en Ámsterdam los diseñadores "mejoraron el tino" de los usuarios, lo que a su vez redujo los costos de intendencia. La idea de los empujones ha encontrado aplicaciones en los campos de la mercadotecnia, el manejo de talento, la atención médica, todo tipo de terapias y la política; los candidatos usan estas técnicas para aumentar la recaudación de fondos, la vinculación con los votantes y los resultados en el día de las elecciones.

Déjeme compartir con usted un ejemplo práctico. Dependiendo del número de semáforos en rojo que me encuentro en mi trayecto diario en Filadelfia, el tiempo que paso en el auto puede duplicarse o incluso triplicarse, y con él mi huella de carbono. Cuando la luz está por cambiar a roja me encuentro con un fuerte incentivo para acelerar en las intersecciones, un tipo de comportamiento muy peligroso que aumenta las probabilidades de sufrir un accidente. Pero la ciudad podría instalar paneles sobre los semáforos en los que informaran a los conductores sobre el estado de los semáforos que se encuentran más adelante. Si me acerco a una luz que está por cambiar a amarillo, pero veo que los semáforos siguientes también cambiarán a amarillo y luego a rojo, acelerar para cruzar la intersección antes de que cambie la luz se vuelve una opción menos deseable, puesto que de todos modos tendré que detenerme en el siguiente semáforo. Otro ejemplo es que pintar líneas y flechas en el pavimento a veces ayuda a la gente a conducir de manera más fluida, en especial al dar la vuelta. Algo similar pasa con los vendedores minoristas, que saben desde hace años que acelerar ritmo de la música de fondo cuando se abarrotan los pasillos de las tiendas ayuda a reducir las filas y a maximizar las ventas.

La investigación indica que las adaptaciones rutinarias y el paternalismo liberalista pueden ser más efectivos para ayudar a las ciudades a enfrentar la contaminación, los embotellamientos y el cambio climático que las multas punitivas, los impuestos al carbono o los incentivos monetarios. Las conductas pro ambientales, como elegir modos de transporte menos contaminantes, participar en programas de reciclaje o usar detergentes ecológicos proliferan cuando las personas sienten una obligación moral para hacer algo acerca del cambio climático. Es cierto que para animar a la gente a asumir una responsabilidad individual y para motivarla a saltar a la acción es necesario hacerla consciente del problema y sus consecuencias. Pero la investigación también demuestra que los comportamientos pro ambientales dependen en gran medida de los hábitos. La brecha entre la intención y la acción puede cerrarse al empujar a la gente a desarrollar hábitos positivos. Por ejemplo, en vez de mostrar la temperatura, los termostatos deberían tener una pantalla que indique cuánto dinero está costando calentar la habitación.

También se ha demostrado que las facturas de la electricidad que comparan tu consumo mensual con el del promedio en tu vecindario reducen el consumo de energía; es como si acicatearan a la gente a competir con los Joneses en rectitud y no en consumo. Facilitar el pago del autobús con tarjetas de crédito y sistemas de pago móvil también incrementaría el uso del transporte público.

"No se aprecia el valor del agua hasta que se seca el pozo"

La cita que sirve de título a esta sección es de Benjamin Franklin, y aunque en realidad es una observación general que nos llama a no dar por hecho las cosas, hoy resulta especialmente adecuada una interpretación literal del aforismo. El agua casi siempre es un recurso renovable, pero su calidad y distribución en todo el mundo están sujetas a importantes tensiones y conflictos. Las ciudades, en particular, tienden a sufrir una escasez de agua recurrente. Es más: uno de cada cuatro habitantes de las ciudades, 1,000 millones de personas en total, no tiene acceso a agua entubada en su hogar. La cambiante distribución geográfica del crecimiento demográfico, el proceso de urbanización, la multiplicación de la clase media y el cambio climático redefinirán de manera fundamental la economía y la política del agua. Como señala mi colega de Penn University Irina Marinov, oceanógrafa y modeladora climática, "En los últimos 200 años cambiamos más el sistema que la naturaleza en sus ciclos normales de 100,000 años".

Para 2030 nuestros problemas con el agua no harán sino multiplicarse. "En el occidente de Estados Unidos existe un viejo proverbio que dice que el whiskey es para beber y el agua para pelear", dice Ian Lyle, director de asuntos federales de la Asociación Nacional de Recursos Hídricos. Según McKinsey & Co. el agua está en el tercer lugar de importancia para el desarrollo de infraestructura, sólo después del transporte y la energía. El agua es difícil (y cara) de almacenar y transportar a grandes distancias. El futuro de las ciudades depende de la construcción de nueva infraestructura hídrica y de exhortar a todos —consumidores, agricultores, fabricantes y productores de energía— a ser más conscientes sobre su uso.

El agua y su gestión son esenciales para las sociedades humanas a gran escala. Todas las grandes civilizaciones de la Antigüedad —Egipto, Mesopotamia, el valle del Indo, China, Roma— desarrollaron infraestructura y tecnología hídricas para alimentar y sostener grandes concentraciones de gente en entornos urbanos. A lo largo de la historia han ocurrido terribles calamidades a resultas de la carencia de agua. Según la ONU, la mayoría de los desastres naturales, tal vez incluso 90 por ciento, tiene que ver con el agua. Se han desatado grandes crisis de refugiados a consecuencia de sequías o conflictos por el agua, como ocurrió en Somalia en 2011 o en Sudán y Malí en 2012. La OCDE ha estimado que para 2030 casi 4,000 millones de personas —la mitad de la población mundial proyectada— vivirán en áreas con serias carencias de agua, sobre todo en el este y el sur de Asia y Oriente Medio, precisamente los mismos lugares en los que las ciudades crecen más aprisa.

Pensemos en la escala de este desafío: más de dos terceras partes de la superficie del planeta están cubiertas de agua, pero 97.5 de ella no se puede beber. Esto deja únicamente 2.5 por ciento para el consumo humano. La mayoría de esta fracción, tal vez 70 por ciento, es inalcanzable: está congelada en capas de hielo, glaciares, permafrost y capas de nieve permanentes. Cerca de 30 por ciento es agua subterránea, y menos de 1 por ciento se encuentra en ríos, lagos, humedales y otras reservas. Cerca de 1,200 millones de personas carecen hoy de acceso al agua potable, y unos 2,800 millones sufren carestías durante al menos un mes al año. El problema de la escasez puede ser de naturaleza física o económica. Algunas partes del mundo sencillamente carecen del agua suficiente para sostener los niveles poblacionales actuales y futuros, mientras que en otras áreas, en particular el África subsahariana y parte del sur de Asia, la escasez de agua se debe a una falta de infraestructura, al mal manejo de recursos o a otros factores económicos. En algunas de estas regiones la gente —en particular, las mujeres y los niños— llegan a pasar hasta cinco horas diarias obteniendo agua para sus familias durante las sequías.

La situación es especialmente urgente en el sur de Asia. "Incluso en Chennai, Bandalore, Shimla y Delhi se raciona el agua, y la seguridad alimentaria de India se encuentra amenazada. Con las vidas y los medios de subsistencia de millones en peligro, la India rural clama por agua", nota un reporte de la Comisión Nacional India para las Mujeres. "Por ejemplo, el agua se raciona dos veces por semana en Bangalore, y por 30 minutos al día en Bhopal [...] Mumbai vive cortes de agua habituales de enero a junio, mientras que en Hyderabad algunas áreas sólo reciben agua una vez cada tres días." Las ciudades mencionadas aquí se encuentran entre las zonas de más rápido crecimiento del mundo.

Reinventar la rueda

En las regiones más pobres del mundo las mujeres y las niñas deben recorrer largas distancias a pie para conseguir agua para sus familias, una tarea que se dificulta aún más por lo pesada que es esta sustancia. La Organización Mundial de la Salud recomienda de 20 a 50 litros de agua por persona al día para beber, cocinar y lavar. En zonas de Asia y África las mujeres caminan un promedio de seis kilómetros al día cargando 10 litros de agua en cada viaje.

Cynthia Koenig decidió resolver este problema. Tras graduarse de la Universidad de Michigan con una maestría en sustentabilidad global fundó Wello Water Wheel, una empresa social que fabrica y distribuye barriles de plástico para agua que son fácil de hacer rodar por distintas superficies y terrenos. Su invento busca reemplazar el tradicional recipiente indio para agua de ocho litros, que se transporta sobre la cabeza, con un tambor de plástico de 90 litros que parece una rueda rechoncha con un largo mango en forma de U que puede empujarse como si se tratara de un carrito de supermercado. Permite transportar diez veces más agua a lo largo de varios kilómetros y con una fracción del esfuerzo.

Si bien Koenig no inventó el concepto, el precio es lo que distingue su producto en el mercado. "La visión para Wello nació a partir de años de vivir y trabajar en lugares con escasez de agua", recuerda. "Cuando trabajaba en un pueblo muy remoto de México me costaba mucho trabajo acarrear suficiente agua para satisfacer mis necesidades diarias." Mientras se encontraba en un viaje de investigación en Rajastán, India, comenzó a hacer lluvias de ideas para explorar posibles soluciones. "Nuestras primeras ideas eran bastante desordenadas: desde globos transportadores de agua hasta cestas ergonómicas para burros." Para finales de 2016 se usaban diariamente más de 10,000 Water Wheels en Bangladesh, India, Kenia, Malawi, Paquistán y Zambia, tanto en áreas rurales como urbanas.

A una escala mucho mayor, la más grande amenaza para el futuro del agua proviene de las malas prácticas agrícolas, puesto que la agricultura representa cerca de 70 por ciento del consumo de agua humano del planeta. El uso industrial representa otro 20 por ciento, y el consumo doméstico 10 por ciento. En el capítulo 1 analizamos las posibilidades de una revolución agrícola-industrial en África, una transformación que no puede ocurrir sin un mejor manejo del agua.

El vínculo agua-energía

Las ciudades también tienen más posibilidades de obtener el agua que necesitan si nos hacemos más conscientes sobre su papel en la producción de energía. Necesitamos agua para extraer, lavar y seleccionar materias primas y combustibles fósiles, enfriar plantas térmicas, cultivar biocombustibles e impulsar las turbinas de las hidroeléctricas. Según la ONU, cerca de 90 por ciento de la generación de electricidad hace un uso intensivo de agua. Pero ¿qué pasa cuando las necesidades energéticas y el requerimiento de preservar el suministro de agua chocan entre sí? La contaminación de acuíferos a causa de actividades mineras o fracturación hidráulica (conocida como "fracking") va al alza. El cambio climático también será una fuerza desestabilizadora. Las decisiones políticas y las estrategias de planeación deben tomar en cuenta los límites y los peligros inherentes en la creciente demanda tanto de agua como de energía para poblaciones urbanas cada vez más numerosas. De este modo, existe un "vínculo agua-energía", así como un "vínculo agua-energía-alimentos", según Ralph Exton, director de mercadotecnia de GE Power, Water & Process Technologies. "El agua es el recurso más sobreexplotado, abusado y subvaluado del mundo, y un importante porcentaje no es renovable o se devuelve contaminado a las cuencas", señala mi colega Noam Lior, ingeniero de Penn University. "Los gobiernos se muestran reacios a intervenir. Nadie quiere hacer un análisis de costos meticuloso y diseñar políticas con base en éste."

El cambio climático afectará inevitablemente el ciclo del agua en formas imprevistas, amplificando los episodios de las sequías y las inundaciones. Además de estos desafíos recurrentes para la gestión del agua, el calentamiento global presenta nuevas amenazas y tendrá varios efectos inmediatos. El aumento de temperaturas conllevará un incremento en la evaporación, que desviará aguas que de otra forma desembocarían en arroyos, ríos y lagos en beneficio de habitantes del campo y la ciudad. Los cambios en la vegetación alterarán los patrones de las lluvias. El calentamiento hará retroceder los glaciares y eventualmente acabará con ellos, despojando así a arroyos y ríos de sus caudales. El agua disponible para irrigación se volverá más escasa. Las fuertes lluvias esporádicas en áreas cálidas producirán acumulaciones temporales que les darán a los mosquitos nuevas áreas de reproducción y representarán importantes peligros de salud pública.

Una granja dentro de un contenedor

Si las ciudades son la principal fuente de emisiones de carbono y las más afectadas por el cambio climático y las sequías, tal vez deberíamos pensar lateralmente y traer a la ciudad algunas de las cosas que hacen que el campo sea más amigable con el medio ambiente. Una atractiva posibilidad para 2030 y más allá es que las ciudades comiencen a producir los alimentos que necesitan para sus poblaciones en aumento, convirtiéndose así en "islas verdes", en vez de islas de calor. Esto también reduciría las emisiones de carbono al limitar las importaciones de alimentos, y un incremento en la vegetación urbana ayudaría a absorber algunas de las emisiones de los automóviles y las plantas de producción de energía.

En los países más desarrollados está popularizándose el concepto de "agricultura vertical". Propuesta originalmente por Dickson Despommier en la Universidad de Columbia, la agricultura vertical consiste en cultivar alimentos dentro de un edificio de dos o más pisos. "Actualmente los alimentos se cultivan en lugares tan improbables como viejas fábricas, bodegas abandonadas y edificios industriales", nota Ravindra Krishnamurthy, experto en el tema. Jack Ng construyó Sky Greens en Singapur, una de las primeras granjas verticales del mundo en ser viables comercialmente. Allí cultiva vegetales como lechugas y espinacas en torres con forma de A de 10 metros de altura. Hay 38 niveles de jardineras que giran a una velocidad de un milímetro por segundo, "lo que asegura la distribución uniforme de luz solar, la adecuada circulación de aire y la irrigación para todas las plantas". Aquí lo novedoso es el uso eficiente de recursos. Operar cada torre cuesta apenas unos tres dólares mensuales y tiene una huella de carbono extremadamente baja, dado que requiere "la energía equivalente a prender un foco de 40 watts"; el agua se recicla y "todos los desechos orgánicos se compostan o reutilizan".

La agricultura vertical podría ayudarnos a revitalizar las ciudades en decadencia. "Los emprendedores están aprovechando las viejas bodegas y fábricas de Detroit para transformarlas, a bajo precio, en granjas para producir alimentos de manera local", reporta el *Detroit News*. Por ejemplo, "Green Collar Foods nebuliza las raíces expuestas de la col rizada, el cilantro y los pimientos bajo luces fluorescentes usando un sistema aeropónico en su invernadero de 37 metros cuadrados revestido en plástico. El sistema está construido en forma vertical, con plantas apiladas en estantes para que crezcan unas sobre otras". Jeff Adams inauguró Artesian Farms en 2015 en una bodega vacía de 700 metros cuadrados. Necesita 20 veces menos agua para cultivar una lechuga que sus competidores californianos. Y lo más importante es que la agricultura vertical en las ciudades promete aminorar las emisiones de carbono relacionadas con el transporte y reducir los tiempos de entrega. "Lo que comes ahora mismo tarda entre 7 y 10 días en llegar a Michigan", nota Adams. Pero sus productos "tardan un día, máximo 48 horas, en llegar al mercado… Y tienen más sabor y más nutrientes".

La agricultura urbana —vertical o no— resultará crucial para satisfacer las necesidades de las ciudades africanas en rápido crecimiento, para las que el transporte desde el campo representa un cuello de botella en la cadena de suministro. Por ejemplo, funcionarios locales de Kampala y Nairobi, las capitales de Uganda y Kenia, respectivamente, llevan años impulsando esta agricultura, con diversos grados de éxito. Algunos estudios indican que ya hay "800 millones de personas que practican la agricultura urbana en todo el mundo y producen entre 15 y 20 por ciento de los alimentos mundiales". La mayoría vive en los países en desarrollo. En África hay entre 35 y 40 millones de personas que reciben la mayor parte de sus alimentos de granjas urbanas.

Los granjeros africanos están probando ideas singulares para satisfacer las necesidades alimentarias del continente. "Nosotros cultivamos en un contenedor", explica Oluwayimika Angel Adelaja, una emprendedora nigeriana que fundó Fresh Direct Produce. Llevó su granja a la capital de Nigeria, Abuja, para disminuir los costos de transporte y garantizar que la mayoría de los productos lleguen al mercado en perfectas condiciones. Además, el cultivo en contenedores es mucho más eficiente en el uso de agua, y los paneles solares producen la energía. Un paso a la vez, África se acerca a satisfacer las necesidades alimentarias que le impondrá su crecimiento demográfico en 2030 y después mediante el desarrollo de técnicas agrícolas urbanas.

Ciudades de moda, desde Bilbao hasta Pittsburgh

También tendremos que pensar lateralmente para revertir uno de los desafíos urbanos más importantes de los países desarrollados: el deterioro, producto de la desindustrialización, un proceso que ha multiplicado la pobreza y sembrado el caos entre la clase media.

En 1997 el Museo Guggenheim de Bilbao abrió al público en esta decrépita ciudad industrial del País Vasco, al norte de España, una región en la que durante el siglo XIX florecieron las herrerías y los astilleros. Se trata de una historia de auge y depresión que se repitió en cientos de ciudades en los ruinosos cinturones siderúrgicos de Europa y Estados Unidos. El edificio es obra del arquitecto estrella Frank Gehry. Sus formas curvas y voluptuosas color platino se convirtieron en una sensación instantánea en todo el mundo. "Bilbao se ha convertido en una ciudad de peregrinaje", escribió el célebre crítico arquitectónico Herbert Muschamp en *The New York Times Magazine*. "Se ha corrido la voz de que aún existen los milagros, y de que uno muy grande ha ocurrido aquí [...] la gente lleva dos años acudiendo en tropel a Bilbao sólo para ver cómo cobra forma el esqueleto del edificio. En los círculos arquitectónicos la pregunta '¿Has ido a Bilbao?' se ha vuelto consigna. ¿Has visto la luz? ¿Has visto el futuro? ¿Funciona? ¿Juega?" Para el observador promedio buena parte del atractivo del edificio proviene de sus formas complejas e irregulares. Mi amigo Rafael del Pino, director ejecutivo de Ferrovial, la compañía constructora que lo erigió, una vez le dijo en broma a uno de los socios de Gehry: "Si lo hubiéramos construido un poco diferente, ¿lo habrías notado?".

El Guggenheim de Bilbao se convirtió en un símbolo global de renacimiento urbano. "Existía una decadencia del sistema industrial, un alto desempleo (entre 25 y 30 por ciento, y hasta de 35 por ciento en ciertas zonas de la gran área metropolitana), una degradación del medio ambiente y de la estructura general de la ciudad, emigración y estancamiento de la población y problemas de exclusión social", recuerda Ibon Areso, arquitecto por formación que trabajó como vicealcalde, director de planeación urbana y (brevemente) como alcalde, y lideró la transformación de la ciudad. "En las sociedades contemporáneas las actividades culturales, las artes, el deporte y el ocio constituyen un auténtico termómetro de la vitalidad colectiva, determinan el atractivo de una ciudad y contribuyen a su imagen en el extranjero", apunta. "Estoy convencido de que en el futuro no habrá ciudades que no sean al mismo tiempo económicamente sólidas y culturalmente importantes. Esta doble función ya la cumplen grandes capitales como Londres, París y Nueva York."

La construcción del Guggenheim de Bilbao costó 132 millones de euros (unos 150 millones de dólares). Los habitantes de la ciudad criticaron duramente el plan, porque no entendían por qué el gobierno quería gastar tanto dinero en un museo cuando existían muchas otras necesidades y prioridades. "El estudio de viabilidad que se llevó a cabo calculó que se necesitarían 400,000 visitantes al año para justificar la inversión", recuerda Ibon. "El primer año el museo recibió 1,360,000 visitantes." Hoy en día el promedio es de cerca de un millón de visitantes al año. La actividad económica inducida directa o indirectamente por el museo ha creado cerca de 4,000 empleos, más o menos la misma cifra que el astillero más importante de la ciudad durante su apogeo. La infraestructura que se construyó para transformar la ciudad —con fondos vascos, españoles y de la Unión Europea— creció alrededor del nuevo y chispeante centro de la ciudad. Sin embargo, "estas cifras no toman en cuenta otros factores, como la publicidad positiva que estas acciones le ganaron a la ciudad, o su efecto en la atracción de otras inversiones". El éxito del museo también contribuyó a "la recuperación de la autoestima de Bilbao".

Estos proyectos de revitalización han sido igual de controvertidos en Estados Unidos. "Las ciudades postindustriales que constituyen 'patrimonios culturales' de Estados Unidos están experimentando un resurgimiento", explicó en 2018 un editorial de *Fast Company*, una revista dirigida a emprendedores. "Pero a los enclaves de bajos ingresos, con poblaciones mayoritariamente negras, les va peor que nunca."

Pensemos en el caso de Pittsburgh, Pensilvania, hogar de Andrew Carnegie y Andrew Mellon, los "ladrones capitalistas" de la era industrial. Durante cinco generaciones Pittsburgh produjo el acero con el que el país construyó rascacielos, autopistas y barcos intercontinentales; la ciudad fue mucho más próspera que Bilbao en su auge, incluso durante la primera Revolución industrial. Pero también Pittsburgh sufrió el declive de la industria. Hoy, sin embargo, en un terreno baldío a las orillas del río Monongahela, Uber está probando sus automóviles autónomos. Un edificio cercano en ruinas, alguna vez parte de una planta acerera, se está reconvirtiendo en el Instituto Avanzado de Robótica para la Manufactura. Caterpillar ha instalado allí una planta para desarrollar equipo pesado autónomo para construcción y minería. Están entrando miles de millones de dólares en capital de riesgo. Los antiguos residentes han notado que, tras décadas de caída, los precios de las propiedades comienzan a subir. "La transformación de la ciudad a manos de gente joven que trabaja en inteligencia artificial y robótica ha sido espectacular", según Andrew Moore, de la Carnegie-Mellon University, "pero se ha tratado más de un enfoque gentrificador que uno de inclusión de la comunidad."

Revertir décadas de depauperación urbana no resulta fácil, y es por ello que el camino hacia 2030 y más allá resulta tan desafiante para muchas ciudades. "Pittsburgh está de moda por el momento", observó *Fast Company* en 2018. Sin embargo, "si miras con más detenimiento el entusiasmo que rodea a Pittsburgh, por ejemplo, verás que se concentra en un puñado de vecindarios". Alan Mallach, autor de *The Divided City: Poverty and Prosperity in Urban America* (*La ciudad dividida. Pobreza y prosperidad en las ciudades estadunidenses*) nota que en ciudades como Baltimore, Cleveland, Detroit y Pittsburgh "la recuperación está ignorando a los pobres". Mallach concluye que "de una ciudad heredada a la que sigue, en la medida en la que se gentrifican algunas áreas, muchos otros vecindarios, incluyendo algunos que eran barrios de clase trabajadora o clase media hasta hace poco bastante estables, están cayendo por un precipicio económico". En *The New Urban Crisis* (*La nueva crisis urbana*) Richard Florida pone énfasis en la naturaleza dual de las ciudades: "¿Las ciudades son los grandes motores de la innovación, los modelos del avance económico y social que celebran los optimistas, o son las zonas de enorme desigualdad y división de clases que deploran los pesimistas? Lo cierto es que son ambas cosas". Para 2030 más y más ciudades experimentarán una bifurcación parecida entre las áreas habitadas por profesionales altamente educados, con movilidad social ascendente y las que albergan a analfabetas funcionales, que constituyen cerca de 15 por ciento de la población adulta. ¿Cómo se las verán las ciudades con este abismo que se ensancha?

"Pardon me boy, is that the Chattanooga Choo?" ("Perdona, chico, ¿es ése el chu de Chattanooga?"). Así comienza una de las canciones estadunidenses más famosas, grabada por primera vez en 1941 por Glenn Miller y su orquesta y que se incluyó en la película *Sun Valley Serenade* (*Contigo me he de casar*). Alcanzó el primer lugar de popularidad y fue la primera canción que obtuvo un disco de oro, con 1.2 millones de copias vendidas a las nueve semanas de su lanzamiento. Chattanooga, Tennessee, era sede por entonces de una próspera industria textil, metalúrgica y de fabricación de muebles. Ubicada a las orillas del río Tennessee, en la frontera con Georgia, la llamaban "el dinamo de Dixie". Todos los trenes al sur hacían parada allí.

La población alcanzó su máximo de unos 130,000 habitantes a finales de la década de 1950, pero incluso entonces las personas blancas de clase media comenzaban a migrar masivamente hacia los suburbios. Poco después los empleos de manufactura comenzaron a escasear. En 1969 el gobierno federal determinó que la ciudad tenía "el aire más sucio de Estados Unidos", pues las pintorescas montañas que rodean la ciudad atrapan los contaminantes industriales dentro del valle. En 1971 dejaron de llegar trenes de pasajeros a Chattanooga.

La recuperación de la ciudad en la década de 1990 fue igualmente dramática. Se aportaron fondos filantrópicos locales para impulsar los esfuerzos por reconstruir la sinuosa ribera del río Tennessee: en 1992 se abrió el acuario de agua dulce más grande del mundo, seguido por un parque, una escuela y un complejo habitacional. Chattanooga entró al club de las 18 ciudades que vieron crecimiento poblacional durante la década de 1990. Los empleos en turismo, finanzas y seguros crecieron a tasas de dos dígitos. La ciudad ya estaba en pleno repunte cuando Volkswagen anunció, en 2008, que invertiría 1,000 millones de dólares para construir una enorme planta de ensamblaje en el área.

Pero es posible que la acción más visionaria de los funcionarios de Chattanooga y de los inversionistas privados fuera invertir en una red de fibra óptica de alta velocidad para toda la ciudad, la primera en una ciudad estadunidense (menos de 200 han construido una). Conocida como la "Gig" por su velocidad de gigabits por segundo, se precia de tener la conexión más rápida del país. "Chattanooga logró pasar de ser otra ciudad mediana al borde de la quiebra a convertirse en un centro de empresas emergentes que está llenándose de exiliados de Manhattan, San Francisco y Austin", concluye un estudio de Bento Lobo, un economista de la Universidad de Tennessee en Chattanooga. Entre muchas otras compañías, Claris Networks, con base en Knoxville, decidió instalarse en Chattanooga porque "en Knoxville el servicio de internet de 100 Mbps de AT&T costaría 1,400 dólares al mes, mientras que un servicio comparable en la red de fibra óptica de Chattanooga cuesta 300 dólares, un ahorro de 1,100 dólares". Los ahorros son aún mayores para el servicio de gigabits: "Mientras que este servicio costaría entre 5,000 y 7,000 dólares al mes con AT&T, lo mismo cuesta 1,400 mensuales con Chattanooga EPB, un ahorro de entre 3,600 y 5,600 dólares al mes". Como veremos en el capítulo 6, el Gig ha ayudado a Chattanooga a atraer muchos negocios emergentes que dependen del internet de alta velocidad.

Gays y bohemios

Cuando la gente piensa en centros creativos urbanos lo que suele venirle a la mente es algo como Silicon Valley o el Silicon Alley de Manhattan. Chattanooga es muy diferente en varios sentidos. "Los paraísos de las *startups* suelen encontrarse en estados democráticos, muy liberales, muy jóvenes. Eso es lo típico", nota Jack Studer, director de una aceleradora de negocios en Chattanooga. "Ésta es una ciudad sureña. La gente de Bellhops [una empresa de mudanzas de base tecnológica con sede en Chattanooga] va de caza, pesca, ve futbol americano de la Conferencia del Sureste. Eso no lo ves en Facebook. Es diferente."

Las ciudades globales, como San Francisco y Nueva York, desempeñan un papel diferente en la economía: "hacen el trabajo de la globalización", parafraseando la revolucionaria investigación de la socióloga Saskia Sassen sobre el tema. Son un imán para la llamada "clase creativa", un término que propuso Richard Florida, profesor y autor *bestseller* de la Universidad de Toronto, para plasmar el fenómeno de los profesionales del conocimiento, desde científicos e ingenieros hasta arquitectos, artistas y diseñadores. Las ciudades compiten entre sí para atraerlos y conservarlos. La clase creativa, a su vez, atrae toda clase de negocios en lo que constituye un círculo virtuoso. Un dato crucial es que muchas ciudades se han convertido en centros de innovación.

Hoy en día la clase creativa representa aproximadamente 30 por ciento de la fuerza laboral estadunidense, una proporción que se espera que alcance

50 por ciento para 2030. Los trabajadores creativos "emplean complejos cúmulos de conocimientos para resolver problemas específicos". Florida resume las características que necesita una ciudad para desarrollar una clase creativa dinámica con su concepto de las "tres T": talento, tolerancia y tecnología.

De las tres, la "tolerancia" ha llamado un poco la atención. Florida sostiene que a las ciudades que tienen altos puntajes de lo que llama el "índice gay" y el "índice bohemio" termina por irles mejor. Él define la tolerancia en términos de un crisol de personas distintas, incluyendo miembros de la comunidad LGBTQ, artistas, músicos y otros. En términos más generales, toda la clase creativa se asocia con un estilo de vida característico que fomenta la apertura. "La tolerancia y la apertura a la diversidad son parte integral del histórico cambio cultural hacia los valores postmaterialistas", escribe. Estos valores son "una fuente alternativa de ventajas económicas que operan de la mano de la tecnología y el talento". Las tres T funcionan juntas para atraer a la gente que impulsa la economía del conocimiento. Uno de los argumentos específicos de Florida tiene que ver con la renovación urbana. Su "cultura a nivel de calle" se refiere a "la rebosante mezcla de cafés, músicos callejeros y pequeñas galerías y bistrós, donde es difícil trazar la línea divisoria entre participante y observador, o entre la creatividad y sus creadores".

La creciente importancia de la creatividad se manifiesta en muchas ocupaciones diferentes. David J. Deming, economista de la Escuela de Posgrado en Educación de Harvard, descubrió que cada vez más empleos requieren habilidades analíticas superiores. Y lo que es más importante: hay una alta demanda por habilidades sociales asociadas con coordinación, negociación, persuasión y percepción social. La investigación de Deming sugiere que para 2030 la mayoría de los empleos requerirán el uso de habilidades sociales y creatividad.

Florida y sus colegas clasificaron las 30 ciudades más creativas de Estados Unidos. Cupertino y Palo Alto, en California, y McLean, en Virginia, y Bethesda, en Maryland, se encontraban en lo alto de la lista en 2015 (Chattanooga ni figuraba). Vale la pena notar que uno de los dos estados con el mayor número de ciudades mal calificadas en creatividad es California (el otro es Nueva Jersey). Así, "las ciudades con proporciones altísimas y bajísimas de la clase creativa conviven codo a codo", concluye el CityLab de Florida en uno de sus reportes. "Parece que la creciente brecha económica entre regiones es menos profunda que la distancia entre ricos y pobres en algunos de los centros económicos más robustos de Estados Unidos."

CityLab también ha clasificado ciudades y áreas metropolitanas de todo el mundo en tres categorías. Los "gigantes globales" incluyen Nueva York, Los Ángeles, Londres, París, Tokio y Osaka-Kobe. San José, Boston, Seattle, San Diego, Washington, D.C., Chicago, Austin, Dallas, Atlanta, Portland (en Oregon), Denver, Ámsterdam, Estocolmo y Zúrich son "capitales del conocimiento". Otras pocas son clasificadas como "anclas asiáticas": Hong Kong, Singapur y Seúl-Incheon, Shanghái, Beijing y Moscú. Amy Liu, que dirige el Programa de Políticas Públicas de Brookings Institution, observa un aspecto clave sobre el permanente crecimiento de las ciudades globales. "Hoy lo irónico es que toda esta energía y todo el progreso ocurren dentro de un nuevo entorno: un creciente escepticismo sobre el comercio internacional, inquietudes ante inmigrantes y refugiados y pesimismo por el lento crecimiento de la economía global", escribe. "¿Cómo pueden las ciudades multiplicar sus conexiones con el resto del mundo e intensificar sus esfuerzos por ser competitivas al tiempo que se ocupan de manera enérgica de la desigualdad y las consecuencias negativas que acarrea esta mayor integración global?" Recuerde que casi todos los hijos y nietos drogadictos de Rose Lee viven en Washington, D.C., un área metropolitana clasificada como una de las capitales mundiales del conocimiento, donde 45 por ciento de la fuerza laboral pertenece a la clase creativa.

La teoría de Florida sobre la clase creativa coincide con la evolución de las sociedades, desde los valores tradicionales hasta los seculares y racionales, y desde la mera supervivencia hasta los valores de la expresión individual, tal como los identificó Ronald Inglehart, un politólogo de la Universidad de Michigan y el cerebro detrás de la World Values Survey (Estudio Mundial sobre Valores). Aunque las sociedades no suelen converger por completo a lo largo del tiempo en términos de valores y normas culturales, la gente reporta una adopción cada vez mayor de los valores asociados con la secularización, la racionalidad, la expresión individual y el postmaterialismo, y una creciente aceptación del divorcio, el aborto, la eutanasia, el suicidio, las distintas orientaciones sexuales y la igualdad de género. La salvedad es, sin embargo, que los datos sobre la evolución de los valores culturales muestran que la gente de al menos la mitad de los países del mundo sigue siendo tradicional o principalmente orientada a la supervivencia. Una importante minoría tiene un fuerte vínculo con valores tanto tradicionales como de supervivencia, en particular en el sur de Asia, el Medio Oriente y el norte de África.

¿Las ciudades serán habitables en 2030?

La película *Metropolis,* la revitalización de Bilbao y la gentrificación de Pittsburgh y de muchas otras ciudades estadunidenses nos recuerdan los altibajos de la vida urbana. Lo mismo ocurre con las historias de Rosa Lee Cunningham y las de los ingenieros, artistas, doctores y financieros altamente educados que habitan las ciudades globales. Para 2030 habrá 400 ciudades con poblaciones de más de un millón de personas. Estas aglomeraciones urbanas tendrán una doble naturaleza y estarán pobladas fundamentalmente por personas obesas enganchadas a sus servicios de streaming y a sus aplicaciones de redes sociales favoritas, una tendencia que conduce al aislamiento social y es lo opuesto de la vinculación con el mundo. Muchas serán hogar de una dinámica clase creativa de trabajadores al servicio del conocimiento. La mayoría enfrentará grandes retos asociados con la contaminación, el tráfico y la seguridad. Las ciudades más expuestas al cambio climático sufrirán una escasez de agua fresca y un exceso de agua salada en forma de inundaciones. ¿Será que nuestras adaptaciones conductuales pueden hacer mella? ¿Desarrollaremos lo suficientemente rápido la agricultura vertical? ¿Vendrá al rescate algún avance tecnológico? Los capítulos 6, 7 y 8 exploran la revolución en inventos e innovaciones que nos espera y su capacidad para mejorar la calidad de vida en las ciudades, y en todos los demás lugares, en el futuro próximo.

6. Más celulares que retretes

**REINVENTAR LA RUEDA, LA NUEVA EXPLOSIÓN
CÁMBRICA Y EL FUTURO DE LA TECNOLOGÍA**

La destrucción creativa es [...] el proceso de mutación industrial que revoluciona sin cesar la estructura económica desde dentro, destruyendo sin cesar la vieja, creando sin cesar una nueva.

Joseph Schumpeter, economista

Los inventores y los emprendedores producen nuevas ideas, productos y tecnologías cada minuto, pero sólo un puñado se populariza y aún menos resultan ser verdaderamente transformadores. Pensemos en el retrete.

Tras graduarse de la Universidad de Stanford con un título en Literatura Comparada, el primer trabajo de Virginia Gardiner fue en una revista de diseño. Su trabajo era escribir sobre la industria de los baños. "El primer artículo que escribí para la revista fue sobre retretes, sobre el hecho de que siempre son iguales."

Según la Asociación Británica de Cirujanos Urólogos, el retrete más anti-guo que conocemos se encontró en un asentamiento neolítico en la Escocia actual que data de cerca del año 3000 a. n. e. En el palacio de Cnosos, en Grecia (1700 a. n. e.), pueden admirarse ollas de barro que posiblemente se enjuagaban con agua después de cada uso. En su artículo, Gardiner nota que sir John Harrington, un cortesano inglés ahijado de Isabel I, la reina que sentó las bases para que Inglaterra se convirtiera en una potencia europea —y even-tualmente global— inventó en 1596 (o tal vez unos años antes) los retretes de descarga tal como los conocemos hoy, con una cisterna elevada. El tubo con forma de S para evitar los malos olores, llamado sifón, fue inventado en 1775 por el relojero Alexander Cummings. El diseño del retrete no cambió mucho en los siglos que siguieron, y en el mundo desarrollado no tenemos motivo de queja. La razón es que la verdadera innovación está abajo: es el sistema de alcantarillado.

Lo que nos lleva al predicamento de Eleonore Rartjarasoaniony, una madre de 47 años que vive en Antananarivo, la ciudad capital de Madagascar, donde es dueña de una tienda. Su casa no está conectada a las alcantarillas, de modo que no le sirve un retrete de descarga. Hace unos meses reemplazó su letrina de pozo con un nuevo retrete seco que usa una película biodegradable blanca para sellar los desechos y almacenarlos debajo (ventaja adicional: es inodoro). El fabricante del retrete recoge los desechos una vez a la semana. "Somos cuatro en la familia y todos lo usamos, y lo mismo mis tres inquilinos, que rentan la casa de al lado; está incluido en la renta", subraya. "Hasta mi hijo puede usarlo." Como muchas otras madres en África y el resto de los países en desarrollo, vive aterrada de que su hijo se ahogue un día en un pozo lleno de excrementos humanos.

El fabricante del retrete de Eleonore es Loowatt, una compañía con sede en Londres. ¿La fundadora? Virginia Gardiner. Tras su temporada como arti-culista de revistas realizó una maestría en el Royal College of Art de Londres, donde hizo su tesis sobre un sistema de retrete seco. Fundó la compañía en

2010. Un año después obtuvo un subsidio del Reinvent the Toilet Change (Desafío para Reinventar el Retrete) de la Fundación Bill y Melinda Gates, cuyo objetivo es impulsar la innovación para el saneamiento sustentable. Un canadiense que vivía en Madagascar se enteró de su proyecto y se convirtió en su primer inversionista. A un año de fundar la empresa, Gardiner emprendió un programa piloto y construyó una pequeña instalación de procesamiento que convierte los desechos en biogás para producir electricidad con la que cargar —seguramente ya lo adivinó— teléfonos celulares. Las mujeres malgaches, como Gloria Razafindeamiza, encuentran otro beneficio en los retretes secos: antes tenía que compartir una letrina externa con varios vecinos, pero ahora, "con este retrete me siento segura".

"En muchas comunidades de toda África la gente puede hablar por sus teléfonos celulares pero no prender una luz o abrir una llave del agua. Y mucho menos jalar un escusado. Y posiblemente pasen hambre", dice Winnie V. Mitullah, directora del Instituto de Estudios del Desarrollo de la Universidad de Nairobi. "En lo que se refiere a los servicios más básicos, que muchos de nosotros damos por sentados —agua, drenaje, electricidad, caminos— una enorme cantidad de personas bien podría vivir en el siglo XIX." Mitullah explica que la falta de acceso regular a la electricidad y al agua corriente es más que un mero inconveniente. "Cuando no hay suficiente agua limpia para lavar las cosas y no existe una forma segura de eliminar los desechos los niños se enferman y mueren. Y sin luz para estudiar en las noches ni forma de conectarse con el mundo exterior —excepto por el celular— tus oportunidades de recibir educación y tener éxito se ven muy limitadas."

Zafar Adeel, director del Instituto para el Agua, Medio Ambiente y Salud de la ONU, advierte que "cualquiera que desdeñe el tema [del saneamiento] por repugnante, que lo minimice por despreciable o considere indignas a las personas necesitadas debería hacerse a un lado y dejar que se ocupen otros, por el bien de 1.5 millones de niños e infinidad de otras personas que mueren cada año a causa del agua contaminada y las condiciones insalubres". En total existen 1,500 millones de personas que tienen o comparten un teléfono celular *y* que deben hacer sus necesidades al aire libre o en una letrina compartida. Y la brecha continúa ensanchándose: las inversiones en telecomunicaciones móviles se disparan, pero las de saneamiento básico menguan en toda el África subsahariana y el sur de Asia. En 20 por ciento de los hogares indios con menos ingresos, por ejemplo, hay tres veces más personas con un teléfono celular que con un retrete.

En los países desarrollados damos por sentado tanto el saneamiento como los teléfonos celulares. El uso de telecomunicaciones móviles se ha expandido a gran velocidad en el África subsahariana porque resulta ser una tecnología relativamente barata de implementar. Dado que más de 60 por ciento de la población es rural, es mucho más rápido y barato instalar torres de telefonía móvil que líneas fijas, no digamos ya sistemas de drenaje y retretes de descarga. Y como menos de 10 por ciento de la población en la mayoría de los países del África subsahariana tiene una cuenta bancaria o una tarjeta de crédito, el teléfono celular se ha vuelto el instrumento de facto para efectuar y recibir pagos. De hecho, en esta región del mundo más personas usan plataformas de pago en línea que en Europa, América y el este y sur de Asia. De hecho, un alto porcentaje de estas personas se las arreglan sin dinero físico.

No es ninguna sorpresa que el cambio tecnológico llegue a permear las economías y las culturas del mundo, o que transforme las reglas del juego. Como ejemplifican tanto los teléfonos celulares como los retretes secos, la tecnología también tiene la capacidad de mejorar la calidad de vida de miles de millones de personas, en particular en las ciudades. Sin embargo, en lo que respecta a las aplicaciones para el consumo, el aspecto más trascendental no es lo que puede lograr la tecnología en sí misma, sino cómo interactúa con las tendencias demográficas y sociales, creando patrones y resultados del todo inesperados, unos buenos y otros malos.

Pero antes de sumergirnos en este tema me gustaría contarle la historia del reloj.

Todo empezó con Dick Tracy y Superman

Si los teléfonos celulares hoy parecen universales, los relojes de pulsera los superan: más personas tienen relojes que celulares. La historia del reloj de pulsera moderno —que incluye tanto a Rolex como al Apple Watch— demuestra que las sucesivas oleadas tecnológicas lo transformaron todo, desde cómo se fabrica el aparato hasta cómo se vende y usa. Martin Cooper, pionero de las comunicaciones inalámbricas e inventor del primer teléfono celular mientras trabajaba para Motorola en la década de 1970, obtuvo su inspiración del reloj de pulsera-*walkie talkie* que usaba Dick Tracy en 1946 en el cómic homónimo. (Causalmente, un episodio del programa de radio *Superman*, "El gato parlante", presentó ese mismo año un artilugio parecido.)

Antes de que la frase "hecho en Suiza" se volviera sinónimo del reloj de pulsera, Inglaterra fue hogar de lo más innovador de la industria. Los primeros relojes portátiles aparecieron en el siglo xv. Es posible que el primer salto tecnológico en los relojes de pulsera ocurriera en 1657, cuando ya sea a Robert Hooke o a Christiaan Huygens se le ocurrió la idea de añadir un resorte al volante de muelle, lo que aumentó significativamente la precisión (una innovación que olvidamos hoy en día, cuando esperamos que nuestros relojes siempre den la hora exacta). Existe una acalorada discusión sobre quién es el responsable de esta idea. Hooke era un filósofo natural, arquitecto y polímata inglés. Huygens era un físico, matemático y astrónomo neerlandés que descubrió Titán, la segunda luna más grande de Saturno. Fue uno de los gigantes de la revolución científica: inventó el reloj de péndulo y suele considerarse el fundador de la física matemática. (Por cierto, Titan Watches Limited, una compañía india en actividad desde 1984 y bautizada en honor a Huygens, es hoy uno de los fabricantes de relojes más grandes del mundo.)

Para complicar las cosas, los brasileños sostienen que el pionero de la aviación Alberto Santos-Dumont inventó el concepto de usar un reloj de leontina o de bolsillo alrededor de la muñeca. Sin embargo, las historias de esta ingeniosa tecnología portátil le atribuyen el crédito a los suizos, cuyo ejército necesitaba una forma de coordinar sus tácticas en el terreno agreste y montañoso conocido como los Alpes.

Sin importar la oscuridad que rodea los orígenes del reloj, no fueron los ingleses, los neerlandeses ni los brasileños quienes terminaron por dominar la industria, sino los suizos. Resulta que tenían excelentes joyeros y artesanos gracias, en parte, a la llegada de los perseguidos hugonotes franceses, muchos de los cuales eran muy hábiles para hacer artefactos mecánicos sofisticados. En Suiza se fabricaron pequeños lotes de relojes de lujo y se vendieron por toda Europa. Tuvieron tanto éxito que incluso Rolex, fundado originalmente en Londres en 1905, mudó su base de operaciones a Suiza en 1919 para aprovechar la mano de obra especializada en el hermoso valle del Jura, al norte de Ginebra.

Luego llegó una revolución. Con base en las técnicas que se desarrollaron durante la Segunda Guerra Mundial, a algunas compañías estadunidenses se les ocurrió producir los relojes en masa. Lo único que había que hacer era usar aleaciones en vez de metales preciosos, y una pila en vez de un resorte como fuente de energía. La compañía que llegó a dominar esta tecnología —y a ganar carretadas de dinero— fue Timex. ¡Qué bien leyeron el momento! El consumo en masa en Estados Unido definió la época. La gente demandaba grandes cantidades de todo, desde refrigeradores y lavadoras hasta automóviles y relojes. El precio primó sobre la calidad y la durabilidad. Rolex languidecía y Timex prosperaba.

En la década de 1960 la industria se vio golpeada por una segunda ola de cambio tecnológico. Un ingeniero suizo inventó un ingenioso mecanismo para simplificar el diseño y abaratar la manufactura. Estaba basado en un diapasón, un objeto metálico con dos barras que vibran al golpearlo. La frecuencia de la vibración puede convertirse en una forma de medición mucho más precisa que la tradicional rueda de escape, que está formada por un complicado conjunto de engranajes. Fue otra compañía estadunidense, Bulova, la que aprovechó y lucró con esta innovación. Los suizos, por el contrario, la dejaron pasar porque eran demasiado orgullosos para dejar de hacer los relojes a mano, una pieza a la vez; se trataba, después de todo, de obras de arte.

El tercer vendaval de innovaciones ocurrió cuando los japoneses decidieron unirse a la diversión. Ellos simplificaron aún más el diseño al incorporar una nueva tecnología basada en el cuarzo. Fue, una vez más, un ingeniero suizo el que descubrió que si se hace pasar una corriente eléctrica por un trozo de cuarzo este cristal natural produce vibraciones que pueden usarse para medir el tiempo con extraordinaria precisión. Para la década de 1970 empresas como Seiko, Citizen y Casio se burlaban de Timex y Bulova. De la década de 1970 a finales de la de 1980 casi todos los relojes de cuarzo se fabricaban en Japón, no en Suiza ni en Estados Unidos.

No fue sino hasta finales de la década de 1980 que Suiza consiguió reaccionar, finalmente, a las sucesivas ondas de transformación tecnológica al inventar Swatch, un producto que no sólo daba la hora con precisión sino que funcionaba también como un accesorio de moda y un artículo de coleccionista. Se reclutaron celebridades para hacer campañas publicitarias. La industria suiza de los relojes, que había perdido casi todos sus empleos, salió a flote aferrada al salvavidas de Swatch. De pronto los relojes japoneses comenzaron a parecernos aburridos.

Luego llegó el teléfono celular. Si existe una revolución capaz de socavar nuestra necesidad de tener un reloj de pulsera es un dispositivo portátil que dice la hora *y* hace llamadas. De pronto el reloj se convirtió en un lujo, útil para ocasiones sociales o por pura diversión. Y volvimos al principio: ahora empresas tecnológicas como Apple, Samsung y Xiaomi, que nos dieron los teléfonos inteligentes, tratan de vendernos relojes inteligentes.

Una lección clave de esta historia es que cada vez que una nueva tecnología reemplaza una vieja se crean y se destruyen empleos, nacen y mueren distintas industrias nacionales de relojes y surgen nuevas formas de consumo. Y el reloj sólo es uno de muchos ejemplos. La refrigeración desplazó al hielo, el teléfono demostró ser superior que el telégrafo, los focos incandescentes reemplazaron las lámparas de gas, el transistor enterró al tubo de vacío, los motores a reacción superaron a las hélices, el CD convirtió los vinilos en artículos de colección, el procesador de palabras volvió obsoleta la máquina de escribir, las imágenes digitales sustituyeron la fotografía química y los videojuegos resultaron ser más entretenidos que los juguetes tradicionales. Usamos el término *revolución* para referirnos a estas dramáticas transformaciones; el reloj de pulsera sólo es un ejemplo de este patrón generalizado.

Una nueva explosión cámbrica de destrucción creativa

La tecnología trastoca el *statu quo* al transformar una o más de las siguientes cosas: el concepto de producto, cómo se hace, cómo se vende, quién lo usa, cómo lo usa o cómo interactúan las personas entre sí. La vida promedio de una compañía en el índice bursátil 500 de Standard & Poor's ha bajado de 60 años a apenas 10 en el transcurso del último medio siglo. Para 2030 el cambio tecnológico llevará a una nueva realidad en la que habrá millones de computadoras, sensores y brazos robóticos en las fábricas, las oficinas, los hospitales, las escuelas, las casas, los vehículos y en todo tipo de infraestructura. Por primera vez habrá más computadoras que cerebros humanos, más sensores que ojos y más brazos robóticos que obreros humanos en las fábricas. Estamos experimentando el equivalente tecnológico de la explosión del Cámbrico, que ocurrió hace 541 millones de años y duró entre 13 y 25 millones de años. Fue durante el Cámbrico que aparecieron en la Tierra los primeros animales complejos y se desarrollaron los ecosistemas marinos. Hasta ese momento la mayoría de los organismos era unicelular. Durante el Cámbrico aparecieron pequeños organismos, tan complejos como los animales actuales, incluyendo un carnívoro con cinco ojos y un ser con cabeza, espinas, tórax, patas y dos pares de antenas.

Desde la realidad virtual hasta la impresión 3D, y de la inteligencia artificial a la nanotecnología, sólo exagero un poco al comparar la transformación actual con la explosión del Cámbrico. Estas nuevas tecnologías prometen resolver toda clase de problemas hasta ahorra irresolubles, desde la pobreza y la enfermedad hasta el deterioro ambiental, el cambio climático y el aislamiento social, y están dando origen a una nueva clase de emprendedores jóvenes y visionarios —muchos de ellos veinteañeros—, que se llaman a sí mismos los "amos del universo", parafraseando a Tom Wolfe.

Cada ola tecnológica disruptiva viene acompañada por la ilusión de que la tecnología puede librarnos de nuestros problemas, grandes y pequeños. En realidad es una fuerza que tiende tanto a crear problemas como a generar soluciones. La automatización, por ejemplo, libera a los humanos del aburrimiento y con frecuencia de las graves consecuencias físicas y psicológicas del trabajo repetitivo, tal vez mejor ejemplificadas que nunca en la clásica película de Charlie Chaplin *Tiempos modernos*. Sin embargo, también tiene el efecto de desplazar a los trabajadores de empleos que hace décadas representaron un escalón confiable hacia la clase media. Si los trabajadores carecen de la flexibilidad o los recursos para pasar a otras ocupaciones se encuentran desplazados y sin un plan B, una situación que complica la edad o la incapacidad de viajar en busca de nuevas oportunidades. Hay categorías laborales y comunidades enteras que pueden hundirse porque alguien inventó o innovó en un espacio que tradicionalmente dependía del trabajo, la supervisión y la experiencia humanos.

El economista y politólogo austriaco Joseph Schumpeter escribió una de las metáforas más afortunadas de la historia —la "destrucción creativa"— para describir la esencia de lo que hemos estado explorando. Schumpeter sostuvo que la tendencia de la economía de mercado a incorporar nuevas tecnologías y sus impactos en cascada, que a su vez desplazan las tecnologías viejas e ineficientes, son tanto su aspecto más corrosivo como su principal fortaleza. "El impulso fundamental que enciende y mantiene en movimiento el motor capitalista", escribió en 1942, "proviene de los nuevos bienes de consumo, los nuevos métodos de producción o transporte, los nuevos mercados, las nuevas formas de organización industrial que crea la empresa capitalista." Describe esta dinámica como "el proceso de mutación industrial que revoluciona sin cesar la estructura económica *desde dentro,* destruyendo incesantemente la vieja, creando incesantemente una nueva". Concluye que "este proyecto de Destrucción Creativa es el hecho esencial del capitalismo".

Schumpeter nos recuerda así que la ruptura es tan normal como ubicua; ha reconfigurado la vida humana desde comienzos de la Revolución agrícola hace unos 12,000 años. Si bien no se trata de un fenómeno nuevo, parece ocurrir más frecuente y rápidamente cada vez. Es una fuerza que transforma no sólo la economía sino todos los aspectos de la vida, desde la política hasta las relaciones interpersonales.

"Las computadoras son inútiles: sólo pueden darte respuestas"

Cuando llegan las rupturas tecnológicas —y esto ocurre una y otra vez, como vimos en el caso del reloj— sigue la diabólica dinámica de la destrucción creativa: se alteran vidas, se frustran carreras, se destrozan comunidades.

En términos de sus posibles consecuencias, el área de la inteligencia artificial es tierra fértil para el análisis. Como ocurrió con el reloj, existen intereses y creencias opuestas sobre dónde nos encontramos ahora mismo y en qué dirección vamos. En 1992 *The Economist* publicó un editorial sobre la "Estupidez artificial" en el que explicaba que "no existe ninguna razón práctica para crear inteligencias cibernéticas indistinguibles de las humanas" porque "gente hay suficiente". También observaba que "si hubiera una escasez, existen métodos probados y muy populares para hacer más" (eso, suponiendo que la gente quisiera reproducirse, cosa que hoy sabemos que no es tan cierta). En la misma tónica, Elon Musk tuiteó hace poco que "la automatización excesiva de Tesla fue un error", y añadió que "los humanos están subestimados". Y Pablo Picasso una vez observó que "las computadoras son inútiles: sólo pueden darte respuestas".

En realidad la inteligencia artificial abre todo un abanico de oportunidades, y ésa es una de las principales razones por las que el mundo como lo conocemos está llegando a su fin. La inteligencia artificial incluye una amplia gama de aplicaciones que llevan a cabo tareas que tradicionalmente fueron competencia de las mentes humanas, tales como reconocimiento de voz, percepción visual y toma de decisiones. Hoy se emplea en automóviles y camiones autónomos, infraestructura eficiente y adaptativa, y sistemas médicos y habitacionales inteligentes. La inteligencia artificial ha mejorado considerablemente en el transcurso de nuestras vidas. En 1997 la computadora Deep Blue de IBM venció al campeón de ajedrez Gary Kasparov. Un año después Tiger Electronics desarrolló un robot de juguete con tecnología de reconocimiento de voz. En 2000 Honda presentó a ASIMO, un robot humanoide que funciona como asistente personal multifuncional. En 2011 Apple incorporó un asistente virtual, Siri, a sus teléfonos inteligentes. Desde la publicidad personalizada en redes sociales hasta el etiquetado de fotografías, la inteligencia artificial de verdad nos rodea por completo. En China el aparato de seguridad del Estado emplea tecnologías de reconocimiento facial con inteligencia artificial para monitorear a la gente de los pueblos en sus entornos cotidianos. El objetivo de este programa, conocido como Mirada Aguda, es calcular una calificación para cada ciudadano basada en su comportamiento real. Es una evocación bastante sombría del Gran Hermano de George Orwell en *1984*.

Algunos visionarios predicen que el mundo terminará, literalmente, cuando llegue la "singularidad", es decir el momento en el que la inteligencia artificial sea lo suficientemente sofisticada e inteligente como para tomar el control y volver obsoletos a los humanos obsoletos. Es un futuro en el que las máquinas programan y controlan a otras máquinas. Sería, como dijo el experto en informática Irving Good en 1965, "el último invento que tendría que hacer la humanidad". Su colega Alan Turing, que encabezó los esfuerzos por romper la clave Enigma de Alemania durante la Segunda Guerra Mundial y fue uno de los pioneros de la computación misma, declaró en 1951 que la inteligencia artificial "nos despojaría de nuestras pobres facultades" y "tomaría las riendas". El físico teórico Stephen Hawking añadió su granito de arena al afirmar que "podría significar el fin de la raza humana".

Dejando de lado el apocalipsis, casi nadie duda de que la inteligencia artificial significa un cambio histórico. Ahora mismo hay cientos de miles de programadores ocupados en multiplicar el alcance y las capacidades del *machine learning* y sus aplicaciones.

Mientras tanto, de regreso en la realidad, en una parada de camiones en algún punto del corazón de Estados Unidos unos conductores se toman un rápido descanso. Ellos se encargan de una tarea central para la economía: transportar mercancías por todo el país. Trabajan muchas horas por poco dinero, sobre todo si son trabajadores independientes. Para quienes se dedican a los transportes de larga distancia es difícil pertenecer a una comunidad. Los camioneros conforman el mayor grupo ocupacional en 29 de los 50 estados del país. Las únicas excepciones son la mayor parte de Nueva Inglaterra, el Atlántico medio, California y Texas, donde ocupan el primer lugar los desarrolladores de software, los maestros de primaria, los granjeros, las secretarias, los enfermeros, los vendedores, los agentes de servicio al cliente o los abogados. Según un estudio encargado por la Casa Blanca de Obama, entre 1.5 y 2.2 millones de camioneros de transporte pesado y ligero se encuentran en peligro de perder sus trabajos como resultado de las tecnologías de vehículos autónomos. Se trata de entre 60 y 90 por ciento de los camioneros empleados en 2015. Si añadimos a los conductores de autobús, los taxistas, los choferes y los conductores independientes la pérdida de empleos potencial a manos de esta tecnología podría alcanzar los tres millones.

Los experimentos con vehículos autónomos que se llevan a cabo hoy en día son muy promisorios, porque los seres humanos somos descuidados y poco fiables: nos distraemos, aburrimos y cansamos. Una computadora puede optimizar un trayecto complejo y adaptarse al tráfico y a las condiciones de la ruta, al tiempo que maximiza el uso de combustible. Lo más importante es que las computadoras pueden comunicarse con otras computadoras. Al conducir los humanos nos comunicamos con los demás gracias a medios primitivos como las luces, el claxon y las señales manuales. Por el contrario, un automóvil autónomo en tándem con otros automóviles cercanos pueden organizar colectivamente el flujo vehicular (y reducir accidentes) en forma coordinada.

Y eso no es todo. En la industria de la manufactura un solo robot puede desplazar en promedio a cinco o seis obreros. En 1983 la cantidad de personas empleadas en labores manuales repetitivas en Estados Unidos era de 28 millones. Para 2015 esa cifra apenas se había incrementado a 30 millones. Durante el mismo periodo se instalaron 300,000 robots que hacen el trabajo de cerca de dos millones de obreros. La tecnología es responsable, en parte, por el estancamiento de la clase media estadunidense conformada por trabajadores manuales y no manuales que hacen tareas de rutina y por los trabajadores cognitivos de los que hablamos en el capítulo 3. Y ahora que se instalan 35,000 robots cada año el impacto no hará sino acelerarse en el transcurso de la próxima década. Para 2030 el sector manufacturero empleará más programadores y controladores que obreros.

Algo parecido ocurre con la cifra de trabajadores que hacen tareas cognitivas de rutina, fundamentalmente los empleados de oficina y los encargados de tiendas, que pasó de 28 a 33 millones. En contraste, los trabajos mecánicos no rutinarios, como los de los mecánicos especializados, aumentaron de 14 a 27 millones, y las ocupaciones cognitivas no rutinarias, como las de maestros, diseñadores, programadores y trabajadores de la salud pasaron de 28 a unos sorprendentes 57 millones. Al menos por ahora parece que hay ciertos empleos fuera del alcance de los poderes de destrucción creativa de la tecnología.

Pero no falta mucho para que los trabajos cognitivos de rutina, como los de oficina y los administrativos, se vean afectados por la inteligencia artificial, y en cifras tan cataclísmicas como las del *big data* mismo. Los cirujanos que realizan operaciones de rutina, los jóvenes abogados que ayudan a construir un caso legal y los profesores que enseñan materias introductorias, todos corren el riesgo de ver cómo sus empleos son realizados por máquinas inteligentes. El siguiente paso, y posiblemente el último, sería la eliminación de algunos empleos no rutinarios, en particular si la singularidad, en efecto, llega alguna vez.

Pensemos en las tareas que realiza un cirujano, entre las más complejas y sofisticadas del mundo y para las que se requieren casi diez años de educación avanzada, entrenamiento y formación práctica. "En la que constituye una revolución en cirugía robótica", reportó en 2016 el Instituto de Ingenieros Eléctricos y Electrónicos, "un *bot* cosió el intestino delgado de un cerdo empleando sistemas visuales, herramientas e inteligencia propios para llevar a cabo el procedimiento". Lo que es más importante, "el Robot Autónomo de Tejidos Inteligentes (STAR, es decir, "estrella" por sus siglas en inglés) hizo mejor la operación que los cirujanos humanos a los que se les asignó la misma tarea". Las suturas de los cirujanos humanos eran menos consistentes y menos resistentes a las fugas que las robóticas. En palabras de Peter Kim, un cirujano pediátrico que participó en la investigación: "Aunque los cirujanos nos ufanamos de nuestro oficio, tener una máquina que trabaje con nosotros para producir resultados mejores y más seguros sería un beneficio enorme". Kim piensa que los robots primero operarán como ayudantes de los cirujanos, del mismo modo que los automóviles autónomos "empezaron estacionándose; luego llegó la tecnología que te avisa cuando estás por meterte al carril equivocado". En ese sentido la robótica no necesariamente tiene que desplazar trabajadores, sino que podría ayudarlos a hacer mejor su trabajo.

Otra característica atractiva de los robots es que no nos juzgan; al menos no por el momento. "Pasamos mucho tiempo hablándole a Alexa y a Siri", sostiene la periodista Laura Sydell. "Imagínate si metieran estas personalidades artificiales dentro de un robot lindo y adorable." Alexander Reben, investigador del MIT, construyó un robot de cartón llamado Boxie ("Cajita"). Un día encontró a un hombre que le estaba contando sus problemas a Boxie. "Empezó a hablarle a esta cosa como si fuera otra persona." Reben decidió aliarse con el artista y cineasta Brent Hoff para diseñar un robot adorable que animara a la gente a abrirse emocionalmente. "Es la sonrisa perfecta", explica Hoff. "La hicimos abierta y cautivadora para asegurarnos de que pareciera tan desprejuiciado y seguro como fuera posible." Los resultados preliminares muestran que funciona. Sherry Turkle, una experta del MIT en interacciones hombre-máquina, dice que no es difícil conseguir que los humanos se abran en presencia de los robots: "La verdad es que nos conformamos con poco".

El problema del tranvía en la era de las máquinas inteligentes

La tecnología conlleva beneficios… y dilemas éticos. Imagine que un automóvil autónomo se acerca a una intersección y planea doblar a la derecha. Los sensores del vehículo monitorean cuidadosamente al ciclista a su derecha. De pronto un niño pequeño se suelta de la mano de su madre y se lanza hacia la calle. La computadora debe decidir en una fracción de segundo si salvar al ciclista o al niño. No hay tiempo para reunir más datos o para hacer complicados cálculos sobre cómo infligir el menor daño posible, o para considerar cómo priorizar una vida sobre otra, la del niño pequeño o la del ciclista. ¿Qué hará la computadora?

Se trata de una versión modificada del clásico experimento mental conocido como el "problema del tranvía". En este problema, un tranvía fuera de control que avanza a toda velocidad por las vías está a punto de arrollar a cinco personas. Si usted pudiera cambiar el tranvía a una vía diferente donde sólo matara a una persona, ¿lo haría? El problema del tranvía revela un espinoso problema que no puede resolverse en términos morales o éticos sencillos. En la película *La decisión de Sophie* Meryl Streep interpreta a una polaca, madre de dos hijos, que formó parte de la Resistencia durante la ocupación alemana. La mujer es capturada y enviada a Auschwitz, donde un oficial nazi la pone en la encrucijada imposible de decidir cuál de sus hijos irá a la cámara de gas y cuál al campo de concentración. Al calor del momento Sophie tiene que tomar una decisión aterradora, y lo mismo tendría que hacer el conductor de nuestro ejemplo anterior. Este tipo de dilema moral ayuda a explicar por qué los pilotos de drones experimentan desorden de estrés postraumático con mayor frecuencia que los pilotos convencionales: los pilotos de drones toman decisiones de vida o muerte desde la comodidad de un centro de control a miles de kilómetros de distancia, mientras que los pilotos reales ponen sus propias vidas en peligro. En un artículo de *The New York Times* sobre un operador de drones de nombre Aaron, Eyal Press escribe: "Lo que se desplegó frente a los ojos de Aaron fue una escena contradictoriamente íntima: la gente cargando féretros por las calles tras los letales ataques de drones". Aunque era un experimentado operador de drones militares Aaron comenzó a sentirse enfermo y angustiado. Desarrolló síntomas debilitantes, incluyendo náuseas, ronchas y problemas digestivos crónicos. "Me sentía muy, muy mal", le dijo a Press. Estaba conmocionado por las decisiones sobre a quién matar y a quién perdonar que debía tomar de forma rutinaria.

En 2016 y 2017 un equipo de investigadores internacionales convocados por el MIT llevó a cabo un proyecto que bautizó el experimento de la Máquina Moral, con el objetivo de evaluar cómo personas de diferentes culturas hacen frente a este tipo de dilemas. Mediante una plataforma en línea, el equipo reunió cerca de 40 millones de decisiones proporcionadas por más de dos millones de personas en más de 200 países y territorios. A los encuestados se les presentaron 13 escenarios en los que era inevitable la muerte de al menos una persona. Algunas de las decisiones eran, presumiblemente, más fáciles que otras. Por ejemplo, ¿el conductor debería salvar a una mascota o a un humano? ¿Debería priorizarse una cantidad mayor o menor de vidas? Pero otras eran ética y moralmente muy duras. ¿Debería salvarse a la persona sana o a la discapacitada? ¿Y qué hay de un criminal y de un ciudadano ejemplar? En el experimento la gente mostró una fuerte tendencia a preferir a los humanos que a los animales, a salvar más vidas que menos y a elegir a los jóvenes sobre los viejos. "Por consiguiente", consideraron los investigadores, "estas tres preferencias podrían considerarse los componentes fundamentales para la ética cibernética."

Como era de esperarse hubo algunas diferencias. Tanto hombres como mujeres fueron más propensos a salvar mujeres, aunque las mujeres mostraron una mayor preferencia. Las personas más religiosas fueron más proclives a preferir a los humanos que a los animales. Y la investigación reveló algunas notables diferencias entre países. "La preferencia por salvar jóvenes en vez de viejos es mucho menos pronunciada para países del grupo Oriental [países confucianos de Asia y unos pocos países musulmanes] y mucho más marcada para países del grupo Austral [América Latina y África francófona]. Lo mismo ocurre con la preferencia por salvar a los personajes de alto estatus." En el grupo Austral las personas mostraron "una preferencia mucho menos marcada por salvar a los humanos que a las mascotas". Curiosamente, "sólo la (débil) preferencia por elegir a los peatones que a los pasajeros y la (moderada) preferencia por salvar a los que acatan las leyes contra los que no, parece compartirse en la misma medida en todos los grupos." En los países con culturas más individualistas la gente tendía a salvar a los jóvenes, y en los países más pobres la gente era más tolerante con los peatones imprudentes que con los que siguen las reglas. Un resultado perturbador es que en los países con mayor desigualdad económica los encuestados estaban más dispuestos a salvar gente de alto estatus.

Una implicación inquietante de la investigación es que "la gente que reflexiona sobre ética cibernética sugiere que es posible encontrar un grupo perfecto de reglas para los robots", explica Iyad Rahwan, uno de los autores del estudio. "Lo que mostramos aquí con nuestros datos es que no existen reglas universales." Otro coautor, Edmond Awad, subraya que "cada vez más personas son conscientes de que la inteligencia artificial podría tener diferentes consecuencias éticas para distintos grupos de personas. Me parece alentador que veamos gente que se ocupa de estos problemas". Como lo plantea Barbara Wege, gerente en la unidad de vehículos autónomos de Audi en Alemania, "Necesitamos encontrar un consenso social sobre cuáles son los riesgos que estamos dispuestos a adoptar".

Los dilemas morales que implica el problema del tranvía no son los únicos que surgen a raíz de la popularización de la inteligencia artificial. Como sostuvimos recientemente Srikar Redd, director ejecutivo de Sonata Software, y yo en un blog del Foro Económico Mundial, hay que distinguir entre estándares éticos deontológicos y teleológicos, donde los primeros se concentran las intenciones y los medios, y los segundos en los fines y los resultados. Qué enfoque es mejor depende de la tecnología y el contexto. "En el caso de los vehículos autónomos tener como objetivo un sistema de transporte libre de errores que también sea eficiente y ecológico puede bastar para justificar un programa de recolección de datos a gran escala en diferentes condiciones, y también la experimentación con base en aplicaciones de inteligencia artificial." En contraste, los ensayos clínicos basados en *big data* son difíciles de justificar en términos teleológicos, dada la horrenda historia de experimentación médica en sujetos humanos inocentes. Un enfoque deontológico basado en las intenciones y los medios tiene más sentido.

Los dilemas éticos y morales que plantean la automatización, la inteligencia artificial y el *big data* se hacen cada vez más difíciles de ignorar. "Nunca en la historia de la humanidad le hemos permitido a una máquina que decida por sí misma quién debe vivir y quién debe morir, en una fracción de segundo y sin supervisión en tiempo real", concluyen los investigadores de la Máquina Moral. "Estamos por cruzar ese puente en cualquier momento", y ese momento, si usted cree en mis pronósticos, es 2030. "Antes de que le permitamos a los automóviles tomar decisiones éticas necesitamos tener una conversación global para expresarles nuestras preferencias a las compañías que diseñarán algoritmos morales y a los políticos que los regularán." El problema es que la ética y la moral de la automatización no pueden automatizarse ni plantearse en forma de algoritmos.

¿Quién necesita los Acuerdos de París si tenemos impresoras 3D?

Ésta es la provocadora pregunta que planteó Richard A. D'Aveni, profesor de la Escuela de Negocios de la Universidad de Dartmouth. Las nuevas impresoras 3D crean objetos tridimensionales imprimiendo, una sobre otra, capas muy delgadas de material hasta obtener una forma tridimensional; el término técnico es *manufactura aditiva*. Esta técnica reduce el desperdicio, pues emplea la cantidad exacta de material que se requiere para hacer de todo, desde partes de plástico hasta piezas dentales o tejidos humanos para trasplantes. Como la manufactura tradicional, requiere energía pero "desprende menos humo y gases tóxicos". Y el mayor beneficio de todos tiene que ver con la posibilidad de que con "granjas de impresoras y minifábricas cercanas a los clientes las compañías hagan muchos menos envíos". Hemos aceptado demasiado fácilmente que en el ámbito de la manufactura las economías de escala son esenciales para entregarnos productos de bajo costo. En 1980 las pequeñas acerías y los métodos de producción flexible inauguraron una tendencia que la impresión 3D no hará sino acelerar y multiplicar, con grandes beneficios ambientales. D'Aveni predice que "le diremos adiós a la ética de los desechables del siglo XX [...] La gente comprará menos y estará más contenta con lo que adquiere, tal como los ambientalistas nos han estado recomendando. Como haremos menos productos con menos material, arrojaremos mucho menos carbono a la atmósfera".

En otras palabras, la impresión 3D se impondrá siempre y cuando los directivos y los clientes abandonen sus viejas suposiciones y cambien sus hábitos, salgan del camino trillado para imaginar nuevas posibilidades y piensen en forma lateral. En vez de manufacturar para hacer inventario (y guardar lo que se produce, listo para usarse, en una bodega) las empresas deberían aprender a producir para una demanda en tiempo real. Los clientes industriales también deberían aprender a esperar hasta que de hecho necesiten algo. "El transporte de carga [...] representa cerca de 25 por ciento de las emisiones de carbono de los países ricos", nota D'Aveni. UPS, el gigante de los envíos, emplea una extensa red de bodegas para satisfacer las necesidades de sus clientes industriales. "Recientemente UPS instaló cien impresoras 3D de gran tamaño en su *hub* central en Louisville con el objetivo de reducir espacio de bodega y distancias de envío. Cada vez más, las partes se fabricarán sólo bajo pedido." En 2017 UPS anunció una alianza con SAP, la firma alemana de consultoría tecnológica, para imprimir partes de repuesto bajo demanda para sus clientes. UPS se está reinventando a sí mismo como "una empresa de logística, no de transportes".

La tecnología de impresión 3D es ideal para hacer partes personalizadas, pero no nos limitemos a reemplazar puertas abolladas. Como nota Volvo, la automotriz sueca, las ciudades cada vez más amenazadas por las inundaciones (véase el capítulo 5) pueden usar diques impresos en 3D, "con complejas superficies curvas de cemento que dispersen la energía de las olas en muchas direcciones". Volvo se alió con organizaciones locales en Sídney, Australia, para construir un arrecife artificial parecido a los manglares que ofrece refugio a la vida marina, igual que un arrecife de verdad. La biodiversidad resultante ayuda a eliminar del agua metales pesados y partículas, por ejemplo de plástico. Las piezas están hechas de concreto vaciado en moldes impresos en 3D.

Y existen muchas otras aplicaciones que pueden ayudarnos a evitar lo peor de una crisis climática futura. Como arquitecto, Platt Boyd comenzó a sentirse más y más frustrado por las limitaciones de los materiales de construcción tradicionales y por lo derrochadora que es la industria de la construcción. Boyd decidió volverse emprendedor en el incipiente campo de la impresión

3D. En 2015 mudó su compañía, Branch Technologies, a una aceleradora de *startups* en Chattanooga, Tennessee, porque eran las únicas instalaciones conectadas a una red gigabit local, como vimos en el capítulo 5. Branch emplea "una tecnología revolucionaria que combina robots industriales, sofisticados algoritmos y una novedosa tecnología de extrusión 'libre' que permite que el material se solidifique en un espacio abierto", explica orgullosamente. "Esta tecnología, llamada fabricación celular (c-FABTM, por sus siglas en inglés), está inspirada por la manera en que la naturaleza crea formas y estructuras y va a revolucionar la industria de la construcción gracias a una libertad de diseño y de gestión de recursos sin precedentes." Las ventajas de la impresión 3D son múltiples. "Branch está democratizando la libertad de diseño y desarrollando un nuevo producto de construcción que puede ser más ligero, más fuerte, más rápido *in situ* y con diez veces mayor libertad de diseño mediante un proceso que es inherentemente libre de desperdicio (la manufactura aditiva contra la manufactura 'sustractiva', que emplean hasta ahora virtualmente todos los métodos de construcción)." En las oficinas centrales de la compañía opera la impresora 3D libre más grande del mundo y tiene el récord de la estructura impresa en 3D más grande: una concha acústica en el parque de Nashville que conmemora las Metas de Desarrollo Sustentable de la ONU.

Annie Wang y Zach Simkin también decidieron aprovechar las oportunidades de la impresión 3D. Se conocieron cuando estudiaban la maestría en Negocios de Wharton. Como la mayoría de sus compañeros, tras graduarse Annie pensaba seguir una carrera tradicional en alguna empresa importante o en un banco, mientras que a Zach le interesaba exclusivamente el emprendedurismo. Ninguno de los dos sabía mucho sobre impresión 3D. Su primer encuentro con esta tecnología ocurrió cuando tomaron una clase de innovación poco antes de graduarse en 2013. Entonces vieron la oportunidad de combinar inteligencia artificial y *machine learning* para ayudar a los clientes industriales a diseñar partes y componentes que pudieran fabricarse en una impresora 3D. Annie abandonó un codiciado puesto en la compañía de cosméticos Estée

Lauder para seguir este visionario pero riesgoso proyecto. Siete años más tarde, su compañía, Senvol, cuenta entre sus clientes a varios organismos de defensa, la Marina de Estados Unidos y corporaciones industriales. Es una de cientos de empresas, emprendimientos e iniciativas que están contribuyendo a una renovación de la manufactura estadunidense.

Otra aplicación revolucionaria para la impresión 3D tiene que ver con algunas áreas de la salud, incluyendo la odontología y los "tejidos impresos" para trasplantes. Y hay compañías chinas que imprimen casas completas, una estrategia que puede acelerar la ayuda y la recuperación tras desastres como huracanes, que se vuelven más frecuentes y devastadores a causa del cambio climático. Tal vez las posibilidades más seductoras de la impresión 3D sean la exploración y colonización espacial. Imagine un asentamiento humano en Marte que, en vez de pedir que le envíen de la Tierra equipos, partes y componentes, tenga una impresora 3D con la que pueda crear todo lo necesario usando materia prima local. Esto ahorraría no sólo dinero sino también tiempo, dado que el viaje de la Tierra a Marte toma varios meses.

La impresión 3D puede tener un gran abanico de ventajas, pero también pondrá en peligro el empleo de algunos de los obreros más especializados y mejor remunerados, en particular en ciertas partes de la cadena de suministro. Las implicaciones políticas también son relevantes (pensemos que hoy es posible fabricar armas de fuego sencillas usando impresoras 3D). Lo que debemos entender sobre la automatización, la inteligencia artificial y la impresión 3D es que de verdad cambian las reglas del juego. La automatización redefine las relaciones entre las personas y el trabajo; la inteligencia artificial reemplaza la actividad mental humana con *machine learning* y el habla humana con procesamiento de lenguaje natural. La tecnología de impresión 3D reconfigura la forma misma en la que los compradores y los proveedores interactúan en la economía, y remodela el ecosistema de transporte actual.

Cómo tener seguros más emocionantes... y justos

Por lo general esperamos que las compañías de seguros tiendan a optar por la prudencia. Su trabajo, después de todo, es calcular cuidadosamente los riesgos y seleccionar cuidadosamente a los clientes a los que aseguran. Son aburridas porque su papel en la economía es escudar a todos y a todo de las pérdidas catastróficas. A diferencia de la manufactura, nada verdaderamente revolucionario le ocurre jamás a la industria de los seguros. Durante siglos las aseguradoras les han cobrado pólizas más altas a las personas en categorías de "alto riesgo", como los fumadores, los conductores varones menores de 30 y los entusiastas de los deportes extremos. Este tipo de clasificación con frecuencia resulta en sesgos y abierta discriminación contra grupos vulnerables. Pero en el futuro la obtención de datos en tiempo real les permitirá a las compañías de seguros cobrar tasas sobre la marcha, dependiendo de la conducta real de la gente en la calle, en vez de los estereotipos generalizados sobre ciertos grupos de "riesgo". Los malos conductores y los de alto riesgo terminarán pagando más por su seguro, sin importar si son hombres o mujeres, jóvenes o viejos. Las connotaciones orwellianas son ominosas, pero muchas personas estarían de acuerdo en que alguien monitoree en tiempo real cómo conducen si esto las lleva a ahorrar en sus pólizas.

La constelación de tecnologías tras estos posibles adelantos se llama el "internet de las cosas": todos los sensores y otros dispositivos interconectados diseñados para operar fábricas, minas, sistemas de energía, sistemas de transporte, tiendas minoristas, vehículos, hogares, oficinas y hasta personas. Tiene la capacidad de revolucionar no sólo los seguros, sino la economía y la sociedad enteras. Para 2030 habrá unos 200,000 millones de dispositivos y sensores conectados a internet. El área de mayor crecimiento incluye las fábricas, las ciudades, el área de la salud, la venta minorista y los transportes. Para implementar un internet de las cosas integral se necesita un ecosistema gigantesco que incluya no sólo los dispositivos mismos, sino también la transmisión de datos a las instalaciones de almacenamiento, los centros de análisis y los circuitos de retroalimentación. Sin duda se creará un gran número de empleos para mantener esta colosal infraestructura. Esta ola de destrucción creativa promete lo mismo destruir empleos que crearlos.

Cómo entrenar a tu cerebro para ser más sano y feliz

Hasta hace unos pocos años pensaba que la realidad virtual sólo atraía a los adictos a los videojuegos. Pero resulta que es mucho más útil y revolucionaria. En el área de la salud, los cirujanos y sus asistentes han comenzado a usar visores de realidad virtual para encontrar la mejor forma de realizar cirugías complejas. Los psicólogos la usan como terapia para pacientes con miedo a las alturas, vértigo, desórdenes de ansiedad y desorden de estrés postraumático. Dos investigadores de la Universidad de Oxford emplean realidad virtual para ayudar a pacientes con delirios de persecución, un tipo de paranoia. "La forma más efectiva de hacer esto es ayudar al individuo a aprender por experiencia que las situaciones que lo aterrorizan en realidad son seguras", explican. "Conforme aumenta su sensación de seguridad, disminuye el delirio." Sus pacientes experimentan rápidas mejorías, incluso después de una sola sesión. "La realidad virtual no llegó para quedarse en el mundo de los videojuegos" apuntan. "Creemos que posiblemente desempeñe un papel central en la evaluación y el tratamiento en los centros de salud mental del futuro." Esta tecnología también está siendo empleada para aminorar la ansiedad en la oficina del dentista o al someterse a una resonancia magnética.

La realidad virtual ha resultado ser efectiva para estimular las funciones motoras de personas con lesiones en ciertas regiones del cerebro. Un equipo de investigadores en Corea del Sur descubrió que "el equipo de realidad virtual puede usarse para llevar a cabo estimulaciones importantes y apropiadas para el sistema nervioso de un individuo y así aprovechar la neuroplasticidad para estimular los sistemas tanto motor como cognitivo". En la misma línea, la realidad virtual ayuda a algunos niños a manejar su autismo. "Tanto los niños como los adultos usan teléfonos inteligentes, computadoras, relojes inteligentes, televisores y tecnología de videojuegos todos los días, y les parece de lo más normal", apunta VR Fitness Insider, una página de internet dedicada a las aplicaciones de realidad virtual en el área del bienestar. "Algunos niños y adultos con autismo que son mínimamente verbales o no verbales usan cotidianamente iPads y aplicaciones de voz como una herramienta educativa que habla por ellos." Al monitorear la actividad cerebral durante una sesión de realidad virtual los doctores pueden estudiar los aspectos cognitivos y sociales del comportamiento de niños con y sin autismo. Un terapeuta puede, entonces, ayudar a los pacientes a practicar señales faciales y corporales que les permitan superar barreras en la interacción social. La realidad virtual también puede ayudar a los niños con autismo a practicar habilidades sociales en la escuela para aprender de forma más sencilla y eficiente. Para 2030 este tipo de tecnología —de la mano de la experiencia de décadas de doctores y terapeutas— puede reducir la prevalencia de desórdenes psicológicos en varios órdenes de magnitud.

Cómo detener el cambio climático con nanotecnología

Uno de los mayores culpables del cambio climático es la industria del vestido. Se estima que en total es responsable de cerca de 8 por ciento de las emisiones de carbono, más que los viajes internacionales y el transporte marítimo juntos. El nuevo campo de la nanotecnología podría reducir inmensamente nuestra dependencia de fibras sintéticas hechas a partir de combustibles fósiles. El proceso de fabricar una camiseta de poliéster emite más del doble de carbono que una de algodón. El fenómeno de la "moda rápida", por el cual cada semana aparecen nuevos diseños, ha exacerbado el problema. "Cada año se manufacturan 20 prendas nuevas por persona, y hoy compramos 60 por ciento más que en el año 2000", subraya un editorial de *Nature* en 2018. "Las prendas se usan cada vez menos antes de ser desechadas, y esta vida útil más corta implica emisiones por manufactura relativamente más altas […] La industria seguirá creciendo conforme la clase media se expanda y el consumo crezca en paralelo a este cambio demográfico." Además existe cierto estigma asociado con la compra de ropa usada. Por el contrario, los automovilistas astutos buscan comprar automóviles usados en vez de vehículos nuevos.

La nanotecnología ofrece formas de reducir la contribución de la industria de la ropa al cambio climático. Esta tecnología manipula la materia a escalas atómicas, moleculares o supramoleculares: estamos hablando de diseñar partículas diminutas, de milmillonésimas de centímetro, con el objetivo de obtener materiales más fuertes, baratos o ecológicos. Posiblemente la aplicación más generalizada de dicha tecnología termine por ser la materia programable: materiales dotados de la capacidad de modificar sus propiedades físicas, como forma, densidad, conductividad o propiedades ópticas en respuesta a las señales de un sensor. En 2030 tal vez no tengamos que reacomodar nuestros armarios para la llegada de cada estación; la misma prenda podría abrigarnos en invierno y refrescarnos en verano. Incluso podría cambiar de color en respuesta a la temperatura exterior. El Self-Assembly Lab del MIT sostiene que "la ropa que se puede usar sin importar el clima ya no pertenece únicamente a la ciencia ficción". Los investigadores han creado "un material inteligente que funciona igual que los poros de la piel humana y que se expande y contrae dependiendo de la temperatura circundante". El material se compacta en climas fríos para proporcionar aislamiento y se relaja cuando sube la temperatura, permitiendo que el aire circule.

La nanotecnología también puede ayudar a evitar en 2030 el punto de no retorno climático al incrementar la eficiencia energética. Hoy en día ya se usan materiales compuestos de alta resistencia en toda clase de productos, desde aviones y automóviles hasta esquís y raquetas de tenis. Estos objetos ayudan a reducir la cantidad de energía requerida para hacer el trabajo. La industria de la construcción cambiará a raíz del uso de materiales más duraderos y ahorradores de energía. "La nanotecnología promete hacer más eficiente el aislamiento térmico, menos dependiente de recursos no renovables", y será "una importante estrategia en el camino hacia la construcción ecológica", indican investigaciones recientes. "La aplicación de materiales de nanoaislamiento para limitar el espesor de las paredes es una de las potenciales características ahorradoras de energía tanto en los edificios actuales como en el patrimonio arquitectónico."

La materia programable también puede usarse como un "repuesto universal". La Agencia de Proyectos de Investigación Avanzada (DARPA) está enfocada en las aplicaciones militares. Mitchell Zakin, una de las directoras de programa de la agencia, explica que "en el futuro los soldados tendrán en la parte trasera de su vehículo una cosa que parece un bote de pintura […] llena de partículas de distintos tamaños, formas y capacidades [como] pequeñas computadoras, materiales cerámicos, sistemas biológicos… las partículas podrán convertirse en lo que el usuario quiera que sean". Si en medio de la batalla "el soldado necesita una llave de un tamaño específico, manda al contenedor un mensaje que provoca que las partículas formen automáticamente la llave. Una vez que ha sido usada, el soldado nota que necesita un martillo. Pone la llave de regreso en el bote, donde se desensambla de regreso en sus componentes y se vuelve a ensamblar en forma de un martillo". De modo similar, la materia programable le permitiría a una aeronave cambiar la forma, densidad o flexibilidad de sus alas para hacerla más eficiente energéticamente en distintas condiciones de vuelo. Estos usos de la nanotecnología ayudarán, sin duda, a reducir el ritmo del cambio climático.

El nuevo campo de la "nanomedicina", por su lado, busca diagnosticar y tratar diversas enfermedades. En 2018 la Fundación Nacional para la Investigación en Cáncer anunció una potencial revolución en la dosificación precisa de fármacos para las células cancerosas. "Estos nanorrobots pueden programarse para transportar cargamentos moleculares que provoquen obs-trucciones *in situ* a la irrigación sanguínea del tumor, lo que provocaría la muerte del tejido y la reducción del tumor", explica uno de los miembros del equipo de investigación. En el caso del cáncer de ovario, las nanotecnologías pueden permitir la detección temprana, cuando la enfermedad apenas afecta unos cuantos cientos de células. Y las nanotecnologías prometen darnos sus-titutos baratos y biodegradables para el plástico que eviten seguir contaminan-do las pesquerías con diminutas partículas dañinas para la vida silvestre y que también pueden entrar en la cadena alimenticia.

Libros electrónicos, vinos y ranas

Todos estos avances tecnológicos suenan como una letanía de triunfos. Las alternativas digitales han desplazado el consumo tradicional de las noticias (el periódico impreso), la música (los discos) y las películas (en paz descanse Blockbuster). The Buggles conmemoraron este proceso con su tema de 1979 "Video killed the radio star" ("El video mató a las estrellas de radio"). Los li-bros electrónicos, por el contrario, aún no suplantan el libro físico en Estados Unidos y en otros países desarrollados. ¿Qué se esconde tras la extraordinaria resiliencia de este formato, posible gracias al invento de Johannes Gutenberg hace 500 años?

Uno sospecharía que el uso de libros electrónicos no ha suplantado a los libros físicos porque los milenials ya no leen libros, pero según el Pew Research Center este grupo reporta que lee más libros en todos los formatos que cualquier otra demografía. Otra posibilidad es que los editores de libros son prisioneros de una "inercia estructural" que disuade a individuos, orga-nizaciones y comunidades de hacer una transición suave de una forma de hacer las cosas a otra que funciona mejor. La inercia se manifiesta como una resistencia psicológica, cognitiva y organizacional a seguir un nuevo modelo y a renunciar a los hábitos, rutinas y procedimientos ya establecidos. Por eso los relojeros suizos desaprovecharon el potencial comercial de las tecnologías del diapasón y el cuarzo, aunque fueron ellos quienes las inventaron. Sin embargo, hay otra posibilidad que tiene que ver con el formato único del libro impreso, perfecto como regalo o como elemento decorativo (para gran disgusto de los verdaderos bibliófilos).

¿Será posible encontrar un principio general que explique por qué los libros electrónicos fracasaron en los mercados desarrollados, pero triunfó el streaming de audio y de video? El analista tecnológico y autor *bestseller* Edwar Tenner sostiene que existen varias razones por las cuales la gente se resiste a abandonar una vieja tecnología a favor de una nueva. La primera tiene que ver con las posibles vulnerabilidades del nuevo objeto. Por ejemplo, el fax es hoy una pieza de museo, pero por un tiempo la gente prefirió seguir usándolo, por cuestiones de seguridad, que enviar documentos escaneados por correo electrónico. Otra posible razón tiene que ver con la estética y la nostalgia. Aunque totalmente eclipsados por los CD y el streaming, las ventas de discos de vinil siguen creciendo dentro de ciertos nichos de melómanos empedernidos. Y a pesar de la popularización de las transmisiones automáticas, algunos amantes de los autos prefieren los estándar.

Tal vez la clave para entender la resiliencia de los formatos resida en que las tecnologías no existen en un vacío, sino dentro de una serie de ecosistemas. Si quieren atraer nuevas generaciones de usuarios y transformar el panorama en el proceso estos ecosistemas deben evolucionar rápidamente mediante la innovación abierta. Las plataformas de libros electrónicos han permanecido básicamente cerradas a los innovadores externos, en particular del lado del software. Como resultado, las funciones de los libros electrónicos siguen siendo limitadas. Además, la investigación indica que leer un libro físico le permite al lector absorber información de manera más eficiente que el mismo material en un lector de libros electrónicos o en una tableta. "La sensación implícita de dónde te encuentras en un libro físico resulta ser más importante de lo que pensábamos", explica Abigail Sellen, científica e ingeniera de Microsoft Research Cambridge en Inglaterra. "Sólo comienzas a extrañarlo cuando compras un libro electrónico. No creo que los fabricantes de libros electrónicos hayan pensado lo suficiente sobre cómo te ubicas dentro del libro."

Y según un artículo publicado en *Scientific American*, "las pantallas y los lectores de libros electrónicos interfieren con otros dos aspectos importantes de la navegación de textos: la serendipia y la sensación de control. La gente reporta que disfruta hojear capítulos ya leídos en un libro en papel, cuando una oración de pronto le trae a la memoria algo que leyó previamente". Los libros electrónicos no son tan interactivos como las revistas digitales. En 2011 se hizo viral un video de YouTube titulado "A magazine is an iPad that does not work" ("Una revista es un iPad que no funciona"). "Una niña de un año desliza el dedo por la pantalla táctil de un iPad y reacomoda grupos de iconos." Luego hace lo mismo con una revista en papel: desliza el dedo, sujeta y presiona la página, pero la frustra comprobar que no pasa nada. "Para mi hija de un año", observa el padre sobre su nativa digital, "una revista es un iPad que no funciona. Y así seguirá siendo durante toda su vida." La generación de los "nativos digitales" que encontramos en el capítulo 2 no parece muy entusiasmada por los libros electrónicos, porque no son más que una versión digital de los libros impresos. Tal vez los libros electrónicos se vuelvan más atractivos si el proceso mismo de crear texto evoluciona. "Algunos escritores", reporta *Scientific American*, "están haciendo equipo con programadores informáticos para producir textos de ficción y no ficción con interacciones más sofisticadas en las que la decisión del lector determina lo que lee, escucha y ve a continuación."

Los libros electrónicos van a la deriva en Estados Unidos y otros países ricos, pero podrían ser una magnífica oportunidad en los países en desarrollo… si nos atrevemos a pensar lateralmente. Uno de los grandes desafíos para el progreso en África es el de educar a una población que crece a toda velocidad. Como discutimos en el capítulo 1, entre 2020 y 2030 nacerán unos

450 millones de bebés africanos, un tercio de los que verán la luz en todo el planeta. La misión de la *startup* sudafricana Snapplify, la mayor plataforma y agregadora de contenido educativo digital de África, es llevar libros a áreas en las que no existen librerías o bibliotecas. Actualmente les da servicio a unos pocos cientos de escuelas y 170,000 niños, de modo que tiene mucho espacio para crecer. Worldreader, una ONG con sede en San Francisco, representa un enfoque diferente: le ofrece a escuelas de los países en desarrollo acceso gratis a una biblioteca de libros digitales mediante lectores de libros electrónicos y teléfonos celulares. En las áreas rurales sin conexión a la red ofrecen una solución integral que incluye paneles solares, hubs USB, iluminación con LED, lectores de libros electrónicos y acceso a la biblioteca digital.

África bien podría convertirse en el principal usuario de libros electrónicos, del mismo modo que se encuentra en la vanguardia de los pagos móviles. Una de las características más contraintuitivas y sorprendentes de este mundo en rápida evolución es que los países y regiones "menos desarrollados" con frecuencia representan la mejor ventana panorámica hacia el futuro, al tiempo que los etiquetados como "desarrollados" están tan casados con las formas establecidas de pensar o de hacer las cosas que les cuesta trabajo desprenderse del pasado. Los "saltos de rana" les permiten a los rezagados saltarse por completo las etapas en las que las innovaciones ocurrieron sólo en forma paulatina.

Además de los libros existen otros ejemplos de resistencia de los viejos formatos. Una diminuta proporción de las ventas de vinos fuera de bares y restaurantes ocurren en línea: un patético 1.8 por ciento en Estados Unidos, 3.3 en Alemania y Japón y 4.3 en Francia. La excepción es China, el mercado más grande del mundo en volumen, donde 19.3 por ciento de las ventas de vinos se hacen en línea. Sólo hay dos países con porcentajes mayores a 10 por ciento: Australia (11.3 por ciento) y Reino Unido (10.3 por ciento), lo que a nadie sorprende dado su amor por esta bebida.

¿Cuál es, exactamente, la resistencia de los consumidores a comprar vinos en línea? Ésta no es para nada una pregunta ociosa. Como punto de comparación, las ventas por internet representan en muchos países más de 50 por ciento de las compras de ropa y calzado. A primera vista esto parece extraño: las tiendas de ropa te invitan a probarte diferentes prendas para ver cuál te queda bien, pero las tiendas de licores rara vez te permiten probar distintas botellas. Tal vez los consumidores promedio saben poco sobre vino y prefieren las recomendaciones en persona de los vendedores. O sienten que el vino que compren en línea puede romperse durante el camino. Tal vez la gente está impaciente y ansiosa de consumirlo de inmediato. Una razón más convincente es que la mayoría de la gente compra vino de último minuto, para una ocasión especial o antes de ir a una fiesta. Todos estos factores entorpecen sin duda el potencial de comercio de vinos en línea, pero ninguno explica por qué China, Australia y Reino Unido son excepciones a la regla.

En China ha sido difícil construir tiendas de licores físicas lo suficientemente rápido, dado el veloz crecimiento de la clase media, como vimos en el capítulo 3. Pero ¿qué ocurre con Australia y Reino Unido? La respuesta es que algunos de estos vinos son embotellados y vendidos con una etiqueta (los vinos *terroir*, más caros y sofisticados) mientras que otros se venden bajo una marca (y son más baratos). En Francia, por ejemplo, hay 27,000 bodegas y la misma cantidad de etiquetas, cada una con sus sabores y características particulares. El vino terroir que se vende como etiqueta no se presta a los canales de ventas en línea tan fácilmente como los vinos estandarizados que se venden bajo el nombre de una marca. Una de las marcas de vino mejor conocidas de Australia es el Yellow Tail. En Australia, Reino Unido y China muchos consumidores perciben el vino más en términos de una marca que de una etiqueta, puesto que el mercado masivo arrancó relativamente tarde, en la década de 1980, y los nuevos consumidores de vino no tuvieron tiempo de explorar las complejidades de los vinos terroir. "Que Reino Unido sea hoy uno de los mayores mercados de vino del mundo", escribe Julie Bower en un artículo de investigación publicado hace poco en la revista *Beverages*, le debe mucho al éxito de [...] la primeras marcas y de las que llegaron a finales de la década de 1990, y para las que Australia desplazó a Francia como fuente de atracción para el mercado masivo". Como ocurre con los libros electrónicos, vemos que la opción en línea captura la imaginación de los consumidores únicamente en circunstancias muy específicas. Sin estas circunstancias no tendrá éxito ni siquiera la más conveniente o barata de las tecnologías.

¿Qué tecnologías vale la pena desarrollar y reinventar?

Dados los retos del envejecimiento poblacional, la degradación ambiental y el cambio climático haríamos bien en pensar con cuidado cuáles son las tecnologías que debemos desarrollar más urgentemente antes de 2030. Los retretes secos y los libros para quienes carecen de acceso a los productos convencionales estarían en los primeros lugares de mi lista personal. Las terapias de realidad virtual para ayudar a la gente a superar condiciones psicológicas o cognitivas crónicas también deberían recibir prioridad. La nanotecnología nos promete liberarnos de algunos de los materiales más hostiles para el medio ambiente, y la impresión 3D podría ayudarnos a ser menos derrochadores. Pero cada una de estas tecnologías puede acarrear sus propias miserias si destruye empleos, reduce nuestra privacidad o estimula la proliferación de *fake news*.

También podemos pensar en las viejas tecnologías y en cómo pueden implementarse de formas nuevas y creativas. Un interesante ejemplo actual de "reinvención de la rueda" es precisamente el volante de inercia, un ingenioso dispositivo que se ha usado por miles de años como parte del torno de alfarero para contribuir a suavizar el movimiento de rotación y a producir cerámica más fina y lisa. Lo más probable es que la inventaran los antiguos sumerios en lo que hoy en día es Iraq. James Watt encontró otro uso para el volante en la década de 1770, cuando unió un disco al eje de su famosa máquina de vapor para que girara a una velocidad constante a pesar de los golpes irregulares de los pistones.

En la década de 2010 una empresa de Massachusetts desarrolló un diseño basado en la batería inercial para ayudar a salvar el planeta mediante el almacenamiento del exceso de energía que de otro modo sería desperdiciada y para regular el flujo de la electricidad en las plantas eléctricas de modo que la generación se haga más eficiente. Su primera instalación en Stephentown, Nueva York, consiste en 200 volantes que pueden almacenar hasta 20 megawatts de energía, suficiente para satisfacer 10 por ciento del consumo eléctrico diario del estado. Para lograrlo los volantes ya no están hechos de piedra o acero sino de ligera fibra de carbono, y se encuentran suspendidos dentro de una cámara de vacío con ayuda de imanes para reducir la fricción. Así, cada volante puede girar a velocidades mayores a las de un motor a reacción y almacenar energía gracias a que conserva su impulso. Al aplicar un freno se puede transformar la energía cinética del volante en electricidad en el momento que se desee. Esta tecnología también promete mejorar el desempeño de los paneles solares en los días nublados y de los parques eólicos cuando el viento se reduce a una brisa o se detiene. Así, la tecnología de la batería inercial está encontrando nuevas aplicaciones en una era de escasez energética y una intensa conciencia ambiental: se trata de reinventar la rueda en respuesta a nuevas tendencias.

A fin de cuentas las tecnologías se popularizan y se adoptan únicamente si hacen eco de algo que ya se encuentra en marcha en la sociedad o la economía. Las nuevas tecnologías ganan si conducen al crecimiento y al acceso, como ocurre con los teléfonos móviles y los libros electrónicos en África o la venta de vinos en línea en China y el Reino Unido. Si de verdad queremos cambiar el mundo, ser realmente revolucionarios, las innovaciones tecnológicas deben ser capaces de montar gigantescas olas demográficas o económicas, como veremos en el capítulo 7.

7. *Imagine no possessions*

Imagine no possessions
I wonder if you can
No need for greed or hunger
A brotherhood of man
Imagine all the people
Sharing all the world...

John Lennon

Linsey Howard no tiene empleo fijo ni automóvil. Está dispuesta a trabajar a cualquier hora y a aprovechar las oportunidades laborales que surjan. Pero no es una inadaptada social ni una trabajadora temporal mal remunerada. Es ingeniera por formación, pero su vida gira alrededor de plataformas de colaboración digital como TaskRabbit, que usa para escoger entre las tareas que publican allí compañías de todo el mundo. Esto se llama gig work (o "trabajitos").

Si termina el trabajo rápido y bien le pagan más. Con frecuencia va al super-mercado tan pronto termina una tarea, como muchos de nosotros. Pero la forma en que llega puede parecernos menos familiar: usa un servicio de bici-cletas compartidas, y de regreso pide un automóvil mediante una app para llevar todas las bolsas a casa. Howard es una de casi 40 millones de personas que trabajan así sólo en Estados Unidos, el doble que en 2018. Algunas llevan a cabo tareas manuales, como distribuir folletos o hacer mandados, mientras que otras, como Howard, se enfocan en los trabajos cognitivos. En un edito-rial de 2018 *The Economist* imaginó el futuro como si lo estuviera viendo en retrospectiva: "Desde 2026 LinkedIn, un servicio de redes profesionales, ofre-ce la garantía de encontrar el trabajador adecuado para cualquier tarea en seis horas o menos, y gracias a un trato con Uber puede asegurar que llegue al lu-gar adecuado en el lapso de un día laboral". Para 2030 podríamos estar com-partiendo una infinidad de cosas: casas, automóviles y empleos.

Las previsiones sobre el tamaño y el impacto de la economía colaborativa en el futuro cercano difieren mucho. La Brookings Institution calcula que para 2025 se multiplicará por 20. Según PwC, una empresa consultora, las mayores tasas de crecimiento se verán en el *crowdfunding*, personal en línea, el intercambio de pares, los servicios de automóvil y el streaming de música y de video. Una extrapolación lineal de estas tendencias indica que para 2030 la economía colaborativa representará más de 30 por ciento del trabajo y el consumo local.

Los primeros en entender el poder de las plataformas de colaboración digital fueron emprendedores que fundaron empresa como Uber y Airbnb. El 19 de enero de 2009 casi dos millones de personas se reunieron en el National Mall en Washington, D. C. para la histórica toma de posesión del presidente Barack Obama. Los hoteles de las ciudades no estaban preparados para ofre-cerle alojamiento a esa multitud de visitantes. Tres amigos y emprendedores en ciernes —Brian Chesky, Joe Gebbia y Nathan Blecharczyk— vieron una oportunidad única para hacer publicidad de los servicios que ofrecían en su sitio de internet, Airbnb. Su visión era que personas comunes pusieran a disposición de los viajeros las habitaciones disponibles en sus casas. Los tres emprendedores desarrollarían el mecanismo para poner en contacto a los potenciales huéspedes con los potenciales anfitriones. El iPhone se había lanzado en 2007, y App Store abrió un año después, con una oferta inicial de 500 apps. Al mismo tiempo Google hizo fácil ubicarse en cualquier lugar gracias a sus herramientas de mapas. Sólo hizo falta una dosis de pensamiento lateral para reunir todos estos elementos en una sola plataforma.

Airbnb se lanzó en octubre de 2007, cuando sus primeros huéspedes se quedaron en una casa adosada en el Market District del sur de San Francisco. Hoy en día Airbnb tiene más de cuatro millones de anuncios en 65,000 ciudades, pueblos y pueblitos de 191 países, y la compañía está valuada en cerca de 40,000 millones de dólares. Como plantea Brad Stone, autor del *bestseller* *Lo que viene*, "Si quieres construir una compañía muy grande tienes que montar una ola muy grande. Y tienes que ser capaz de ver las olas del mercado y las olas de la tecnología en forma distinta que otras personas, y entender las cosas antes que nadie". En este caso la gran ola del mercado fue montada por la intersección de la tecnología móvil y el cambio actitudinal de las nuevas generaciones hacia los viajes y las experiencias (véase el capítulo 2). En su carácter de plataforma doble, Airbnb reunió por un lado a los jóvenes viajeros y por otro a la generación de dueños de casas.

La propuesta de valor de Airbnb reside en los beneficios de la intimidad como experiencia. "Creo que la clave de Airbnb es que somos una comunidad, no una serie de mercancías", dijo una vez Brian Chesky, cofundador y director general. "No viajo para relajarme; viajo para tener experiencias nuevas e interesantes", dice River Tatry, una trabajadora independiente de 23 años residente de Nueva York. "Para mí vale mucho más la pena integrarme en un lugar, aprender algo nuevo, hacer amigos locales que pueda visitar de nuevo y construir comunidad." Es un ejemplo fabuloso del pensamiento lateral que está transformando la economía e incluso nuestros propios hábitos.

El intercambio y el regreso a la "vieja norma"

La economía colaborativa y los bienes de intercambio no son para nada nuevos. De hecho, durante cerca de 90 por ciento de la historia de la que tenemos registro los humanos no sólo sobrevivimos sino que florecimos sin propiedad privada, en particular en lo relativo a la tierra. Con base en los registros arqueológicos de comunidades humanas que datan de antes de la Revolución agrícola y del estudio de poblaciones modernas de cazadores-recolectores en África, los investigadores sugieren que los humanos que no poseen propiedades suelen ser más felices que los que sí. "La llegada de la agricultura, por ejemplo, aumentó el poder colectivo de la humanidad en varios órdenes de magnitud", sostiene Yuval Noah Harari, autor de *Sapiens*. "Y sin embargo, esto no necesariamente mejoró la suerte del individuo [...] Los campesinos en general tenían una dieta más pobre que los cazadores-recolectores [...] El inmenso incremento en poder humano no se ha visto igualado por un aumento equivalente en felicidad humana." Algunas comunidades agrícolas sedentarias incluso han renunciado a la propiedad individual a favor de tierras comunales de pastoreo. Para 2030 la economía colaborativa triunfará, una vez más, sobre la propiedad individual.

Hoy en día los jóvenes le están dando la espalda a la idea de propiedad, y en cambio prefieren usar los bienes de otras personas… a cambio de una suma. Piensan en la propiedad en forma colaborativa, de modo tal que incluso algunas de sus posesiones más íntimas se comparten con terceros en beneficio mutuo. Otros grupos de edad también se van convenciendo de la idea de rentar en vez de poseer. Incluso *Los Simpson*, que siempre han logrado reflejar acertadamente la evolución de nuestra cultura, convirtieron a Marge Simpson en conductora de Uber (hasta el señor Burns ha pedido un Uber). Y el impacto del intercambio apenas comienza. Para 2030 cerca de 50 por ciento de nuestros gastos ocurrirán en forma de consumo "colaborativo" o "compartido", incluyendo automóviles, casas, oficinas, dispositivos y artículos personales de todas clases. Tener está *out;* compartir está *in*.

"Mi generación está pasando de una cultura del 'yo' a una cultura del 'nosotros'", afirma Rachel Botsman, autora de *What's Mine Is Yours: The Rise of Collaborative Consumption* (*Lo mío es tuyo. El nacimiento de la economía colaborativa*). Se trata de "compartir con los teléfonos inteligentes en la era de la conexión permanente". En 2016 la emprendedora milenial Caren Maio sostenía que "en sólo una década el sueño americano de poseer una casa ha perdido parte de su brillo". Por el contrario, "la renta, durante mucho tiempo considerada una solución provisional, comienza su silencioso ascenso como la nueva preferencia estadunidense". *Financial Times* nota que "desde Nueva York y Londres hasta Nueva Delhi y Shanghái, los milenials han comenzado a difuminar las fronteras entre hogar, trabajo y juego al compartir espacios que les ahorran dinero y les permiten hacer nuevos amigos". La revista *Forbes* lo ha llamado la "no-propiedad". "Si alguna vez ser una 'familia de dos automóviles' (o incluso tres o cuatro) era un símbolo de estatus", sostiene Marr, "hoy muchos milenials consideran de mayor estatus vivir en una familia de uno o incluso de cero automóviles, y de usar servicios como Uber, Lyft, CarGo y otros."

Los milenials estadunidenses han tomado por sorpresa a mucha gente con su reticencia no sólo a poseer un automóvil sino incluso a obtener una licencia de manejo. En 2015 sólo 77 por ciento de los estadunidenses de entre 20 y 24 años se había molestado en obtener una licencia, comparado con 92 por ciento en 1983, por ejemplo. Al mismo tiempo, el segmento de la población de entre 15 y 35 años de edad se ha ido volviendo étnica y lingüísticamente más diverso, por el mero hecho de que los inmigrantes recientes suelen tener más hijos. Y sabemos que los inmigrantes y sus hijos tienden a aspirar a casarse, comprar casas y conducir sus propios automóviles. Así pues, aún no sabemos cómo será en 2030 el segmento de los jóvenes consumidores en Estados Unidos y zonas de Europa. Todo depende del comportamiento de los hijos de los inmigrantes, que conformarán al menos dos terceras partes de su grupo de edad.

Las encuestas globales indican que al menos dos terceras partes de los adultos (de todas las edades) estarían dispuestas a anunciar sus casas y automóviles en diversas apps. Y las proporciones son aún mayores en los mercados emergentes, lo cual es un buen augurio sobre el poder de la economía colaborativa en el futuro. La economía colaborativa potencia enormemente el consumo, y su comodidad y bajo costo pone al cliente por delante. Pero también representa un enorme desafío para los individuos y las empresas cuyo bienestar depende de industrias tradicionales —como los hoteles y los taxis— que se ven trastocadas por esta transformación.

Además, al pensar sobre el futuro crecimiento de la economía colaborativa debemos prestarle atención a las dinámicas intergeneracionales que discutimos en el capítulo 2. Por ejemplo, Airbnb reporta que sus anuncios de alquiler crecen más rápidamente entre la población mayor de 60 años que en cualquier otro grupo de edad. La misma tendencia aplica a apps de transporte como Uber y Lyft, en ambos lados del servicio: los conductores y los pasajeros. El éxito de los fundadores de estas plataformas no es casualidad: se trata de una aguda exhibición de pensamiento lateral que unió a milenials y adultos mayores a ambos lados de una misma plataforma.

Ahora veamos qué pasa en el mundo. En Asia-Pacífico, el Oriente Medio y África la proporción de milenials dispuestos a usar plataformas de intercambio de bienes está por encima del promedio global, mientras que en América Latina, Estados Unidos y Europa está significativamente por debajo. Estas diferencias no ocurren entre miembros de la generación silenciosa, los *baby boomers,* la generación X o la Z. Está claro que los milenials son diferentes... hasta ahora.

En muchos sentidos la economía colaborativa trastoca supuestos y aspiraciones básicos que fueron la norma durante generaciones, incluso milenios. ¿Qué es, después de todo, el "American way of life" si eliminamos la aspiración a poseer cosas? Todos los estadunidenses mayores de 40 años crecieron en una época en la que se daba por sentado que la propiedad era una institución, al menos en lo que llamamos el mundo libre. Hay secciones enteras de la economía dedicadas a asegurarse de que compremos, conservemos y nos beneficiemos de la propiedad. Gran parte del sistema legal se trata de proteger la propiedad. A lo largo de la historia muchos escritores y agitadores famosos hicieron ruido por el tema de quiénes son dueños de qué tipos de propiedad. Muchas ideas y manifiestos revolucionarios —¿recuerda a Karl Marx?— promovieron la abolición de la propiedad privada como la forma de curar toda clase de males sociales. Durante mucho tiempo la propiedad privada ha sido la columna vertebral del orden jerárquico social, el factor más importante de la desigualdad y la motivación de muchos tipos de crímenes, en particular la guerra. Y la propiedad se encuentra en los cimientos de la economía de mercado y el intercambio económico. Los préstamos hipotecarios son tan estadunidenses como el pay de manzana. Napoleón dijo una vez que Gran Bretaña era una nación de tenderos. Bueno, pues Estados Unidos se convirtió en una nación de dueños de casas. Los derechos de propiedad son "una expresión cristalizada de diversos papeles del Estado, la política, la ley y la cultura", escribió Andrew Walder, sociólogo de Stanford. "Desempeñan un papel central en la conformación de patrones de desigualdad social y desempeño económico."

Solíamos definir las clases sociales, y por lo tanto el éxito y la felicidad, en términos de las posesiones (o falta de posesiones) de las personas: los aristócratas dueños de tierras, los tenderos, la burguesía comercial e industrial, la clase media dueña de casas, el proletariado, los aparceros, etcétera. Pero la tecnología está creando una nueva categoría social: la "clase colaborativa". La define el estilo de vida, no la propiedad. En buena medida, la tecnología —de la mano de los cambiantes valores culturales— se encuentra tras esta tendencia transformadora. El verbo transitivo *uberizar* ya se volvió parte del lenguaje coloquial, tal como reconoce una entrada ni más ni menos que en el *Collins English Dictionary*: "sujetar (una industria) a un modelo de negocios en el que los servicios se ofrecen bajo demanda mediante el contacto directo entre un consumidor y un proveedor, por lo general mediante una tecnología móvil".*

Si compartir casas y automóviles fuera la única gran tendencia impulsada por las plataformas digitales el impacto no tendría tanta potencia transformadora. Pero el intercambio de bienes apenas es una porción de la "economía colaborativa" en sentido amplio, que también incluye préstamos entre pares, *crowdfunding*, *crowdsourcing*, reventa de bienes, *coworking*, *cofreelancing* y muchas otras formas de cooperación en línea. Lo que amalgama todas las plataformas lanzadas como parte de la economía colaborativa o de la economía gig es que "suelen tener mercados basados en ratings y sistemas de pago en las apps", explica Nathan Heller en *The New Yorker*. "Les ofrecen a los trabajadores la oportunidad de ganar dinero en sus propios horarios, fuera de los códigos de la vida corporativa. Y estos trabajadores han logrado encontrar asideros dentro de industrias ya muy agarrotadas." Si bien muchas de estas formas de colaboración e intercambio han existido durante siglos, lo que resulta novedoso es que las compañías que se dedican ahora a ellas "no sólo representan una nueva forma de pensar en nuevos servicios", sostiene el autor *bestseller* Bernard Marr, "sino una nueva forma de usar los datos efectivamente para ofrecerles servicios a las personas en el momento y en el lugar en el que los quieren". Sin una app y un sistema algorítmico de procesamiento de datos que los soporte, Uber o Lyft jamás habrían logrado despegar. De hecho, muchas de las compañías actuales de consumo colaborativo pueden clasificarse como facilitadoras: no producen o entregan servicios sino que reducen los costos de la transacción, de modo que resulte cómodo y barato colaborar. "Creo que esta-

---

* En español lo aceptan, entre otros, la Fundéu, que lo define así: "La uberización hace referencia a las cada vez más numerosas plataformas de economía colaborativa en las que, gracias a internet y las nuevas tecnologías, unas personas ponen a disposición de otros particulares, sin necesidad de intermediarios, diversos bienes y servicios: una casa o habitación en alquiler, un trayecto compartido, un coche o una plaza de garaje." https://www.fundeu.es/recomendacion/uberizacion-y-uberizar-terminos-validos/ [N. de la T.]

mos entrando a la nueva ola de la civilización humana", señala la emprendedora Caitlin Connors. "Hoy en día los humanos podemos operar de persona
a persona, podemos compartir ideas y negocios sin la necesidad de intermediarios." Las grandes preguntas laterales para 2030 son: ¿la economía colaborativa
contribuirá a hacer un mundo más o menos desigual? ¿Arrasará con los empleos como los conocemos? ¿Puede ayudar a mitigar la crisis ambiental?

"And the world will live as one"

En 2014 Facebook pagó 19,000 millones de dólares por WhatsApp, una app
de mensajería prácticamente sin activos y con menos de 60 empleados. Lo que
hacía de la compañía una compra apetecible era su inmensa base de usuarios,
conformada por 1,500 millones de personas. WhatsApp fue fundada en 2009
por Brian Acton y Jan Koum, dos exingenieros de Yahoo. Koum llegó a Estados Unidos de Ucrania (otro inmigrante emprendedor para añadir a la lista
que analizamos en el capítulo 1), y Acton nació en Michigan. "No queremos
construir una app para engancharse, para que encuentres a algún desconocido
con quien hablar", Acton subrayó alguna vez. "No se trata de eso. Se trata de
tus relaciones íntimas." Koum, mientras tanto, tenía una actitud más ambicio-
sa: "No nos detendremos hasta que cada persona del planeta tenga una forma
accesible y confiable de comunicarse con sus amigos y sus seres queridos".
Mark Zuckerberg, por su lado, una vez ofreció la controvertida explicación
de que a la gente le gusta estar conectada porque "se siente mejor estar más
conectado con todas estas personas. Te hace tener una vida más rica".

Muchos tipos de negocios se benefician de lo que se conoce como efecto de red. De hecho, toda la economía colaborativa depende de ellos. Un
efecto de red positivo ocurre cuando el valor de la red para cualquiera de sus
participantes aumenta con el número de participantes. El teléfono es un ejemplo clásico. Cuantas más personas tengan línea, más útil es mi propia línea

porque puedo llamar a más gente. El teléfono es una red de un solo sentido, puesto que todos los usuarios pueden hacer y recibir llamadas. Por el contrario, ocurre un efecto de red en dos direcciones cuando la mayor participación de un grupo incrementa el valor de la participación para un grupo diferente. La economía colaborativa tiene que ver con los efectos de red de dos direcciones. Cuantas más personas anuncien sus habitaciones, departamentos o casas en Airbnb, más huéspedes llegarán a la plataforma, y viceversa. Como dice la última línea de "Imagine" de John Lennon, *And the world will live as one* ("Y el mundo vivirá como uno solo").

Para 2030 la pregunta clave no es si los efectos de red dominarán la economía sino qué tipo de efecto de red tendrá prioridad. Una dimensión importante será si los efectos de red operan a nivel local, nacional, regional o global. Si bien la mayoría de la gente asume que todos los efectos de red son de naturaleza global, muy pocos en realidad lo son. Por ejemplo, los efectos de red locales resultan cruciales en el caso de los servicios de transporte. Como pasajero, me preocupa cuántos conductores se encuentran cerca cuando necesito un viaje. Del mismo modo, la mayoría de las plataformas de citas casuales dependen de los efectos de red locales. Por el contrario, las apps de emparejamiento suelen tener un alcance nacional. Algunas plataformas dependen básicamente de efectos regionales. Por ejemplo, Airbnb se dio cuenta hace mucho de que la mayor parte del turismo internacional es regional (es decir, dentro de Europa, América Latina, África o Asia) en vez de global. En algunos países grandes —como Estados Unidos o China— la mayor parte del turismo es nacional. Así, mientras que Uber debe crear un buen número de conductores y pasajeros en cada población, Airbnb debe alcanzar una cantidad mínima en cada región. Existen relativamente pocas plataformas globales de dos direcciones.

Como estadunidenses estamos sesgados hacia compañías como Airbnb, Uber, Lyft, WeWord y eBay porque son las que dominan nuestro mercado. Pero deberíamos empezar a ampliar nuestro abanico. En China, por ejemplo, las compañías locales son las reinas indiscutibles, y no sólo son más grandes que sus contrapartes estadunidenses, sino que están expandiéndose internacionalmente a gran velocidad. Incluyen gigantes como Didi (servicios de viajes intercambio de bicicletas), WeChat (redes sociales), Tujia (intercambio de alojamientos) y UCommune (espacios de *coworking*). En 2017 había más unicornios (compañías valuadas en 1,000 millones de dólares o más) de economía colaborativa en Asia que en Estados Unidos. Como vimos en el capítulo 3, para 2030 la situación posiblemente se incline aún más a favor de Asia, gracias sobre todo al rápido crecimiento de las clases medias en la región. La economía colaborativa y de intercambio está creando, sin embargo, segmentos totalmente distintos de consumidores y trabajadores.

Proletarios del mundo, ¡deslicen!

Karl Mark, en colaboración con su coautor y sostén económico Friedrich Engels, llamó a la clase trabajadora a unirse para derribar el orden establecido y mejorar sus condiciones. ¿Quienes laboran en la economía ocasional se encuentran mejor o peor que quienes tienen empleos tradicionales? ¿El ascenso de la clase colaborativa aumenta o reduce la desigualdad? Según Robert Reich, que fungió como secretario del Trabajo durante el gobierno de Clinton, los trabajadores ocasionales son "conductores de Uber, compradores de Instacar y anfitriones de Airbnb. Incluyen trabajadores de TaskRabbit, abogados bajo demanda de Upcounsel y doctores en línea de Healthtap. Son Mechanical Turks".* Todos deslizan las pantallas hacia un lado y el otro en busca de opor-

---

* El Mechanical Turk (turco mecánico) de Amazon es una página de internet de *crowdsourcing* que permite contratar trabajadores a distancia para realizar tareas concretas que requieren inteligencia humana, como identificar imágenes o palabras, responder preguntas y otras. El nombre está inspirado en un autómata con aspecto de turco que construyó Wolfgang von Kempelen en 1770 y que podía jugar ajedrez. [N. de la T.]

tunidades. Reich sostiene que estos "trabajos" son degradantes y mal remunerados. "El eufemismo es el de economía 'colaborativa'. Un término más acertado sería el de la economía 'de migajas'."

Reich considera que la economía colaborativa es la culminación de los esfuerzos emprendidos por las empresas para reducir sus nóminas de tiempo completo y para recurrir en cambio a trabajadores temporales, subcontratados, eventuales e independientes. El crecimiento de la economía gig va de la mano de un incremento en la cifra de trabajadores en empleos no estándar, incluyendo aquellos que fungen como trabajadores independientes de las plataformas del lado del suministro. Los economistas Lawrence Katz y Alan Krueges (quien fuera presidente del Consejo de Asesores Económicos del presidente Obama) estiman que entre 2005 y 2015 estos trabajadores pasaron de ser 10 por ciento a 16 por ciento del total.

Reich no está solo. Guy Standing, un economista británico, acuñó el término *precariat* (una voz compuesta por "precario" y "proletariado") para referirse a esta clase de trabajadores. En un artículo para *Salon* en 2016, Steven Hill ve un patrón en la evolución de las *startups* colaborativas. "Tras anunciarse con bombo y platillo, con un respaldo de millones de dólares en capital de riesgo y con la promesa de revolucionar cómo trabaja la gente y cómo organiza la sociedad las transacciones económicas entre pares", sostiene, "muchas de estas compañías terminaron transformándose en los equivalentes de las viejas agencias de trabajo temporal (y otras sencillamente implosionaron hasta reducirse a nada)." El título del *bestseller* de Hill lo dice todo: *Raw Deal: How the Uber Economy and Runaway Capitalism Are Screwing American Workers* (*Un mal negocio. Cómo la economía de Uber y el capitalismo desenfrenado están acabando con los trabajadores estadunidenses*). Rebecca Smith, subdirectora del Proyecto Nacional de Ley para el Empleo, observa que la economía gig parece habernos hecho viajar hacia atrás en el tiempo, cuando la mayoría de los trabajadores eran casuales, tal como ocurría en el sistema de obreros a domicilio en el que la gente manufacturaba cosas en sus casas, en vez de fábricas. En su opinión, en estas plataformas los usuarios "operan exactamente como los trabajadores agrícolas, los maquiladores de ropa y los jornaleros de antaño".

A pesar de los efectos negativos del empleo precario, algunos investigadores han hallado que la economía colaborativa ayuda a quienes se encuentran en la base de la distribución del ingreso. Usando datos de Getaround, una plataforma de uso compartido de automóviles, los economistas Samuel Fraiberger y Arun Sundararajan, de la Universidad de Nueva York, descubrieron que los mercados de renta entre pares benefician a los consumidores, especialmente los de bajos ingresos. "Es más probable que este segmento cambie de ser propietario a alquilar, ofrece un nivel más alto de demanda en el mercado de pares, contribuye en mayor medida a la oferta de mercado y recibe mayores niveles de ganancias extra." En resumen, concluyeron que la economía colaborativa tiene el potencial de ayudar a los económicamente desfavorecidos tanto en su calidad de consumidores (el lado de la demanda) como de trabajadores (el de la oferta).

Sin embargo, también existe evidencia de que para la mayoría de la gente el dinero que obtiene en la economía gig es un ingreso complementario, no la fuente principal de sustento. Juliet Schor, socióloga de Boston College, decidió evaluar quién se beneficiaba realmente de apps como Airbnb, RelayRides y TaskRabbit. En su estudio cualitativo descubrió que "los proveedores son altamente educados y muchos tienen empleos bien remunerados. Usan las plataformas para incrementar sus ingresos". Durante su investigación, Schor encontró "un abogado, un operador político, consultores administrativos, expertos en tecnología, investigadores médicos, maestros, un contador, un profesor universitario y un representante de ventas" que trabajaban en el lado de la oferta de la economía colaborativa.

Schor argumenta que existe un efecto de exclusión, en la medida en que "muchos están realizando trabajos manuales, incluyendo limpieza, mudanzas y otras tareas que suelen realizar los trabajadores con bajo nivel educativo". Los anfitriones de Airbnb muchas veces se ocupan de las tareas que harían los trabajadores domésticos y los cuidadores tras la salida de cada huésped. En TaskRabbit —la app de mandados que permite pagarles a otras personas para limpiar, conducir, armar muebles, organizar habitaciones, reparar cosas e ir al supermercado— encontró profesionales de alto estatus con trabajos de tiempo completo que realizaban trabajos manuales, incluyendo a un abogado, a un científico biotecnólogo y a un contador. Valeria, estudiante que hace limpieza doméstica para clientes de TaskRabbit, observa que "al principio era muy mala para limpiar. Muy mala. La gente me dejaba malas reseñas […] Porque en mi casa ni siquiera tendía mi cama, ¿sabes? Nosotros teníamos una persona que limpiaba". El resultado, concluye Schor, es un grado cada vez mayor de desigualdad en el ingreso; porque por un lado, las personas mejor educadas reciben ingresos extra y por el otro los menos capaces ven sus dominios tradicionales invadidos por las apps.

Otra fuente de desigualdad producto de la economía gig tiene que ver con que ser anfitrión puede representar una importante fuente de ingresos, pero sólo para los que tienen suficiente dinero como para ser dueños de una propiedad en primer lugar. "Hay que tener dinero para ganar dinero", dice Kiran, un anfitrión de Airbnb entrevistado para el estudio de Schor. Shira, una joven soltera, gana 30,000 dólares al año rentando un departamento, una suma que, afirma, "parece demasiado buena para ser verdad". Schor descubrió que la mayoría de las personas de su muestra que rentaban en Airbnb ganaban más gracias a este servicio que en sus trabajos principales.

Los deseos de ganar un poco de dinero extra suelen tener causas virtuosas. Muchos trabajadores ocasionales jóvenes "usaron sus ingresos de la plataforma para mitigar sus deudas", encontró Schor. "Una pareja que había ganado 11,000 dólares en Airbnb usó el dinero para pagar los préstamos educativos del marido." Pero tal vez el hallazgo más sorprendente del estudio sea que mucha gente considera el trabajo "tecnológicamente avanzado, algo nuevo, algo cool". Algunos, según Schor, pensaban que "estaban haciendo algo ecológico, construyendo vínculos sociales, ayudando a otros o fomentando el intercambio cultural". Otro anfitrión, escribe Nathan Heller en *The New Yorker*, comentó que "Airbnb me permitió regresar a la escuela, convertirme en estudiante de tiempo completo y en fotógrafo de medio tiempo". Como lo plantea Sundararajan, los servicios que ofrece la economía gig "son exitosos porque aprovechan más eficientemente el tiempo de las personas. Es fácil ver que la gente está monetizando su propio tiempo libre".

Lo que muchos trabajadores ocasionales intentan hacer es evitar convertirse en ratones de cubículo como los que aparecen en la tira cómica *Dilbert*. "Tengo una historia que quiero contar mediante mi escritura, y Uber me permite hacerlo", cuenta Kara Oh, una conductora de Uber de 67 años de Santa Bárbara, California, que escribe novelas en la mañana y conduce en las tardes y las noches. Travis Kalanick, cofundador de Uber y exdirector general de la empresa, una vez sostuvo que "los conductores valoran su independencia: la libertad de presionar un botón en vez de un reloj marcador, de usar Uber y Lyft simultáneamente, de conducir casi toda la semana o sólo unas horas". Éste es el principal beneficio que ven otros expertos en la economía gig. Como escribe Diane Mulcahy, profesora emérita de la Kauffman Foundation y catedrática del Babson College en su libro *La economía gig*: "Los empleos tradicionales de tiempo completo son inseguros, cada vez más escasos y ocupados por empleados que querrían hacer algo distinto con sus vidas". Mulcahy cree que las plataformas digitales "pueden ofrecer una alternativa atractiva, interesante, flexible e incluso lucrativa y segura al escritorio corporativo". En su opinión, "existe una tendencia a concentrarse más en el tiempo y las experiencias que en los bienes materiales. El énfasis del nuevo sueño americano es la calidad de vida, no la cantidad de cosas".

Por supuesto, otras personas creen que su trabajo en la economía gig resulta degradante. Katy, egresada de la carrera de abogacía y sin un trabajo acorde a sus credenciales académicas, explica que trabajar en TaskRabbit fue "muy, muy humillante". Katy incluyó su título en su perfil, y explica que la gente "hacía comentarios en los que casi se conmiseraban de mí por tener que limpiar su departamento después de estudiar derecho, y lo odiaba [...] Decían una cosa como 'Ay, qué mal que tengas que hacer esto'. Tenía ganas de responder 'Pues sí, ya sé que está mal. No tienes que recordármelo'". Verónica, que tiene una maestría en ciencias, se negó a recoger un café de Starbucks por ocho dólares. "Pues no, levanta el trasero y ve tú por él [...] No quiero ser como una sirvienta."

El mercado laboral de 2030 puede terminar siendo muy diferente, pues las plataformas de dos sentidos siguen expandiéndose. Tal vez sea cierto que, como sostiene Sundararajan, representan una respuesta eficiente a que algunas personas sean dueñas de cosas que otros desean, o que unas tengan dinero y otras, tiempo. Como Hill reflexiona en *Salon*: "Eventualmente muchas compañías tradicionales pueden terminar por adoptar un mercado laboral basado en apps en formas que aún no podemos anticipar [...] pero eso significa que tenemos que encontrar la manera de organizar una red de seguridad universal y portátil para todos los trabajadores estadunidenses".

¿Un sistema de clases definido por el intercambio?

"Vivimos en un mundo dominado por el principio de propiedad privada", observa Julian Brave NoiseCat, miembro registrado de la nación Canim Lake Bad Tsq'escen en Columbia Británica, Canadá, y activista que promueve los derechos de los nativos americanos. "Los frutos de miles de millones de hectáreas de tierra arrebatada a los indígenas y fraccionada en América, África, Asia, Irlanda y Australia les permitió a los dos imperios angloparlantes —primero el británico y luego el estadunidense— lograr el dominio global." Otros países europeos —desde Dinamarca hasta Bélgica e Italia y desde Países Bajos hasta Portugal y España— también recibieron su parte del botín. Tras la salida de los imperialistas sus descendientes locales siguieron siendo dueños de grandes extensiones de tierras y dominando el sistema político.

Como la mayoría de la gente en el mundo, a lo largo de los años los estadunidenses han desarrollado una relación íntima con la propiedad. "La propiedad", sostiene NoiseCat, "propaga una visión utópica llamada 'el sueño americano', según la cual el trabajo duro, la tierra y el hogar son plataformas de infinitas posibilidades —o al menos formas de escape— en un contexto de dominación del capital." Como vimos en el capítulo 3, ser dueño de una casa y de un automóvil eran rasgos definitorios de la clase media estadunidense. Las elecciones y las políticas gubernamentales con frecuencia eran impulsadas por los intereses de quienes poseían (o aspiraban a poseer) la propiedad.

El estancamiento de la vieja clase media en Europa y Estados Unidos y el aumento en la desigualdad de la riqueza —el 1 por ciento más rico posee más riqueza que el 99 por ciento restante combinado— ponen en entredicho estos preciados supuestos sobre la medida en la que deben protegerse los derechos de propiedad, en particular en lo tocante a la tributación. "Las generaciones anteriores respondieron a crisis similares optando por el comunismo", apunta NoiseCat. "Pero hoy Marx, Lenin y Mao ya no ofrecen una guadaña lo suficientemente afilada como para cortar los tallos del capitalismo." La gente responde a estas tensiones participando en la economía colaborativa, acicateada por la falta de recursos suficientes para asegurarse propiedades y por una clara preferencia por nuevos modos, colaborativos y comunitarios de usar bienes tales como las casas y los automóviles.

Durante mucho tiempo el hecho de poseer una casa y otros bienes costosos ha influido en la conducta política. No queda claro, sin embargo, que esto conduzca a respaldar con más frecuencia las políticas económicas o sociales conservadoras. Diversas investigaciones han encontrado que los dueños de casas tienen más probabilidades de votar y de ser políticamente activos. Si para 2030 la mayoría de estos bienes son compartidos, y no propiedad de una sola persona, podría predecirse una mayor apatía de los ciudadanos y menor disposición a estar políticamente activo o a votar. Dado que la mayoría de los que se encuentran en el lado de la demanda de estas plataformas tienden a ser jóvenes, esto desalentaría aún más la actividad política entre las personas de dicho grupo.

Pero la economía gig tiene otro efecto trascendental sobre la política. El politólogo Jacob Hacker, de la Universidad de Yale, sostiene en su libro *The Great Risk Shift* (*La gran transferencia del riesgo*) que durante décadas los gobiernos y las corporaciones han descargado sus compromisos en los ciudadanos y los trabajadores al proponer una cultura de la responsabilidad individual. La noción de responsabilidad individual se alimenta de valores conservadores y representa un ataque directo a algunos de los ideales progresistas más valiosos, que a partir de la Gran Depresión llevaron a la adopción de redes de seguridad social tanto en Europa como Estados Unidos. Como dijo una vez Bo Fishback, fundador y director general de Zaarly, una plataforma de servicios domésticos, la economía gig ha creado "el mercado laboral voluntario por excelencia, donde no hay excusas para la gente que dice 'No sé cómo encontrar trabajo, no sé cómo empezar'".

El ascenso de la clase colaborativa ha reavivado los debates políticos sobre discriminación. A diferencia de un hotel tradicional, apunta Sundararajan, "un anfitrión de Airbnb puede decidir 'Como éste es mi espacio, sólo quiero cierto tipo de huéspedes en mi habitación extra'". La economía gig desafía las nociones convencionales de discriminación, otro aspecto en el que parece negarse a seguir las reglas tradicionales del juego.

Si las plataformas de trabajo colaborativo están transformando el mercado laboral, el *crowdsourcing* y el *crowdfunding* están revolucionando las campañas políticas. En 2008 la campaña presidencial del entonces senador Barack Obama fue la primera que empleó de manera efectiva estas nuevas herramientas. Su mayor éxito fue reclutar y organizar a millones de voluntarios a través de mensajes de texto e internet, aun antes del crecimiento viral de las redes sociales digitales. Obama tenía unos 850,000 amigos en MySpace, mientras que su oponente John McCain sólo 220,000 y 120,000 seguidores en Twitter, comparados con los 5,000 de McCain, según una fuente. Un estudio apunta que "para John F. Kennedy fue la televisión, y para Barack Obama fueron las redes sociales". Lo más importante es que su campaña recaudó un récord de 800 millones de dólares donados por cuatro millones de personas mediante técnicas de *crowdfunding*. El estudio concluye que "la campaña de Obama de 2008 creó una organización virtual de alcance nacional que motivó a 3.1 millones de donadores individuales y puso en marcha un movimiento de base de más de cinco millones de voluntarios". Lo que no tuvo precedentes en la campaña fue el uso generalizado de nuevas técnicas para alcanzar diversas metas. "Está claro que la campaña de Obama usó estas herramientas para ir más allá de informar al público y de recaudar dinero para movilizar la gente a nivel de calle, y logró la participación política y el voto en las urnas." Y luego la elección de 2016 nos trajo las *fake news* mediante la manipulación de las redes sociales dominantes.

Otro cambio político trascendental, de la mano del ascenso de la clase colaborativa, podría ser que los trabajadores no se retiren, al menos no por completo. Pensemos en la conexión lateral entre el trabajo gig y el retiro. En lo que respecta al comportamiento político, y especialmente al voto, los jubilados son un grupo distinto; como hemos visto, suelen votar más que otros grupos de edad. Si bien muchas personas creen que la proliferación de los trabajadores gig exacerbará el problema de pensiones insuficientes, con frecuencia se olvida que la gente puede trabajar después de la edad de retiro, en particular en ocupaciones flexibles que encuentran agradables. Así, la clase colaborativa de los trabajadores gig podría posponer el retiro, o retirarse parcialmente, con mucha mayor frecuencia que los empleados de tiempo completo. Muchos adultos mayores se vuelven anfitriones de Airbnb porque disfrutan conocer a nuevas personas.

También es cierto que en una época en la que la expectativa de vida sigue subiendo y los sistemas de pensiones públicas y privadas se encuentran bajo una gran tensión, la economía gig podría brindar un poco de alivio. Algunos analistas han escrito sobre la "economía gig como un plan de retiro auxiliar".

Otra posibilidad es que los "empleados con trabajos tradicionales de tiempo completo desempeñen ocupaciones adicionales para llenar los huecos en sus ahorros para el retiro".

Es muy probable que la clase colaborativa de consumidores y trabajadores gig tenga una opinión distinta sobre algunos de los principales problemas políticos: la discriminación, la igualdad salarial, las pensiones y la seguridad social. Gracias a sus horarios flexibles también tenderán a presentarse a votar con más frecuencia que los trabajadores de tiempo completo. La mentalidad de la autonomía y la independencia puede hacer eco tanto de los valores económicos liberales como de ciertos valores sociales más conservadores. Si para 2030 más de 50 por ciento de la fuerza laboral de Europa, Estados Unidos y otras regiones del mundo está conformada por trabajadores gig el panorama político en efecto se verá muy diferente. Pero ¿será que las plataformas digitales monopólicas con cuotas de mercado dominante terminen explotando lo mismo a los trabajadores que a los consumidores?

Demasiado grande para prohibir

En una entrevista con Travis Kalanick, el cofundador de Uber, un entrevistador del *Wall Street Journal* le formuló una pregunta aparentemente inocua sobre la respuesta de la compañía a una orden de cese emitida por la Comisión de Servicios Públicos de California y la Agencia Municipal de Transporte de San Francisco cuatro meses después del lanzamiento del servicio de viajes en esa ciudad.

"¿Alguna vez se detuvieron?"

"No."

"¿Nunca desistieron?"

"No."

"¿Así que básicamente los ignoraron?"

"A ver, una orden de cese es una carta que dice 'Oigan, creemos que tienen que parar', y nosotros estamos diciendo 'No, no creemos que debamos'."

Kalanick se estaba apegando, básicamente, a un viejo principio de Silicon Valley: es mejor pedir perdón que pedir permiso.

Una de las razones por las que la economía colaborativa es tan controvertida es que en buena medida está desregulada. Es tan nueva y tan innovadora que las reglas que existen no se aplican a ella. En ese sentido, es una de las formas principales en las que el mundo como lo conocemos está llegando a su fin.

Uber, fundado en 2009, es una plataforma de dos sentidos que reúne a conductores-dueños de automóviles y pasajeros en beneficio mutuo. Opera en cerca de 900 ciudades y áreas metropolitanas de 73 países. A pesar de la fama de Uber es importante notar que en el mundo existen 4,500 ciudades con más de 100,000 residentes; así pues, la compañía sólo opera en una de cada cinco. Uber busca crear un volumen de conductores en cada lugar con la promesa de una serie casi ilimitada de viajes. A los pasajeros les gusta la comodidad de la app para el teléfono, la disponibilidad de automóviles y el precio del servicio. Un servicio de clasificación por puntos ofrece transparencia.

El único inconveniente es que la mayoría de las ciudades tienen un estricto sistema de licencias para el transporte urbano. Los conductores y los dueños de taxis se cuentan entre los oponentes más rabiosos de los servicios de viajes. La estrategia original de Uber fue sencillamente ignorar los requisitos de autorización. Algunas ciudades toleraron a la compañía porque prometía ofrecerles a los residentes un servicio accesible y conveniente que reducía los embotellamientos e incrementaba los ingresos fiscales. Pero muchas ciudades no la toleraron, acicateadas por los grupos de presión conformados por taxistas. Uber tuvo que aceptar la regulación o los límites a su expansión, y en algunos casos decidió descontinuar por completo sus operaciones. Marcus Wohlsen, un periodista de Silicon Valley, una vez equiparó a Uber con Amazon, una comparación que parece ignorar las diferencias evidentes entre ambos gigantes. "Pero sus historias son parecidas", sostiene. "Una *startup* encabezada por un director audaz, carismático, toma por sorpresa a una industria vieja y decrépita. Crece a gran velocidad y su popularidad explota cuando su marca se convierte en sinónimo del servicio revolucionario que ofrece". Al enfrentarse al contragolpe de la competencia y los reguladores de ambas compañías decidieron seguir adelante, aunque en efecto lo hicieron en forma distinta. ¿A qué le apuestan?

Prácticamente todas las *startups* ambiciosas de Silicon Valley quieren crecer mucho y muy rápido; mucho porque la escala conlleva ganancias, y rápido para evitar que otros emprendimientos imiten el modelo de negocios. En el caso de Uber la estrategia era hacerse "demasiado grande para prohibir". Es decir, la idea era reclutar a las personas que se benefician de sus servicios para defender a la compañía de los intereses arraigados y del deseo de algunos gobiernos municipales de controlar el transporte. Uber creció "en parte gracias a que consideró los obstáculos —ya fueran compañías de viajes compartidos o regulaciones gubernamentales— como inconvenientes con los que había que arrasar", escribió Sheelah Kolhatkar en *The New Yorker*. Pensemos en el ejemplo de Londres, una de las historias de éxito más importantes para Uber. La empresa de viajes comenzó a operar allí en 2012, en anticipación a los Juegos Olímpicos de Invierno. Hoy en día tiene 40,000 conductores activos en esta ciudad y la sorprendente cantidad de 3.5 millones de usuarios regulares. Según Kolhatkar, al tratar de crecer la empresa enfrentó distintos tipos de competencia: "se trataba de un oficio dominado por un gremio de hábiles conductores que encontraba a sus clientes en las calles, y de una industria paralela de conductores ocasionales y choferes privados que se ganaban discretamente la vida en los márgenes". En junio de 2014 los *black cabbies* (como se conoce a los conductores autorizados) organizaron su primera protesta contra Uber. "En el transcurso de la tarde, entre cuatro y 10,000 *cabbies* dejaron de trabajar [...] bloquearon el paso en Lambeth Bridge y paralizaron desde Westminster hasta Piccadilly Circus [...] Las descargas de Uber subieron 850 por ciento", reportó *The Guardian*. "La protesta de los taxistas —su crudeza, la publicidad involuntaria que le hizo a Uber— puede interpretarse como el clásico comportamiento chapucero de los líderes de un mercado que tiene las horas contadas."

Las agresivas tácticas de crecimiento de Uber deben entenderse en el contexto de los efectos de red locales que subyacen en su estrategia. Cuantos más conductores y pasajeros haya en su plataforma en una ciudad particular, mejor. Este enfoque se centra, así, en expandir su base de apoyo tan rápido como sea posible. "La transformación que hizo Uber de la industria mundial de los taxis se basa en un teorema", apuntó *The Guardian*. "Consiste en que al añadir grandes volúmenes de pasajeros y de conductores a un mercado dado —la liquidez— los taxis pueden hacerse más baratos y los conductores pueden ganar más al mismo tiempo." Como plantea Marcus Wohlsen, "Cuantos más pasajeros pueda meter Uber en sus automóviles y cuanto más pueda acostumbrarlos a considerarlo una opción sencilla y práctica, menos incentivos tendrán los políticos para insistir en el caso de Uber". El asunto es que "al reducir drásticamente sus precios Uber no sólo multiplica su base de clientes: cultiva electores […] Si Uber logra sobrevivir sus muchas batallas políticas posiblemente se convierta en una empresa gigantesca y enormemente valiosa. Para los inversionistas habrán sido 1,000 millones de dólares bien gastados". A pocos días de que Londres prohibiera Uber en 2017 cerca de 800,000 personas firmaron una petición a favor de la compañía. Los reguladores no tuvieron más opción que permitir que Uber operara hasta que el recurso de apelación se resuelva, en algún momento en el futuro cercano. Ésta es la clase de pensamiento lateral que le permitió a Uber crecer tanto: apostó a que los conductores y los pasajeros vendrían a su rescate si lo vetaban. Se había vuelto demasiado grande para prohibir.

Lo verdaderamente revolucionario de la economía colaborativa es que subvierte los papeles y las relaciones socioeconómicas. Uber le promete un ingreso complementario a los trabajadores de bajos ingresos y a las personas retiradas, y autoempleo a los desempleados. A los conductores les gusta su flexibilidad y transparencia, y la app les resulta liberadora, porque ya no tienen que depender de un despachador. Los pasajeros disfrutan de un mayor número de opciones y de un servicio que puede llegar hasta los suburbios desfavorecidos y los barrios pobres de las ciudades. La compañía también afirma que la incidencia de conductores borrachos se ha ido reduciendo gracias a la presencia de Uber. Hasta Mothers Against Drunk Driving (Madres contra los Conductores Borrachos), la influyente organización comunitaria, se ha aliado con la compañía para ofrecer viajes gratis en ciertas fechas importantes, como graduaciones de preparatoria o días de partidos de futbol, que es cuando los jóvenes más se arriesgan a manejar en estados inconvenientes.

Uber aprovechó distintas tendencias sociales y las amalgamó gracias al pensamiento lateral.

¿Es posible que, siguiendo la misma lógica, las plataformas digitales ayuden a mitigar el cambio climático?

¿Matar al planeta o salvarlo? La tragedia de los comunes digitales

En 2017 un lector del *Financial Times* escribió una carta al editor en la que sostenía que "Uber era un ejemplo de libro" de la tragedia de los comunes. Tenía en mente lo que pasaba en San Francisco, una ciudad en la que los turistas y los empresarios necesitan opciones cómodas de transporte. Y sin embargo, la ciudad tiene una capacidad de tráfico limitada. "El resultado son calles atestadas, con el lamentable resultado que era de esperarse", incluyendo bajos salarios para los conductores, un servicio mediocre, producto de conductores sin experiencia, embotellamientos y contaminación del aire. En un artículo de opinión publicado en *The Guardian* la columnista Arwa Mahdawi notaba que, según Airbnb, "el mercado de rentas de corto plazo es una forma genial de promover las comunidades, de revitalizar los vecindarios, de ayudar a la gente de a pie a llegar a fin de mes y de lograr la paz mundial". Al mismo tiempo Airbnb contribuye al encarecimiento de la vivienda, expulsando a los posibles compradores y arrendatarios. Y los vecinos se quejan no sólo del aumento en el precio de las rentas sino también del ruido y las perturbaciones a su rutina diaria. Mahdawi concluye que "la así llamada economía colaborativa debería llamarse la economía de 'monetizar todo lo se que pueda'". Las casas ya no son una señal de estatus para la gente de clase media. Se han convertido en una oportunidad de "monetización".

Puesto que esta espada de doble filo resulta importante en todos lados, desde los barrios de Barcelona hasta las calles de la ciudad de Nueva York, debemos reconocer las desventajas que acarrea esta ruptura, que pueden ser tanto sistémica como sistemática.

Hace muchos años Adam Smith, el esclarecido escocés que consideramos el fundador de la economía moderna, sostuvo que: "No es de la benevolencia del carnicero, cervecero o panadero de donde obtendremos nuestra cena, sino de su preocupación por sus propios intereses". La implicación lateral es que "la mano invisible" del libre mercado constituye el mejor mecanismo posible para los consumidores y para los productores; los primeros pueden buscar entre diferentes opciones para encontrar un buen negocio y los segundos obtener una ganancia al satisfacer esas necesidades. Esta intuición básica funciona en muchas circunstancias, pero hay al menos dos excepciones notables (y bien conocidas).

La primera fue identificada por John Nash, el matemático que saltó a la fama por la película *Una mente brillante*. Nash demostró que no se puede predecir el resultado de las decisiones de diversos actores si éstas se analizan por separado. En la película esta idea fundamental ayuda a explicar algo que sucede en un bar y que desencadena el pensamiento lateral de Nash: observa cómo varios estudiantes varones cortejan a la misma mujer, pero ella los rechaza a todos; este acontecimiento inspira a las otras mujeres en el bar a hacer lo mismo, puesto que ninguna quiere ser vista como la segunda opción. Nash opina que se trata de un resultado perjudicial tanto para las mujeres como para los hombres involucrados. El ejemplo le ayudó a identificar una falla en la teoría de Smith, ampliamente aceptada, de que en los mercados libres las conductas competitivas benefician a todos los actores.

La segunda excepción notable a las maravillas de los mercados controlados por los intereses egoístas es el sistema de intercambio de recursos conocido como los comunes, en donde el abuso egoísta del bien común por parte de algunos individuos conduce al agotamiento del recurso para todos los demás. El primero en observar el problema fue el economista británico del siglo XIX William Forster Lloyd, que escribió sobre los peligros ambientales del pastoreo irrestricto en las tierras públicas. Pronto hubo filósofos, ecólogos, antropólogos y científicos políticos que usaron esta perspectiva para estudiar todo, desde la contaminación del aire y el agua hasta el agotamiento de las pesquerías y el deshielo en Groenlandia. Fue el ecólogo Garrett Hardin quien acuñó el término *tragedia de los comunes* en un famoso ensayo que publicó la revista *Science* en 1968. El *abstract* decía así: "El problema de la población no tiene una solución técnica; requiere una extensión fundamental en la moral". A Hardin le preocupaba sobre todo el crecimiento poblacional y lo que significaba para el futuro de los limitados recursos del planeta. Recordemos que alguna vez la gente creyó que un exceso de bebés provocaría el fin del mundo, como vimos en el capítulo 1. Para él, el problema radicaba en una escasez de buenas intenciones y de buenas instituciones.

Algunas personas reaccionan con fuerza, y a veces con violencia, contra Uber y Airbnb porque ven una tragedia de los comunes en proceso. Temen que si no se regulan los viajes éstos ocasionen más tráfico en las calles. O que los conductores de Uber sean más propensos a accidentes que los choferes de taxi. O que una clase no profesional de conductores abuse de los pasajeros. Y señalan el peligro de que un sistema de transporte público ya bastante maltrecho se deteriore aún más si es puesto a competir contra las apps y los servicios de viajes. Por ejemplo, en la ciudad de Nueva York, Uber le robó clientes a los taxis de Manhattan sólo de la calle 50 hacia abajo, pero su presencia condujo a un aumento de 40 por ciento en los viajes del resto de la ciudad en comparación con la época pre-Uber, lo cual ha exacerbado los problemas de tráfico y reducido el apetito por la inversión en el transporte público. Del mismo modo, si bien los servicios de Airbnb pueden conllevar algunos beneficios, la compañía también ha sido acusada de atraer una cantidad excesiva de turistas, de degradar los vecindarios y de aumentar tanto el precio de las rentas que las ciudades se vuelven incosteables. ¿En qué términos deberíamos pensar sobre estos beneficios y problemas, que suelen venir juntos?

En defensa de las plataformas de intercambio digital permítame plantear tres argumentos laterales. El primero es que el intercambio puede ayudarnos a aligerar la presión sobre los recursos naturales, al reducir la necesidad de tener un gran inventario de vehículos en buen estado, por ejemplo. El estadunidense promedio sólo usa su automóvil durante 6 o 7 por ciento del tiempo a lo largo de la semana. Así, compartir automóviles podría ser, en efecto, un mejor uso de los recursos existentes.

El segundo es que las personas están dispuestas a pagar para compartir bienes y servicios porque añade valor a sus vidas. Al usar datos de 48 millones de sesiones de UberX en las cuatro ciudades más grandes de Estados Unidos, Steve Levitt, coautor de *Freakonomics*, y sus colegas estimaron que gracias a Uber los consumidores recibieron ganancias imprevistas implícitas aproximadamente 1.6 veces mayores que el costo mismo de los viajes. Esto se traduce en cerca de 18 millones de dólares al día sólo en esas cuatro ciudades. "Si Uber desapareciera inesperadamente por un día esto es lo que perderían los consumidores.".

El tercer argumento a favor del intercambio es, tal vez, el más importante. Sencillamente no es cierto que la tragedia de los comunes sea inevitable cada vez que a las personas se les da libertad para usar un recurso compartido. La brillante politóloga Elinor Ostrom —la primera mujer en ganar un premio Nobel de Economía— es una de los muchos estadunidenses que cuidaron un "jardín de la victoria" (otro tipo de agricultura urbana) durante la Segunda Guerra Mundial, con ayuda de su madre. Esta experiencia la llevó a pensar que, en ciertas condiciones, la gente sí coopera por el bien común. Ostrom pasó la vida estudiando toda clase de situaciones en las que las personas comparten recursos, incluyendo policías comunitarias, cría de langosta, bosques, sistemas de irrigación y, sí, tierras de pastoreo. Su argumento es que la tragedia de los comunes puede evitarse cuando la gente se organiza desde abajo para evitar el agotamiento de recursos y el colapso de los ecosistemas. Su recomendación fue definir reglas claras para el intercambio de recursos, establecer mecanismos de resolución de conflictos, diseñar una escala de sanciones escalonadas para los infractores y fomentar un compromiso con la autodeterminación comunitaria basada en la confianza.

En cierto sentido Ostrom exhorta a los usuarios a organizarse y administrar los recursos comunes por su cuenta, sin esperar a que el gobierno los regule. La que se conoce como ley de Ostrom establece que "una distribución de recursos que funcione en la práctica puede funcionar en la teoría", demostrando así que las iniciativas de base pueden operar bien cuando fomentan el bien común. Tal vez ésta sea la mejor forma de garantizar que la economía colaborativa funcione para todos, es decir, para quienes participan en ella y para quienes se ven afectados por ella.

"No tires esa lechuga. Compártela"

"Aproximadamente 30 por ciento de la comida que se produce en el mundo se desperdicia", escribe Martin J. Smith. La app OLIO les permite a los vecinos y a los negocios locales compartir comida para evitar que se vaya a la basura. La app hizo su debut en 2015 y hoy tiene dos millones de usuarios en 49 países. Su lema es: "Comparte más. Tira menos". Por ejemplo, los vendedores pueden contribuir con comida que está a punto de llegar a su fecha de vencimiento, particularmente en el caso de las frutas y verduras. Las plataformas digitales y los bancos de comida, que durante mucho tiempo han recibido mercancía que no vendieron los minoristas, pueden contribuir conjuntamente a reducir el desperdicio y la huella de carbono asociada con él.

Algo parecido ocurre con la *startup* estadunidense Rent the Runway, que al rentar prendas en vez de venderlas procura que la moda resulte más sustentable. "Cada vez que rentas algo ahorras toda el agua, la electricidad y las emisiones que se usan para fabricar una prenda nueva", afirma la compañía. "Las mujeres promedio tiran 37 kilos de ropa al año."

Evitar el desperdicio innecesario de comida y ropa puede reducir hasta en 10 por ciento las emisiones globales de carbono. Después del petróleo, se trata de las dos industrias que más contribuyen al cambio climático. "En un mundo intercambiable, cosas como compartir los automóviles, intercambiar ropa, las guarderías cooperativas, las cenas comunitarias y la covivienda hacen la vida más divertida, ecológica y asequible", observa la revista en línea *Shareable*. "Cuando compartimos no sólo hacemos posible una vida mejor, sino un mundo mejor." *Scientific American* sugirió que "compartir es querer".

Los estudios sobre los beneficios ambientales del intercambio no han producido resultados consistentes. Un estudio encontró que la plataforma digital Craiglist reduce significativamente la eliminación de desechos tan pronto comienza a operar en una ciudad. Servicios de viajes compartidos como Zipcar también han contribuido a reducir los embotellamientos y las emisiones. El Consejo de Investigación para el Transporte encontró que en Estados Unidos "cada vehículo compartido reemplaza al menos cinco vehículos privados"; otros estudios sitúan la cifra en 13. Los conductores que comparten en Waze información sobre el estado de la calle y el tráfico ayudan a reducir los embotellamientos y el uso de combustible. Uber, Lyft y los otros servicios de viajes aseguran que contribuyen a un ambiente más eficiente y limpio.

Y sin embargo, la investigación que dirigió Regina Clewlow en la Universidad de California en Davis muestra que en las grandes ciudades estadunidenses las plataformas de viajes han dado como resultado "más automóviles, más viajes, más kilómetros", pues cuando la gente tiene acceso a alternativas más convenientes rehúye el transporte público: "Es probable que la movilidad compartida aleje a los estadunidenses de las ciudades más grandes de los servicios de autobús y tren ligero (una reducción de 6 y de 3 por ciento en su uso, respectivamente)". Al mismo tiempo, los viajes compartidos complementan otras formas de transporte. Por ejemplo, el uso de trenes suburbanos aumentó 3 por ciento, y se camina 9 por ciento más. El efecto neto, sin embargo, parece ser negativo. "Actualmente estos servicios facilitan un alejamiento de modos más sustentables a favor de vehículos de baja ocupación en las grandes ciudades."

Del mismo modo, Airbnb asegura que los viajeros que se quedan con uno de sus anfitriones usan mucha menos energía por estancia que si rentaran un cuarto de hotel. La compañía le encargó un estudio a Cleantech Group, una consultora que descubrió que "sólo en un año los huéspedes de Airbnb en Norteamérica ahorraron el equivalente a 270 albercas olímpicas de agua, al tiempo que evitaron producir emisiones de gases de efecto invernadero equivalentes a 33,000 automóviles en las calles de Estados Unidos". En la Unión Europea las cifras eran aún más altas: el ahorro de agua equivalía a 1,100 albercas olímpicas y el ahorro de emisiones de 20,000 automóviles. Airbnb asegura que en Norteamérica más de 80 por ciento de los anfitriones tienen al menos un electrodoméstico ahorrador de energía. El estudio también reportó que los huéspedes de Airbnb usan entre 10 y 15 por ciento más el transporte público, la bicicleta o la caminata que los huéspedes de hoteles, aunque los usuarios de Airbnb son en promedio mucho más jóvenes que los clientes de hoteles. Estas cifras no se han verificado en forma independiente.

Tampoco está claro si el intercambio de bienes subutilizados produce una ganancia neta para la sociedad. Por ejemplo, en muchos casos los automóviles están inactivos más de 90 por ciento del tiempo, pero si sus propietarios los usaran como fuente de ingreso a través de Uber o Lyft el kilometraje subiría rápidamente y durarían menos. Si los automóviles se deprecian más rápido tendrán que sustituirse antes. ¿Es mejor usar un automóvil 5 por ciento del tiempo a lo largo de 10 años o usarlo 50 por ciento del tiempo durante un lapso menor? No hay una respuesta fácil, porque sin importar cuánto se usen, los automóviles pierden valor con el tiempo, en parte porque se vuelven obsoletos en la medida en la que se lanzan nuevos modelos. Si para 2030 una proporción importante de los automóviles privados se usaran en plataformas de viajes compartidos no queda muy claro cómo beneficiaría esto a la sociedad. Por ejemplo, si los automóviles se deprecian más rápidamente necesitamos pensar, en formas concretas, cómo reciclarlos o desecharlos en mayor número, en especial cuando las calles se vean inundadas de nuevos modelos. Y el auge de los viajes compartidos puede reducir la dependencia del transporte público. Así, este modelo puede tener efectos negativos para el medio ambiente.

El caso del alojamiento compartido tiene tanto similitudes como diferencias con el de los viajes. Muchas personas dejan con frecuencia su residencia primaria para irse de vacaciones o a un viaje de negocios. Muchos de ellos tienen habitaciones extra que podrían rentar. Desde una perspectiva económica tiene sentido monetizar un activo que permanece ocioso de vez en cuando. Resulta útil que las casas no se deprecien tan rápido como los automóviles, y que las implicaciones ambientales no sean tan negativas cuando se comparan con los hoteles, la alternativa tradicional.

En general, excepto tal vez por los viajes compartidos, la economía colaborativa promete ayudar a preservar los recursos del planeta. En un estudio internacional que realizó el banco neerlandés ING, la gente reportó que usa las plataformas de intercambio porque cree que son buenas para el medio ambiente y ayudan a construir comunidades. Cuanto más popular es una app colaborativa, más gente cree en esos beneficios ambientales.

El intercambio y el futuro

En su papel de milenial paradigmática, Linsey Howard está interesada en hacer lo que sea para proteger el medio ambiente y reducir las emisiones de carbono.

Renunció a un empleo estable para realizar trabajos bajo demanda, en parte porque quería evitar los desplazamientos. Howard representa el epítome del "trabajador desempleado" que en realidad sí trabaja. Al desdibujar conceptos como empleo y oficina, propiedad y acceso, la economía colaborativa está creando una nueva realidad. Compartir en una sociedad de redes quiere decir que lo que alguna vez fue un empleo ahora se descompone en tareas que pueden hacer distintas personas que trabajan desde casa o en espacios de oficina que alojan a distintos trabajadores en diferentes momentos. La propiedad pierde parte de su significado porque el acceso y el uso fraccionados ofrecen flexibilidad y bajos costos. Lo que subyace culturalmente ya no es el deseo de poseer sino el de disfrutar y experimentar, una concepción del mundo consistente con las ideas de igualdad de oportunidades y comunidades fuertes. Para volver a la letra de John Lennon, *"Imagine no possessions…"* ("Imagina no tener nada").

Estos cambios coinciden con gigantescos vuelcos demográficos y tecnológicos y tienen el potencial de crear una transformación generalizada del orden social. ¿Será que podemos seguir dando por sentados el matrimonio, los hijos, los efectos del envejecimiento, los trabajos de manufactura, las hipotecas, las ciudades y las computadoras personales? ¿Y qué hay de una de las instituciones más dominantes: el dinero? Pasemos al capítulo 8 para averiguarlo.

8. Más divisas que países

> **IMPRIMA SU PROPIO DINERO, EL *BLOCKCHAIN*
> Y EL FIN DE LA BANCA MODERNA**

Si me permiten emitir y controlar el dinero de una nación no me importa quién hace las leyes.

Mayer Amschel Rothschild, banquero

Casi toda la gente que vive hoy en el planeta creció en un mundo en el que cada país tenía distintos símbolos de soberanía: una bandera, un líder y una moneda. Pero para 2030 algunas de las divisas más importantes del mundo no serán emitidas por los gobiernos sino por las empresas, o incluso por las computadoras. Sin embargo, en la actualidad muchas personas consideran esta posibilidad una peligrosa herejía.

Cuando observó por primera vez el uso del papel moneda en China a fines del siglo XIII, Marco Polo se sintió sobrecogido por el asombro. Observó que "todos estos trozos de papel se expiden con tanta solemnidad y autoridad como si fueran oro o plata puros". El primero que puso en circulación este extraño papel fue Kubla Kan, el fundador de la dinastía Yuan y nieto de Genghis Kan, el implacable conquistador mongol, en 1260. El papel moneda moderno se popularizó siglos después, al calor de la rivalidad anglofrancesa. En 1694 a los cortesanos del rey Guillermo III se les ocurrió una forma novedosa de financiar las interminables guerras de Inglaterra contra su enemigo al otro lado del canal de la Mancha: se le dio al Banco de Inglaterra, una nueva compañía en manos privadas, el derecho de aceptar del público depósitos de lingotes de oro y de emitir billetes que pudieran volver a ser intercambiados.

En cierto sentido tener más divisas que países no sería tan inaudito: hasta finales del siglo XIX era relativamente común ver circular billetes comerciales de bancos e incluso empresas que hacían las veces de moneda con el fin de extender créditos o realizar pagos. Y los banqueros no dudaban en aprovechar esta nueva tecnología. Cuenta la leyenda que los banqueros Rothschild usaron palomas mensajeras para enterarse de la derrota de Napoleón en Waterloo en 1815 antes que nadie más en Londres, y que usaron esa valiosa información para obtener jugosas ganancias en el mercado de bonos.

Agobiados por la falta de control sobre las monedas circulantes dentro de sus dominios territoriales y por las recurrentes crisis bancarias, hace unos 150 años los gobiernos decidieron establecer monopolios nacionales para la impresión y la circulación de divisas. En 2030 estos monopolios de las divisas nacionales se habrán erosionado, del mismo modo que ocurrió con los monopolios en las aerolíneas, la electricidad y las telecomunicaciones. Las monedas nacionales seguirán predominando, pero también dispondremos de alternativas digitales.

Para imaginar un futuro en el que compartan escenario las monedas tradicionales, las criptomonedas y otros tipos de piezas simbólicas primero tenemos que entender cómo funciona el dinero. Para hacerlo consideremos el atractivo ejemplo de Salvador Dalí, uno de los artistas más celebrados del siglo XX y un personaje pionero del surrealismo; hoy en día sus óleos se venden por millones de dólares. Dalí también era un astuto empresario. Una vez invitó a un grupo de amigos a una cena en un costoso restaurante de la ciudad de Nueva York. Cuando llegó la hora de pagar el excéntrico artista pensó en forma lateral y decidió hacer un pequeño experimento. En el revés del cheque que había firmado para pagar la cuenta trazó un boceto con su inimitable estilo, lo autenticó con una firma y se lo entregó al mesero, que se lo dio a su vez al gerente del restaurante. En circunstancias normales el cheque habría sido endosado y enviado a depositar al banco, pero éste no era un cheque normal. Al ver el boceto y reconocer al artista que lo hizo, el gerente decidió enmarcar el cheque y colgarlo en la pared para que todos lo vieran (figura 9).

Figura 9

Dalí quedó encantado, e hizo el mismo truco varias veces más. Y en efecto, en las paredes de varios restaurantes aparecieron enmarcados cheques con bocetos de Dalí. Pensemos lo atípico de esta situación: el dinero que se ofreció para pagar la cuenta nunca se depositó, puesto que los cheques se transformaron en obras de arte y cobraron vida propia. Para Dalí esta maniobra fue un golpe genial: podía imprimir su propio dinero (sus dibujos tenían valor) y la gente estaba dispuesta a aceptarlo como medio de pago. Por supuesto, como puede ocurrir con el dinero real, Dalí devaluó su valor al "imprimir" muchos de ellos, y el valor de los dibujos comenzó a caer hasta ser menor al valor de la comida. Los gerentes de los restaurantes terminaron por espabilarse.

La moraleja es que cualquiera puede imprimir dinero que circule como medio de pago siempre y cuando los demás confíen en él y lo encuentren cómodo de usar. Las formas alternativas de dinero pueden usarse como vehículos de inversión, es decir, que la gente supondrá que el valor de ese dinero se aprecia con el tiempo. Pero como ocurre con las divisas nacionales, cualquier tipo de dinero puede fracasar a causa de las leyes de la oferta y la demanda, pues una oferta excesiva deprecia su valor y reduce la disposición de la gente a usarlo.

·

Hoy en día se sigue dependiendo internacionalmente del dólar estadunidense como principal medio de pago, unidad de cuenta y moneda de reserva. Más de 50 por ciento de las deudas, préstamos y reservas internacionales existen en forma de dólares, y cerca de 45 por ciento de los cambios de divisas y los pagos globales lo emplean. En lo que respecta al comercio, más de 80 por ciento se factura en dólares. La supremacía de los billetes verdes en las finanzas y el comercio internacionales, sin embargo, se irá poniendo en entredicho conforme más nos acerquemos a 2030.

Los mercados emergentes ya representan más de la mitad de la economía global. Además, China es ya la principal nación comercial y está cerca de convertirse en la mayor economía. Pero la gente no confía en su moneda, el renminbi ("dinero del pueblo", en mandarín), ni siquiera en China. No es convertible, no se negocia libremente ni está sujeta a flujos libres de capital. Si China se convierte en la principal potencia económica del planeta será la primera vez en la historia que un país con este estatus no controle la moneda fiduciaria. Cuando Roma dominó el mundo Mediterráneo imperaba el *aureus*. Durante el auge de Bizancio los comerciantes honraban el *solidus* (el mejor nombre que se le ha dado a una moneda si me preguntan a mí). Cuando Florencia dominó el comercio, el *fiorentino* se usaba ampliamente. Luego vino el *guilder* neerlandés, el real de a ocho español (apodado "dólar español", porque se usó en forma generalizada en los primeros días de Estados Unidos), la libra esterlina británica y, por supuesto, el dólar estadunidense. Cada economía o imperio dominante tuvo una moneda en la que todos confiaban y que todos usaban.

"No existe el almuerzo gratis"

Como nos recuerda Milton Friedman, uno de los economistas más famosos del siglo XX, todo tiene su precio. El dinero es un dispositivo ingenioso y muy particular basado en la confianza. A veces las monedas emitidas por un gobierno están respaldadas por activos reales, como el oro, una estrategia que adoptaron los británicos durante diferentes periodos para estimular la confianza y prevenir que los políticos gastaran o se endeudaran de más. Por supuesto eso requería tener oro de verdad, lo que llevó a los ingleses a ir a la guerra dos veces contra los bóers en Sudáfrica, donde existían importantes depósitos del metal. En 1944 Estados Unidos también adoptó el patrón oro para estabilizar el sistema financiero global en los últimos días de la Segunda Guerra Mundial. Más tarde, en 1971, cuando se disparaban los déficits y la Reserva Federal seguía imprimiendo dinero, el presidente Richard Nixon acabó con este mecanismo. Desde entonces han proliferado en todo el mundo la volatilidad de las divisas, la especulación y las crisis económicas.

Con frecuencia les digo a mis alumnos que no pueden entender plenamente el valor del dinero a menos que hayan experimentado de primera mano la realidad de un país que sufre hiperinflación (la severa erosión del valor de una moneda asociada con el rápido aumento de los precios). Ésta es una de las preguntas que les hago: en dichas circunstancias, ¿tomarían un autobús o un taxi? La mayoría de mis alumnos responde que si se enfrentaran a un rápido aumento de los precios tomarían la alternativa más barata (el transporte público). Pero cuando la inflación alcanza las tres cifras los precios relativos no son tan importantes como la sincronización. En otras palabras, te conviene más tomar un taxi porque lo pagas al final del viaje, cuando el valor de la moneda ya bajó, mientras que en los autobuses tienes que pagar al subir. Un indicador de que la inflación se ha vuelto problemática es cuando resulta relativamente "más barato" tomar un taxi que un autobús. Del mismo modo, la inflación beneficia a los deudores, pero no a los prestamistas.

Milton Friedman dijo una vez que "la inflación es siempre, y en cualquier lugar, un fenómeno monetario, en el sentido de que sólo puede ser producida por un incremento más rápido en la oferta monetaria que en la demanda monetaria". En otras palabras, la inflación se da cuando hay demasiado dinero para comprar muy pocos bienes, como ocurrió en las prósperas ciudades del oeste estadunidense durante la fiebre del oro, o en las grandes planicies durante el auge reciente del petróleo de esquisto. De aquí se desprende que si tienen en mente el bienestar económico de los ciudadanos los gobiernos harían bien en controlar la oferta de dinero. Ésta es una forma de entender la política monetaria (es decir, la política adoptada por el banco central de un país). Pero por cada economista que concuerda con el enfoque de Friedman hay otro que piensa que esta ortodoxia monetaria es demasiado rígida para enfrentar los altibajos del ciclo económico. Friedman tenía razón, sin embargo, al sostener que "la inflación es la tributación sin representación", un fenómeno que desordena los mercados, confunde a los tomadores de decisiones y eventualmente empobrece a la población. Él estaba a favor de una tasa estable de crecimiento monetario, y pensaba que una computadora administraría la política monetaria mucho mejor que la Reserva Federal.

Entran a escena las criptomonedas

Conforme nos acercamos a 2030 la tecnología parece ofrecernos nuevas formas de pensar en el dinero. Antes, a menos que fueras un gobierno, imprimir moneda solía ser un asunto engorroso, caro y básicamente ilegal. Las criptomonedas digitales, en cambio, no son engorrosas ni caras, y tienden a proliferar a gran velocidad (al menos hasta que las prohíban). Actualmente el valor de las criptomonedas circulantes asciende a cientos de miles de millones de dólares (aunque ciertamente es difícil calcularlo con precisión). Por primera vez en generaciones hay más divisas en circulación que países, y esta discrepancia no hará sino crecer en la medida en que se lancen más criptomonedas, por más fugaces que sean. Lo que hace verdaderamente revolucionarias a las criptomonedas es que no necesitan un gobierno central para ser emitidas y para circular ampliamente. Todo lo que se necesita es una red informática. Y eso *sí* es realmente revolucionario, y potencialmente desestabilizador.

Al menos en teoría las criptomonedas hacen realidad el sueño de Milton Friedman de "reemplazar la Reserva Federal con una computadora"; es decir, en lugar de que de los gobernadores de la Reserva Federal tomen decisiones sobre las tasas de interés y la oferta de dinero, las criptomonedas serían controladas por algoritmos informáticos.

¿Qué significa en realidad este emocionante mundo de las criptomonedas? Que la especulación hará inmensamente ricos a unos pocos y decepcionará a la mayoría, porque hasta ahora su valor ha tendido a fluctuar dramática y frecuentemente. Pensemos de qué manera las criptomonedas pueden alterar la relación de los ciudadanos con su gobierno si éste ya no controla el valor de la moneda y de los activos y pasivos a lo largo del tiempo. Sin duda cambiaría la forma en la que se practican las finanzas y la banca como las conocemos.

Las criptomonedas son una forma de efectivo electrónico en la que las transacciones son autenticadas por los remitentes gracias a métodos criptográficos. Los pagos y los saldos se registran en un tipo de matrícula electrónica a la que tienen acceso todos los participantes. Este dispositivo de registro ha sido bautizado con un nombre curioso: el *blockchain* (algo así como "cadena de bloques"). En realidad es una idea muy sencilla. Imagine un muro de ladrillo de un kilómetro de largo. La gente que pasa puede grabar en los ladrillos distintos tipos de registros, comenzando con la fila superior. Tal vez escriban su nombre y la fecha en la que visitaron el muro, o los nombres de sus seres queridos, o el título de su libro favorito. La única regla es que tienen que escribirlo en el ladrillo contiguo al del último registro, asegurándose de que no haya ladrillos vacíos. Así, conforme la gente contribuye, se llena la fila superior, luego la segunda, etcétera. Una vez que algo se registra en un ladrillo ya no puede borrarse, y cualquier persona puede consultar cada uno de los registros. Una vez que está lleno nuestro muro imaginario, se construye un segundo muro idéntico en paralelo, y el proceso se reanuda. Estos muros pueden usarse para toda clase de propósitos, por ejemplo, para controlar quiénes se quedan en cada cuarto de un hotel, cuántos gastos extra acumula cada huésped al día y cuánto paga cuando hace su salida. O quién es dueño de cada moneda o billete en circulación y cuándo se usa esta moneda para realizar un pago.

En vez de conservar estos registros en un muro físico podemos crear una matrícula de registros vinculados e inmutables: un *blockchain*. Las computadoras con acceso a él pueden verificar cada transacción y proporcionarle a todo el sistema la transparencia necesaria. Cada computadora tiene una copia idéntica de todo el *blockchain*. Puede agregarse, como medida de seguridad adicional, el requisito de que más de la mitad de las computadoras de la red autoricen la modificación de uno de los registros de transacciones. A primera vista el *blockchain* de bitcoins parece muy seguro. Si consideramos que las probabilidades de ganar la lotería Powerball en Estados Unidos es de 1 en 292 millones, y que la probabilidad de hackear una llave privada de bitcoins, que usa una encriptación de 256 bits, es la diminuta cifra de 1 en 2^{256}, un número con 76 dígitos, sería equivalente a ganar el Powerball nueve veces seguidas.

Este sistema descentralizado de transparencia es exactamente lo que Satoshi Nakamoto —un seudónimo— propuso en su famoso libro blanco "Bitcoin: un sistema de efectivo electrónico entre pares", que se publicó en una lista de correo criptográfica el 31 de octubre de 2008. Esta fecha es significativa, pues apenas unos días antes ocurrió el colapso de Lehman Brothers. El documento proponía la revolucionaria idea de que "una versión totalmente entre pares del dinero electrónico permitiría que los pagos en línea se envíen directamente de un particular a otro sin pasar por una institución financiera".

Desde que inventamos el dinero y los bancos, la confianza ha sido central para cualquier actividad financiera. La afirmación más audaz del libro blanco del bitcoin es que una criptomoneda operativizada mediante *blockchain* es "un sistema de transacciones electrónicas que no depende de la confianza". Para Nakamoto, "la red resulta robusta dentro de su desestructurada sencillez". Es un sistema en el que los nodos "votan con el poder de su CPU [unidad de procesamiento central, por sus siglas en inglés] y expresan su aceptación de bloques válidos [...] Todas las reglas e incentivos que se necesiten pueden aplicarse mediante este mecanismo de consenso". Tal vez, al oprimir una sola tecla, Nakamoto haya marcado sin miramientos el fin de miles de años de desarrollo financiero.

El presunto objetivo de Nakamoto fue democratizar los servicios financieros, una meta que comparten todos los visionarios, aficionados y emprendedores de las criptomonedas. "Nuestra misión es crear un sistema financiero abierto para todo el mundo", explica el director general de Coinbase, Brian Armstrong. "Creemos que los protocolos abiertos para el dinero crearán más innovación, mayor libertad económica y más igualdad de oportunidades, del mismo modo que lo hizo internet para la publicación de información." Una vez más nos encontramos con la promesa de una tecnología liberadora que, aseguran sus partidarios, hará del mundo un lugar mejor.

Por cada devoto de las criptomoneda, sin embargo, hay muchos otros que son escépticos, si no es que declaradamente hostiles, a esta tecnología.

"Si eres lo suficientemente estúpido como para comprar bitcoins", dice el director general de JPMorgan Chase, Jamie Dimon, "ya te tocará pagar el precio." Nouriel Roubini, cuyas predicciones sobre la crisis de 2008 le ganaron el apodo de "'Dr. Doom'", se refiere al espacio de las critpomonedas como "una apestosa fosa séptica". Ha declarado públicamente que "la verdad es irrisorio que las inútiles criptomonedas o s***itcoins** tengan algún principio básico del valor". Roubini cree que "su valor fundamental es CERO o incluso negativo [...] si tomas en consideración su externalidad negativa de acaparar energía y destruir el medio ambiente", en referencia al hecho de que correr *blockchain* (que respalda los bitcoins) consume anualmente tanta electricidad como toda Austria, hogar de casi nueve millones de habitantes.

Por más que el bitcoin haya tenido sus altibajos —como refleja la caída de su valor, desde un máximo de 20,000 dólares a finales de 2017 hasta menos de 2,500 un año después— la infraestructura digital subyacente se mantiene. La razón es que el *blockchain* ofrece una solución sencilla, elegante y eficiente al clásico problema del "doble gasto". Es decir, ¿cómo evitar que se emplee el mismo medio de pago más de una vez, por ejemplo, como cuando alguien usa dinero falsificado para comprar cosas? El *blockchain* resuelve este problema porque el registro digital es abierto, transparente y verificable para quienes participan en él, de modo que el doble gasto de bitcoins es imposible. Para incrementar la confianza, las criptomonedas prometen tasas de crecimiento de la oferta constantes y relativamente lentas, siempre dirigidas por un algoritmo de computadora predecible y estable. Otro rasgo atractivo es que, en palabras de Nakamoto, "los nodos pueden abandonar la red y reintegrarse a voluntad, y aceptar una prueba de trabajo más larga como constancia de lo que pasó mientras estaban fuera".

A pesar de sus sólidas bases técnicas, el bitcoin no ha logrado establecerse

---

* Villano de Marvel; *doom* significa "destino fatal".
** Las llama "shitcoins", un juego con la palabra *shit*, es decir, "mierda".

como un medio de cambio confiable y conveniente, y mucho menos como unidad de cuenta o reserva de valor. Las razones son complejas, pero tienen que ver básicamente con la incertidumbre sobre cómo los gobiernos pretenden regular las criptomonedas, y con el insaciable deseo de los especuladores de hacer dinero fácil. También languidecen otras criptomonedas populares, incluyendo XRP, Ethereum, Litecoin, Zcash y Maker. Pero si bien ninguna criptomoneda ha sustituido aún las monedas físicas, el *blockchain* sí ha comenzado a cambiar el mundo que conocemos de manera fundamental.

"La tokenización de todo"

Todos los días se realizan miles de millones de transacciones en el mercado financiero global. Para cada una existen al menos dos jugadores: por ejemplo, comprador y vendedor, asegurador y asegurado o prestatario y prestador. En términos más generales, los humanos se involucran en toda clase de transacciones en las que hay una parte y una contraparte, incluyendo acuerdos legales como el matrimonio, el divorcio o el testamento que distribuye propiedades cuando alguien muere, y tecnologías como el *blockchain* pueden simplificar y abaratar todo este proceso. Pero la cosa no termina ahí. Como sostiene Joseph Buthorn, experto en criptomonedas, el *blockchain* puede conducirnos a la "tokenización de todo", es decir, esencialmente a la creación de certificados digitales para el capital, los bienes, la deuda, las propiedades inmobiliarias, las obras de arte, los nacimientos, las uniones civiles, los votos, los diplomas, etcétera. Hasta los datos pueden transformarse en tokens, una posibilidad que trastornaría el negocio de empresas como Google y Facebook.

Hasta ahora los registros oficiales han estado centralizados y controlados por una persona o una entidad, frecuentemente una creada por el Estado, en la que todos los usuarios confían. Los primeros registros escritos que se conocen datan de hace unos 5,000 años, pero el libro impreso, y más recientemente la computadora, cambiaron el negocio de la contabilidad y el intercambio de registros. El *blockchain*, con su naturaleza descentralizada e inmutable, promete provocar un cambio aún más revolucionario.

Según un reporte de la Unión Europea, las tecnologías de registro digital crean "oportunidades en toda clase de servicios públicos, tales como pagos de servicios de salud y ayuda social y —en las fronteras del *blockchain*— contratos de aplicación inmediata que están sentando las bases de compañías que operan sin intervención humana". El potencial más revolucionario de los *blockchains* es que "mediante la tecnología despojan a las élites centrales de parte del control cotidiano de las interacciones y lo redistribuyen entre los usuarios. Al hacerlo, vuelven más transparentes los sistemas y, tal vez, más democráticos". Esto podría revertir siglos de centralización, desarmar la relación entre ciudadanos y gobiernos y desmontar la burocracia como la conocemos.

La belleza del *blockchain* es que admite toda clase de extensiones laterales. Una posible aplicación combinaría divisas digitales con contratos inteligentes, administración digital de registros y organizaciones autónomas descentralizadas en las que las decisiones se tomen fuera de las estructuras jerárquicas tradicionales, y todo eso con base en el *blockchain*. "La idea es que los *blockchains* rastreen todos los derechos y obligaciones de un contrato determinado e iniciar los pagos automáticamente una vez que éste se cumpla, sin que nadie tenga que estar persiguiendo los pagos por medios tradicionales", escribe Mike Orcutt en la *MIT Technology Review*. La recaudación fiscal también podría simplificarse al deducir automáticamente el porcentaje de cada transacción registrada en el *blockchain* que le corresponde al gobierno. En general, la administración de cadenas de suministro se simplificaría y aceleraría mediante una combinación de mecanismos que incluye ejecución de contratos, contabilidad, rastreo, cobro de pagos y reposición.

Las tecnologías del *blockchain* también pueden usarse para rastrear los orígenes de ciertos bienes, y en una época repleta de historias de explotación de personas y recursos a manos de empresas, los consumidores exigen cada vez mayor transparencia. En la industria del vestido, por ejemplo, algunas compañías le asignan un token digital único a cada prenda, lo que le permite a los consumidores revisar toda la cadena de suministros, desde el origen de los materiales hasta la operación de distribución, con el objetivo de combatir el trabajo infantil o el uso de material prohibidos.

Un exalumno mío, Michael Benedykcinski, lanzó Dexio, una empresa que emplea tecnología de *blockchain* para rastrear el origen de los diamantes con el objetivo de ofrecerles a los clientes garantías de que no se trata de "diamantes de sangre", como se llama a las gemas que se obtienen mediante explotación o en situación de guerra. Otro exalumno, Ajay Anand, se ha enfocado en asegurarse de que todos sepan exactamente qué adquieren cuando compran un anillo de compromiso. Como parte de su investigación para un artículo viajó con otros compañeros a India, Bangladesh y Filipinas con el fin de aprender sobre prácticas de trabajo infantil. Conocieron al activista de los derechos de los niños Kailash Satyarthi (que ganó el premio Nobel de la Paz en 2014). Este trabajo llevó a Ajay a pensar con lógica de emprendedor e, inspirado por una pasantía en la ONU, lanzó Systmapp, una compañía que se dedica a optimizar prácticas administrativas de las ONGs. Hoy funciona en 59 países y recibe financiamiento de la Fundación Gates. ¿Y los anillos? La cosa es que a Ajay se le prendió el foco cuando decidió comprometerse en matrimonio, y descubrió que el proceso para decidir qué anillo comprar era extremadamente difícil y prolongado. También lo impactó la opacidad del mercado, que impide que la gente obtenga información sobre calidades y precios con facilidad. Ajay decidió usar inteligencia artificial y *machine learning* para analizar tendencias del mercado y lanzó la empresa Rare Carat en octubre de 2016. "Podemos predecir los precios de los diamantes", afirma, "con más precisión que Zillow el precio de las casas." Presentó su idea en la competencia IBM Global Entrepreneurship, terminó entre los primeros 50 lugares y recibió el financiamiento. Ahora usa *blockchain* para hacer más transparente la información sobre los diamantes, su compañía emplea a 30 empleados y ha obtenido ganancias por más de 100 millones de dólares.

Una pareja criptoperfecta

Antes de que llegara la revolución digital que facilitó el robo de software, video, música y otros tipos de bienes y servicios digitales, los viejos sistemas de protección —las patentes, las marcas y la propiedad intelectual— eran relativamente efectivas. Ya no es el caso. Y conforme se acelera el paso de las innovaciones tecnológicas también lo hace el ritmo de las solicitudes de patentes, marcas y obras con propiedad intelectual. En 2018 la revista *Forbes* lanzó la pregunta: "¿Cómo podemos hacer más 'inteligentes' los derechos de propiedad intelectual con ayuda de *blockchain*?".

Uno de los retos clave tiene que ver con el tipo de plataformas de intercambio que discutimos en el capítulo 7. Los contenidos de música o video originales que no están sujetos a una licencia pueden compartirse en línea, y las regalías se adjudican y distribuyen mediante un *blockchain* que lleva el registro de qué obras están disponibles y cuánta gente las descarga. Las empresas también están explorando la posibilidad de usar *blockchain* como método para transferir derechos de propiedad a un tercero y asegurar un pago a cambio. La tecnología de *blockchain* "puede ayudar a minimizar las violaciones de propiedad intelectual, así como disponer de una cadena electrónica de custodia para cada obra sujeta a ella". Así, el público puede determinar por sí mismo "la fuerza y el valor de una obra determinada", escribe Andrew Rossow en *Forbes*. Según Tracy Reilly, profesora de derecho en la Universidad de Dayton, "Si bien la digitalización de canciones con derechos reservados no es nada nuevo en plataformas como Grokster, Napster e iTunes, lo que sí es nuevo y muy emocionante para los dueños de estos derechos es que la tecnología de *blockchain* tiene el potencial para crear, muy pronto, una huella digital viable que ayude a detectar más eficientemente los usos digitales no autorizados [...] en particular en lo que respecta a los sitios de redes sociales". El *blockchain*, además, puede agilizar el proceso de registro que todos los artistas, cineastas y productores llevan a cabo como parte de su trabajo.

Birgit Clark, abogada en Baker McKenzie, sostiene que el *blockchain* y la propiedad intelectual son "una pareja criptoperfecta". En su opinión, los posibles usos del *blockchain* incluyen "evidencia de autoría y autenticación de origen; registro y obtención de derechos de propiedad intelectual; control y rastreo de la distribución de la propiedad intelectual, registrada o no; evidencia de primer uso o de uso comercial legítimo; gestión de derechos digitales (por ejemplo, en sitios de música en línea); establecimiento y aplicación de acuerdos de propiedad intelectual; licencias o redes de distribución exclusiva mediante contratos inteligentes, y transferencia de pagos en tiempo real a los depositarios de derechos de propiedad". La idea es potenciar un *blockchain* en el que se pueda encontrar un registro inmutable de la historia completa de los eventos relativos a una obra concreta.

El sistema actual de reguladores y autenticadores de propiedad intelectual se diseñó en la era predigital, en una época en la que nadie podría haber anticipado la rápida evolución de la tecnología. En un artículo en *Information Age*, Nick Ismail sostiene que el *blockchain* puede ayudar a optimizar el ciclo completo de la innovación, desde la concepción hasta el registro de propiedad y la obtención de licencias, en particular en el caso de productos complejos como automóviles y computadoras, pero también de contenidos intangibles como software, música y video.

"Administrar la propiedad intelectual en una economía globalizada resulta extremadamente desafiante", apunta. "Las empresas tienen que decidir dónde buscar protección para sus ideas y luego solicitar esa protección en forma individual en los países o regiones correspondientes". La ventaja clave en este caso es que un registro digitalizado "ofrece la oportunidad de poner una idea inicial en *blockchain* y luego actualizarla". Esta nueva tecnología podría volverse parte integral del proceso creativo. "*Blockchain* podría terminar siendo más trascendental para la industria de la propiedad intelectual de lo que lo ha sido para las industrias de los servicios financieros", anota. "El desafío sería crear la ruta de adopción adecuada para esta tecnología."

A la basura el papeleo

Otras aplicaciones laterales para el *blockchain* tienen que ver con las interacciones entre las oficinas de gobierno y los ciudadanos, entre las corporaciones y los accionistas, entre los partidos políticos y sus afiliados, y entre los gobiernos y sus votantes. En la mayoría del mundo, por ejemplo, las elecciones siguen realizándose con boletas de papel o máquinas de votación muy rudimentarias. Los votos electrónicos habilitados con *blockchain* eliminarían la necesidad de las casillas de votación y facilitarían los sufragios. Cada ciudadano registrado para votar tendría un registro en el *blockchain*, y él o ella podrían ejercer este derecho tras la autenticación mediante una clave personal. Algunos partidos políticos en Dinamarca han usado este sistema para sus votaciones internas, y en Estonia las empresas lo emplean para reunir los votos de los accionistas. Otra gran ventaja de esta estrategia sería la de eliminar la intimidación del voto. También aumentaría la participación de los votantes, aunque resulta preocupante la posibilidad de que el acceso diferenciado a los medios digitales aumentara la desigualdad. De hecho, con la tecnología de *blockchain* la participación de los votantes sería aún más alta entre los grupos de individuos más educados y sofisticados, que de por sí tienen altas tasas de votación. Las apuestas serían muy altas en el caso de elecciones nacionales. "No es suficiente que los resultados sean válidos y justos", sostiene un estudio publicado por el Parlamento Europeo. "Incluso si lo decepcionan los resultados, todo el electorado debe aceptar que el proceso fue legítimo y confiable. Y así, más allá de proporcionar una seguridad y precisión genuinas, la votación electrónica también debe inspirar confianza."

¿Y qué pasa si pensamos lateralmente? Consideremos una posibilidad tentadora: ¿qué pasaría si usamos la tecnología de *blockchain* para obligar a los funcionarios a cumplir automáticamente las promesas de campaña en circunstancias previamente acordadas? Por ejemplo, tras una elección podrían implementarse ciertas políticas públicas mediante "contratos inteligentes" o dinero etiquetado en el presupuesto. O bien los ciudadanos podrían rastrear cuánto está gastando el gobierno y si está cumpliendo sus promesas o no. Los contratos inteligentes podrían usarse también en economía, y no sólo en el contexto de las políticas de gobierno. Estos contratos incluirían una serie de instrucciones, acordadas por las partes, para realizar una transacción que se iniciaría automáticamente si se cumplen ciertas condiciones. Un ejemplo sencillo sería el de un contrato de préstamo en el que se active una prima de seguros más barata o se eche a andar una hipoteca en cuanto bajen las tasas de interés del mercado. Un contrato así sería, tal como lo plantea el Parlamento Europeo, "autocontenido, autoejecutado y autoaplicado", aunque habría que establecer el requisito de que "la ley aplicable prevalezca sobre la 'ley' codificada en el contrato".

"Los algoritmos que permitieron la creación del *blockchain* son innovaciones muy poderosas y disruptivas", se lee en la primera oración de un reporte de 2016 elaborado por el asesor científico principal del gobierno de Reino Unido. Los *blockchains* "podrían transformar la entrega de servicios públicos y privados y fomentar la productividad mediante una amplia gama de aplicaciones". El reporte propone, en particular, el uso de tecnologías de *blockchain* para mejorar los servicios gubernamentales, recortar costos, asegurar el cumplimiento y fomentar la rendición de cuentas. También ayudaría a recaudar impuestos, distribuir ayudas y volver más fluidas las interacciones con los ciudadanos.

Las repúblicas digitales

Si usted quiere ver cómo serán las interacciones entre ciudadanos y sus gobiernos en 2030 visite Estonia, hogar del gobierno digital más avanzado del mundo, al grado de que se presenta a sí mismo como "e-Estonia". Los ciudadanos de este diminuto país de 1.3 millones de habitantes pueden solicitar apoyos, obtener recetas médicas, registrar sus negocios, votar y tener acceso a cerca de otros 3,000 servicios gubernamentales digitales. La revista *Wired* nombró a Estonia "la sociedad digital más avanzada del mundo". En un artículo para *The New Yorker*, Nathan Heller la llamó la "república digital", y puntualizó que "su gobierno es virtual, sin fronteras, garantizado por el *blockchain* y seguro". Se refiere a él como "un esfuerzo gubernamental coordinado para transformar un Estado en una sociedad digital".

El modelo de Estonia tiene muchos imitadores potenciales. El gobierno autónomo catalán trató de aprender de él cómo establecer estructuras de Estado digitales como parte de su fútil intento por convertirse en un Estado nación independiente, un esfuerzo abiertamente opuesto a lo que los estonios realmente están tratando de hacer, que es abandonar las viejas ideas de "Estado". Heller escribe, de hecho, que el país tiene un "programa de 'residencia' digital que les permite a los extranjeros que se registran beneficiarse de algunos servicios estonios, tales como los bancarios, igual que si vivieran en el país", una estrategia que sin duda resulta conveniente para los usuarios y una fuente de ingresos, pero también de peligros imprevistos, para el país. En los hechos los estonios están creando el primer país posmoderno, virtual, sin fronteras. Casi 30,000 extranjeros han solicitado hasta ahora la residencia digital. Al pensar en las aplicaciones laterales del *blockchain* en la economía y la sociedad en su conjunto Estonia ha abierto brecha.

Como ocurre con los pagos móviles y la agricultura urbana, algunos países africanos, incluyendo Ghana y Kenia, se encuentran en la vanguardia de los esfuerzos globales por acercar al gobierno y a los ciudadanos con ayuda de la tecnología. Según el Banco Mundial, "el proyecto eGhana representó un diseño pionero de proyectos de TIC [tecnología de la información] que busca reducir la burocracia y acercar los servicios al público, y está siendo replicado en varios países africanos". Un equipo de investigadores independientes evaluó los esfuerzos de Kenia y llegó a la conclusión de que el país "ha creado un ambiente político, legal y empresarial propicio que es adecuado para la implementación del... gobierno digital" y que puede conllevar beneficios tales como "la reducción de la burocracia, acceso permanente a los servicios, transacciones rápidas y convenientes, mayor transparencia y rendición de cuentas, mejoras en la productividad de los empleados y una circulación fluida de la información". Ghana y Kenia siguen en la vanguardia del uso de la tecnología de la información, en particular en las áreas de salud, dinero móvil y administración pública. El tema de la brecha digital, sin embargo, sigue presente. "En las áreas rurales existen grupos desfavorecidos por su falta de habilidades y de infraestructura de acceso a los servicios en línea que ofrece el gobierno", según el estudio.

Los gobiernos se encuentran en proceso de capitalizar una de las características esenciales del *blockchain*. Del mismo modo que ocurre en el mundo de los negocios, "el hecho de que el *blockchain* sea inmutable [...] ofrece transparencia y posibilidad de rendición de cuentas", sostiene el estudio del Parlamento Europeo. Siempre y cuando se garanticen la privacidad y la protección de datos personales, el *blockchain* podría simplificar la vida de los ciudadanos y los empleos de los funcionarios de gobierno... aunque en algunos casos podría volverlos innecesarios, como veremos en breve. Como ocurre con el voto, los ciudadanos más educados y con mayor acceso a internet serán quienes más se beneficien, una situación que sólo puede revertirse mediante renovados esfuerzos de inclusión digital.

"El *blockchain*, una solución para el control de armas"

Así se titula un artículo que publicó en noviembre de 2017 Thomas Heston, profesor de salud pública en la Universidad Estatal de Washington; en él propone otra aplicación lateral para el *blockchain*: "La tecnología de *blockchain* puede usarse para mejorar el control de armas sin cambiar las leyes que ya existen", escribe, y subraya que "mediante un mejor rastreo de las armas y un mejor cribado de individuos de alto riesgo este avance tecnológico perfeccionará la verificación de antecedentes de las personas y el rastreo de armas empleadas para cometer crímenes". Heston piensa, con toda inocencia, que "un seguro digital para armas basado en *blockchain* perfeccionaría la implementación de las leyes existentes, conservaría la privacidad y mejoraría el control de armas".

Lo cierto es que Estados Unidos carece de un registro de armas centralizado, lo que limita seriamente la capacidad de las fuerzas policiales para investigar crímenes en un país con 4.5 por ciento de la población mundial pero 42 por ciento de las armas en manos de civiles. Los defensores del derecho a poseer armas no confían en una posible base de datos federal. "¿Cuál es la alternativa natural a la centralización de los registros? La descentralización de los registros", explica Luke Strgar, estudiante de Ciencias de la Computación en la Universidad de California en Berkeley. "Digamos que se trata de construir una plataforma en la que la comunidad de dueños de armas pueda mantener sus propios registros." Su meta es encontrar una solución en la que coincidan ambos lados del debate sobre el control de armas.

Hasta ahora no ha habido éxito, excepto porque los grupos de presión a favor de las armas están extremadamente preocupados. Varios legisladores se sienten tan alarmados por la idea que han decidido tomar medidas. En abril de 2017 Arizona aprobó un proyecto de ley que prohíbe el uso de cualquier tipo de aplicación de *blockchain* para el rastreo de armas; es el primer estado que lo hace. Nick Shorer, diputado estatal de Missouri que promovió una ley similar más tarde ese mismo año, sostuvo que "los miembros del Legislativo aún se encuentran increíblemente incómodos con la idea de un tercero, o 'gran hermano', que monitoree cuántos disparos realizas en qué momento". La promesa de la tecnología de *blockchain* para el control de armas sigue enfrentando serios obstáculos, igual que cualquier otro intento por controlar la disponibilidad de armas en todo Estados Unidos.

Tokens contra la pobreza

En un artículo del *MIT Technology Review* Mike Orcutt apunta que "Satoshi Nakamoto inventó el *blockchain* de bitcoins para que la gente hiciera transacciones financieras sin necesidad de bancos o gobiernos", y añade: "Resulta irónico entonces que uno de los mayores impulsores del *blockchain* sea el Banco Mundial". El Banco Mundial usa *blockchain* para permitirles a los donantes comprobar cómo se usa su dinero para el fomento de la educación. También ha lanzado un bono con base en el *blockchain* con el objetivo de recaudar 80 millones de dólares para iniciativas de desarrollo sustentable. El Banco Mundial recauda 60,000 millones de dólares al año en forma de bonos para financiar proyectos de desarrollo, y el *blockchain* puede reducir la cantidad de intermediarios que requiere este proceso de recaudación, así como garantizar que la mayoría del dinero realmente beneficie a la gente de a pie. La tecnología también podría ayudar a los municipios sin liquidez al facilitar la recaudación de impuestos, la facturación y los procedimientos de pago.

Uno de los grandes obstáculos para el desarrollo económico es la falta de acceso de la mayoría de la gente al sector financiero formal. En algunas partes de África y el sur de Asia menos de 5 por ciento de la población, y apenas el 50 por ciento de las micro y pequeñas empresas, tienen una cuenta de banco. La Fundación Bill y Melinda Gates puso en marcha el Proyecto Primer Nivel como parte de su programa Servicios Financieros para los Pobres con el objetivo de crear sistemas de pagos digitales a nivel nacional basados en *blockchain.* A diferencia de los pagos realizados mediante teléfonos móviles con los sistemas que existen en la actualidad, el *blockchain* permitiría que las personas y las pequeñas empresas manden y reciban dinero sin importar cuál sea su compañía telefónica. "Mi sueño es que toda África sea una sola enorme plataforma de pagos interoperables", dice Kosta Peric, el director del proyecto.

En Somalia, un ejemplo de libro de texto de Estado fallido, cerca de 60 por ciento de la población es nómada o seminómada, a pesar de lo cual las plataformas de pagos móviles se han hecho muy populares. Nueve de cada 10 somalíes de 16 años o más poseen un teléfono móvil, y siete de cada 10 lo usan para efectuar pagos móviles al menos una vez al mes. Puesto que el país no tiene un sistema bancario funcional los somalíes no tienen ninguna alternativa a los pagos móviles. La desventaja es que el sistema también se usa para lavar dinero y financiar el terrorismo. Las limitadas posibilidades de rendición de cuentas y de rastreo de los teléfonos celulares podrían mejorarse mediante un registro descentralizado de *blockchain*.

Cómo salvar el planeta

En 2018 encalló en la costa atlántica de Chile una ballena azul de 20 metros de largo. Gabriela Garrido, investigadora del Museo de Historia Natural de Río Seco, no podía creer lo que veían sus ojos: la gente se trepaba al cadáver del mamífero para tomarse selfies y grafiteaba su cuerpo, una historia que se hizo viral en todo el mundo. Alessandro Roberto, activista a favor de las especies amenazadas de Puerto Rico, pregunta: "¿Cómo podemos proteger a estas especies de los seres humanos?". La ONG ugandesa Care for the Uncared está empleando tecnología de *blockchain* para rastrear, marcar y proteger especies en peligro como la ballena azul, el tigre de la India, la nutria marina, el elefante asiático y el panda gigante. "Este registro sería de acceso público en el *block*", explica Bale Kabumba, el vocero de la organización. "Esto cambiará la forma en la que nos comportamos y nos relacionamos con la naturaleza. Este registro eventualmente nos ayudará a entender los factores que determinan la extinción de especies." Care for the Uncared también está lanzando una plataforma de bitcoin para obtener donaciones.

En combinación con el internet de las cosas, formado por chips y sensores interconectados, los *blockchains* también podrían fomentar la protección ambiental. Una propuesta potencialmente importante es la de fomentar un comportamiento ecológicamente responsable entre los individuos y las empresas permitiéndoles transformar los créditos de carbono en tokens digitales que puedan intercambiarse en una bolsa de valores.

Si pensamos lateralmente también encontraremos otras formas de usar el *blockchain* en beneficio del medio ambiente. Por ejemplo, puede facilitar el proceso de venta de la energía solar excedente que producen los dueños de viviendas sin el engorroso papeleo que conlleva la negociación con la compañía de luz local. La *startup* europea WePower propone "permitir que esa energía sea comercializable y accesible para cualquiera" mediante una red de pares, escribe Ben Schiller en *Fast Company*. "Les da más control a las personas." Nick Martyniuk, uno de sus cofundadores, sostiene que "la naturaleza cada vez más descentralizada de la producción de energía llevará a tener una red más descentralizada, y la naturaleza del *blockchain* implica que ambos fenómenos irán de la mano".

Energi Mine, otra *startup*, usa *blockchain* para entregarle a la gente tokens llamados "estrellas de oro", a cambio de que reduzcan su huella de carbono usando el transporte público, sustituyendo sus viejos electrodomésticos por otros más eficientes o aislando mejor sus hogares. "Puesto que los tokens tienen valor de mercado, pueden canjearse para pagar la cuenta de luz o la recarga de vehículos eléctricos, o intercambiarse por moneda 'regular' (no digital)", reporta *Forbes*. Otras *startups* están creando *blockchains* para ayudar a las empresas a administrar sus créditos de carbono, de modo que sean más fáciles de comercializar. Los créditos de carbono le asignan un precio a la reducción de las emisiones de carbono, pero "sin un libro de contabilidad universal no es fácil seguir la pista a cuánto carbono has usado o, si lo aminoras, cuál es el impacto tangible de esta reducción", explica Lisa Walker, directora general de Ecosphere+. Gracias al *blockchain*, tanto las empresas como los gobiernos podrán vigilar la huella de carbono que generan sus productos y servicios, y entonces los consumidores estarán en posición de entender las consecuencias ambientales de sus elecciones. "Con millones de microtransacciones que se suman para producir un inmenso impacto colectivo", argumenta Walker, el *blockchain* podría contribuir enormemente a desacelerar el cambio climático.

Pero existe un lado oscuro en el uso de las tecnologías de la información para salvar al planeta: resulta que ellas mismas son importantes factores del cambio climático. Las previsiones indican que para 2030 más de 20 por ciento de la electricidad se usará para alimentar la infraestructura de la información y las telecomunicaciones, según un reporte de *Nature*. "Los centros de datos contribuyen con cerca de 0.3 por ciento de las emisiones totales de carbono, mientras que todo el ecosistema de las tecnologías de la información y las comunicaciones —en una definición amplia que incluye los servicios digitales personales, las redes de telefonía celular y los televisores— representa más de 2 por ciento de las emisiones globales. Esto sitúa la huella de carbono de las TIC a la par de las emisiones por quema de combustibles de la industria de la aviación." Y esto sin contar el aumento que se espera en el comercio de criptomonedas, que consume grandes cantidades de energía. "Somos una sociedad muy hambrienta de datos; cada vez usamos más y más datos, y todo esto consume más y más energía." Más de 30 por ciento del tráfico de datos en Estados Unidos está asociado con el uso de Netflix, y una proporción similar se debe al intercambio de fotografías de alta definición. La huella de carbono sólo puede mitigarse si existe el compromiso de ser ecológico. La mayoría de los centros de datos de las grandes empresas digitales estadunidenses operan mediante energía solar y eólica. Hasta ahora, sin embargo, no ocurre lo mismo con China.

¿Serán los tokens el fin de los bancos (y de otras industrias también)?

"Silicon Valley viene por nosotros", escribió Jamie Dimon en 2015, en su carta anual a los accionistas de JPMorgan Chase. "Ahora mismo hay cientos de *startups* llenas de talento y de dinero trabajando en distintas alternativas a la banca tradicional." Millones de empleos en el sector bancario están en juego por causa de la automatización y el uso de *blockchain*. "Conforme las computadoras se vuelven más inteligentes, menos intermediarios humanos necesitamos", sostiene Amy Webb, fundadora del Future Today Institute. "No cabe la menor duda de que las profesiones que tienen como base distintos tipos de transacciones se verán profundamente alteradas por las máquinas. Y esto va a ocurrir muy rápidamente." Los expertos subrayan que de los bancos, la banca y los banqueros actuales sólo uno sobrevivirá la revolución del *blockchain*. Lo que amenaza a los bancos es el uso de tecnologías de *blockchain* para hacer tareas administrativas y la preferencia de las generaciones más jóvenes por las apps. Al mismo tiempo, los empleos de los banqueros pueden automatizarse, como demuestra la tendencia a los "servicios robóticos". En el futuro la banca podrá llevarse a cabo sin la intervención de bancos ni banqueros.

El impacto de los *blockchains* en el mercado laboral será tan profundo como el de los robots de los que hablamos en el capítulo 6, precisamente porque transforman las reglas del juego. El capitalismo liberal, basado como está en el derecho contractual y el mantenimiento de registros, ha dado origen históricamente a muchas ocupaciones intermediarias de distintos aspectos de las transacciones económicas y financieras, tales como la negociación, las autorizaciones, la verificación, la ejecución, las liquidaciones y el registro. Estas ocupaciones emplean a millones de personas en todo el mundo. Un *blockchain* descentralizado, público, extenso en línea y accesible para todos llevaría a la extinción a muchos de estos intermediarios, que sencillamente se volverían obsoletos. El sector de los servicios financieros, incluyendo algunos empleos muy bien remunerados, podría cambiar para siempre.

Los contratos inteligentes basados en *blockchain*, tal como los que mencionamos previamente en este capítulo, podrían volver innecesarias a legiones de abogados y contadores. Desde 2010 las matriculaciones en las escuelas de derecho de Estados Unidos han caído 29 por cierto, en parte a causa de las soluciones de inteligencia artificial para el hallazgo de documentos que produjeron un superávit de los jóvenes abogados humanos que solían encargarse de esta tarea. Los contratos inteligentes podrían comerse otra rebanada del mercado laboral legal, aunque algunos expertos discrepan. "A los abogados preocupados por ser reemplazados por un robot les digo que en realidad su labor es básicamente complementaria a un contrato inteligente", advierte Nick Szabo, cofundador de la empresa de recursos critpográficos Global Financial Access. "Los contratos inteligentes permiten hacer cosas nuevas, que nunca se habían hecho antes." Desde esta perspectiva, "el derecho tradicional es manual, local y con frecuencia incierto", mientras que "las operaciones de los *blockchains* públicos son automatizados, globales y predecibles".

Los trabajos contables sí se verán severamente afectados por el *blockchain*. Según Statista en 2018 había en Estados Unidos 1.3 millones de contadores o auditores. Algunos servicios de bajo nivel, como la conciliación contable, los cotejos, las cuentas por cobrar y las cuentas por pagar pueden comenzar a ser gestionados por el *blockchain*. Otras tareas, como las auditorías, las certificaciones y las declaraciones de impuestos pueden realizarse más eficientemente con ayuda de un *blockchain*, aunque los contadores y los auditores seguirán siendo necesarios. "Entre los contadores profesionales el *blockchain* es un tema que inspira miedo y entusiasmo por partes iguales", observó *Accounting Today*, "pero no tiene por qué seguir siendo desconocido."

El *blockchain* transformará el mundo de 2030 porque eliminará muchos sistemas de registros y grandes cantidades de papeleo… y empleos.

¿Un futuro de *blockchains* y critpomonedas?

Todo comenzó al convertir el dinero en tokens encriptados. Por más importantes que sean las criptomonedas en 2030, las posibles aplicaciones del *blockchain* en campos tan distintos como los servicios de gobierno, la propiedad
intelectual, las transacciones comerciales, la regulación de las falsificaciones, el
control de armas, la mitigación de la pobreza y la protección ambiental, por
nombrar sólo algunos, resultan muy atractivas, y todas son producto del pensamiento lateral. Sostengo que las criptomonedas fomentarán la imaginación
de grandes cantidades de usuarios —y tal vez también la de los reguladores—
únicamente si consiguen transformar cómo pensamos sobre el dinero y de qué
forma lo usamos, si abren nuevos horizontes y posibilidades no sólo para hacer
negocios o administrar nuestras finanzas personales, sino también para mejorar
nuestra vida. Si las monedas digitales no hacen más que sustituir el efectivo tal
vez nos llevemos una decepción, pero si conseguimos deshacernos de los altos
costos implícitos en el traslado del efectivo de un lado al otro, al tiempo que le
proporcionamos a los individuos incentivos para preservar los recursos o disminuir su huella de carbono podríamos ser testigos de un cambio tectónico en el
mundo de las finanzas… y al mismo tiempo salvar el planeta. El truco será vin-
cular la adopción de criptomonedas con algún cambio conductual deseable. La
gente necesita recibir algún beneficio inmediato (como la comodidad de uso o
una reducción en los costos de transacción), además del beneficio a largo plazo
que disfrutarán todos los miembros de la sociedad (una reducción en las emisiones de carbono). Por ejemplo, los intereses que pagan mis activos en forma
de criptomonedas deberían ser más altos si comparto alimentos y ropa a través
de una plataforma digital con el objetivo de mitigar mi conducta derrochadora.

Como he tratado de demostrar a lo largo de este libro, sin embargo, nos
guste o no, las fuerzas demográficas, geopolíticas y tecnológicas están indiso-
ciablemente unidas. Cómo las enfrentemos será una de las pruebas definitivas
para el mundo que nos espera.

Conclusión: consejos y trucos laterales
para sobrevivir el 2030

Si te pones a combatir las tendencias externas seguramente estarás peleando con el futuro. Acéptalas y tendrás viento a favor.

Jeff Bezos, fundador y director general de Amazon

En 2019 un equipo de científicos impactó al mundo al anunciar que había obtenido la primera imagen fotográfica de un agujero negro, a más de cien años de que Einstein propusiera su teoría de la relatividad general, en 1915. Esta instantánea en realidad es una imagen compuesta por una infinidad de tomas capturadas a lo largo de un periodo de cuatro días gracias a una red internacional formada por ocho radiotelescopios. "Hemos visto lo que considerábamos imposible", proclamó Sheperd Doeleman, el astrofísico que encabezó el trabajo.

Ver lo imposible ha sido mi misión en este libro; he tratado de visualizar el agujero negro metafórico, si se quiere, de un mundo nuevo transformado por profundos cambios demográficos, el calentamiento global y las revoluciones tecnológicas, así como por los descalabros geopolíticos. ¿Estamos todos condenados?

Nadie puede predecir el futuro, pero podemos avanzar hacia él con sabiduría. Para lograrlo tenemos que pensar siempre en forma lateral. Aquí hay siete principios que demuestran cómo y que exploraré en detalle más adelante:

1. Pierda de vista la costa
2. Diversifique con propósito
3. Para tener éxito empiece en pequeño
4. Anticipe los callejones sin salida
5. Aproxímese a lo incierto con optimismo
6. No le tema a la escasez
7. Siga la corriente

Pierda de vista la costa

"No podrás nadar hacia nuevos horizontes", escribió William Faulkner, "si no tienes el valor de perder de vista la costa." El miedo a lo desconocido impide que la gente aproveche las oportunidades intrínsecas a las colosales transformaciones que están por venir en 2030 y más allá. Permítame ejemplificar esta idea con la conquista española de México, una de las empresas más peligrosas e improbables de la historia. Cuando el implacable Hernán Cortés desembarcó en Veracruz en 1519 y emprendió su camino hacia la capital azteca de Tenochtitlan, en lo que hoy es la Ciudad de México, ordenó que se lastraran sus 11 embarcaciones. Según uno de sus soldados, quería asegurarse de que ninguno de sus más de 200 hombres tratara de regresar a Cuba. Quería que dependieran únicamente de sus espadas, de "nuestro buen pelear y corazones fuertes".

El soldado cronista era Bernal Díaz del Castillo, que nació no muy lejos de mi ciudad natal en el noroeste de España. Se embarcó hacia las Américas en 1514, a los 18 años, y escribió sobre las muchas aventuras que vivió. Su crónica revela cómo Cortés, con un conocimiento superficial del terreno tanto físico como político, movilizó a sus tropas a pesar de las abrumadoras probabilidades en su contra. Cortés desobedeció las órdenes directas de Diego Velázquez de Cuéllar, el gobernador de Cuba, de dar la vuelta y ponerse a salvo. Velázquez "envió en posta dos criados a la Villa de la Trinidad con poderes y mandamientos para revocar a Cortés el poder y no dejar pasar la armada, y lo prendiesen y enviasen a Santiago", según el relato de Díaz del Castillo.

Pero Cortés no era ningún tonto imprudente; siempre consideró rutas de acción laterales que le permitieron cubrirse en caso de que fallara alguna empresa. "Y según entendí, esta plática de dar con los navíos al través, que allí le propusimos", escribió Díaz del Castillo, "el mismo Cortés lo tenía ya concertado, sino que quiso que saliese de nosotros, porque si algo le demandasen que pagasen los navíos, que era por nuestro consejo, y todos fuésemos en los pagar", es decir, hizo que la idea pareciera haber salido de sus hombres para que todos fueran corresponsables del pago. Su audaz apuesta rindió frutos. Llegó a Tenochtitlan el 8 de noviembre de 1519, casi un año después de su salida de Cuba. Tras una serie de refriegas, engaños e intrigas la viruela hizo su fatídica aparición y el Imperio azteca colapsó en agosto de 1521.

Para la mayoría de los estadunidenses el crecimiento poblacional en África, la inmigración, la automatización y las criptomonedas son fenómenos peligrosos, repletos de desafíos y amenazas. Algunas de sus inquietudes pueden no ser infundadas, pero el temor, en vez de permitir la adaptación a nuevas circunstancias, la entorpece. La lección de Cortés es sobreponerse al miedo mirando hacia el futuro, perdiendo de vista la costa. En vez de asumir que los inmigrantes compiten por los empleos, una dosis de pensamiento lateral revela sus múltiples contribuciones a la economía; en vez de sentirse pesimista por el futuro de África podemos colaborar con los africanos para educar a los 450 millones de bebés que nacerán antes de que acabe la década. Las fuerzas tras la automatización y las criptomonedas parecen aplastantes, pero tal vez seamos capaces de aceptar la realidad de la ruptura tecnológica, acoger la innovación y asegurarnos de que nadie se quede atrás.

Diversifique con propósito

En medio de la incertidumbre, el miedo lleva a la gente a diversificarse: a diluir su exposición a la amenaza que percibe. Es el viejo refrán sobre no poner todos los huevos en una canasta. Los inversionistas, los administradores y los que tenemos la suerte de poseer un fondo de pensiones usamos este consejo cotidianamente para navegar las aguas turbulentas de un mercado incierto. Pero el principio resulta útil en muchas otras circunstancias, siempre y cuando uno se diversifique con propósito.

Pensemos en el caso de Lego, una compañía cuyos productos han fascinado a generaciones lo mismo de niños que de adultos. En la década de 1990 esta empresa familiar, con sede en un pintoresco pueblo neerlandés, se tambaleaba ante el éxito de los videojuegos y otros tipos de juguetes electrónicos. Pero decidió reinventarse como una compañía de "estilo de vida" y aventurarse en la venta de ropa, joyería y relojes con su marca. También comenzó su propia empresa de videojuegos y una división de parques temáticos. Todos estos esfuerzos fallaron miserablemente. En 2001 el nuevo director ejecutivo, Jørgen Vig Knudstorp, dio un golpe de timón, volvió "a los ladrillos" y se ocupó de diversificarse, pero esta vez con propósito. Y funcionó. Las ventas se catapultaron a tal nivel que Lego se convirtió en la mayor compañía de juguetes del mundo, por arriba de Hasbro y Mattel. La apodaron la "Apple de los juguetes". ¿Qué fue lo que hizo diferente?

Si pierdes de vista tanto a tu público como a aquello que te dio la ventaja originalmente la diversificación está destinada a fallar. Fundado en 1932, Lego comenzó a manufacturar sus característicos bloques de plástico en 1949, cuando el hijo del fundador, Godtfred Christiansen, perfeccionó un "bloque de construcción autoensamblable"; en 1958 la empresa solicitó una patente para su juguete en Estados Unidos. La idea básica del sistema era la compatibilidad. "Antes de Lego no existía ningún sistema de juguetes que funcionara al unísono", escribe Will Reed, maestro de matemáticas, escritor y entusiasta de los legos. "La versatilidad de este sistema le permite al usuario construir todo lo imaginable: un dinosaurio, un automóvil, un edificio, incluso algo que sólo exista en el mundo del mañana." La idea era enormemente dinámica. "Con apenas seis bloques se pueden hacer más de 915 millones de combinaciones", escribió David Robertson en *Brick by Brick: How LEGO Rewrote the Rules of Innovation and Conquered the Global Toy Industry* (*Bloque a bloque. Cómo fue que LEGO reescribió las reglas de la innovación y conquistó la industria mundial del juguete*). Lego redefinió los juegos y los juguetes. "Se trata de resolución de problemas. Se trata de colaboración. Se trata de adquirir aptitudes que ayudarán a los niños a ser más fuertes y más exitosos en el mundo", explica Julia Goldin, la directora de mercadotecnia de la empresa. "Creemos que desempeñamos un inmenso papel en la vida de los niños en cuanto a su desarrollo."

Lego se dio cuenta de que la fórmula del éxito sustentable era cerrar la brecha entre generaciones, una enseñanza que resulta crucial para 2030. La empresa desarrolló figuras de acción para armar, juegos de mesa y películas y series familiares como *La gran aventura Lego, Lego Star Wars, Lego Batman* y *Lego Ninjago*. "Sin importar la edad o la habilidad, cualquiera puede tomar unas piezas de Lego y dejar volar su imaginación", observa John Hanlon, el productor de televisión que, en compañía de su hermano Joshua, presentó Lego YouTube en 2011. "Lego reúne a los jóvenes y a los viejos en un juego sano y analógico."

Pero si queremos prosperar más allá de 2030 hay una forma más profunda de diversificarnos con propósito. "Las ideas son como conejos", escribió John Steinbeck. "Recibes una pareja y aprendes a cuidarla, y muy pronto tienes una docena." En este sentido, la diversificación más audaz de Lego tuvo que ver con sus fuentes de inspiración, un tema del que todos vamos a tener que ocuparnos muy pronto. Hay casi un millón de adultos en la comunidad en línea Lego Ideas; así fue como la empresa incorporó en su negocio la revolución digital: en vez de cambiar su producto involucró a los usuarios. Lego se basa en la "sabiduría de las multitudes", por citar el título del libro *bestseller* de

James Surowiecki. "Si quieres actuar en un mundo en constante disrupción", dice Lars Silberbauer, director de redes sociales y audiovisuales de Lego, "debes tener muchas perspectivas diferentes de lo que estás haciendo ahora mismo". Lego ha implementado una modalidad del *crowdsourcing* que empodera a sus clientes para definir lo que quiere y necesita su público principal.

Para enfrentar 2030 resulta imperativo que mantengamos la mente abierta a una multiplicidad de ideas. Es un error pensar que si nos aferramos a nuestras viejas creencias y modos de hacer las cosas podremos navegar las consecuencias del incremento constante en expectativa de vida, el envejecimiento de la población y la inteligencia artificial. Cuando hay tantas partes móviles en el mundo, lo "probado" es "anticuado". De aquí la necesidad de acoger perspectivas nuevas sobre cómo reinventar el retiro, por ejemplo, o en qué consisten los nuevos empleos en la era de las máquinas inteligentes.

Para tener éxito empiece en pequeño

Otra creencia contraproducente cuando enfrentamos cambios de gran escala es que el éxito tiene que ser consecuencia de grandes jugadas. Cuando somos presas del miedo solemos reaccionar exageradamente. Apple, la primera empresa que alcanzó una valoración de mercado de un billón de dólares, es un buen ejemplo de que comenzar con pequeñas ideas e ir sumando a cada paso mediante iteraciones continuas y pensamiento lateral es un enfoque mucho más seguro que tratar de avanzar a saltos. Apple es la compañía que puso todo de cabeza, desde la computación y las telecomunicaciones hasta la música y el entretenimiento gracias a una serie de dispositivos sin los que ya no podemos vivir. Y sin embargo, su aproximación se basa en cambios pequeños y graduales a los productos y servicios que ya existen, siempre en busca de nuevas combinaciones, permutaciones y conexiones laterales. En un ensayo de *The New Yorker* titulado "The tweaker" ("El retocador"), Malcolm Gladwell reflexiona sobre la biografía de Steve Jobs que escribió Walter Isaacson, y hace notar que Jobs no inventó el reproductor digital, el teléfono inteligente o la tableta. Por el contrario, los mejoró, "al obligar a los desarrolladores a hacer otra versión, y luego otra, unas veinte iteraciones en total, insistiendo en un pequeño retoque tras otro". Lo que Apple les promete a sus clientes es, básicamente, que sus productos mejorarán continuamente a lo largo del tiempo. Cada mejora gradual responde no a un grandioso plan previo sino a la anticipación de los nuevos cambios tecnológicos y de mercado, y a la atención que se le presta a las opiniones de los clientes. Es como un ciclo de retroalimentación continuo entre el diseño y la realidad. Jobs sabía que la mejor forma de actuar frente a un panorama en rápida transformación no es planear cada movimiento de antemano sino permanecer alerta para mejorar las cosas sobre la marcha.

Este enfoque progresivo no funciona a menos que permanezcas abierto a reconocer cuándo y dónde te equivocaste. Tienes que estar atento a los comentarios que no coinciden con tu modelo de realidad, tomarlos en serio y cambiar de rumbo como respuesta. Se llama "actualizar tus conocimientos previos": estar dispuesto a incorporar nueva información en el camino.

Pensemos en el problema de aferrarnos a un mismo derrotero incluso al ser confrontados con evidencia de que lo que hacemos no está funcionando. Este enfoque inútil se llama "escalada de compromiso", un término acuñado por Barry Straw, psicólogo de Berkeley. En términos sencillos significa que cuando obtenemos malos resultados redoblamos nuestra apuesta por las decisiones ya tomadas —ya sea mediante racionalización o autojustificación— aunque sólo conlleven consecuencias negativas. Las opciones para cambiar de rumbo y conseguir mejores resultados nunca nos pasan por la cabeza. Caen completamente dentro de nuestro punto ciego.

Un gran ejemplo de los peligros de la escalada del compromiso y de la negativa a cambiar de rumbo es la larga serie de fallidas intervenciones extranjeras en Afganistán. Tanto los británicos y los soviéticos como los estadunidenses intensificaron su intervención en este vasto y accidentado país del centro de Asia a pesar de la famosa advertencia del duque de Wellington, el genio militar que derrotó a Napoleón en Waterloo y acabó con la ilustre carrera de este francés, y que observó que en Afganistán "un ejército pequeño sería aniquilado y uno grande se moriría de hambre". Todos los ejércitos que invadieron Afganistán ignoraron este consejo. Aunque las guerras se extendían indefinidamente y no se veía el final los invasores enviaban más y más tropas, y todo en vano. Ninguna potencia extranjera era capaz de subyugar este país inmanejable porque se aferraron tercamente a una misma línea de acción. Los generales sucumbieron a uno de los errores más básicos que puede cometer un apostador en un casino: pensar que si se persevera se puede acabar con una racha perdedora. Aunque pierdas diez veces al apostarle al rojo en la ruleta, no existe ninguna garantía de que la pelota caiga en ese color la próxima vez que gire. Conforme se acerca 2030 no debemos suponer que el escalamiento funcione. Los cambios masivos requieren adaptaciones paulatinas, no obstinación.

Anticipe los callejones sin salida

Pero los movimientos laterales y los cambios graduales de rumbo no pueden ocurrir si te encuentras en un callejón sin salida, contra la pared, una situación que tiende a producir temor. Si mantienes tus alternativas abiertas te aseguras de ser capaz de adaptarte conforme cambien las reglas del juego. Ahora bien, este principio va contra la sabiduría popular de gran parte de la teoría y la práctica del liderazgo y de una infinidad de libros que ofrecen consejos para enfrentar situaciones cotidianas. Por ejemplo, el encabezado de un artículo de 2011 en *Fast Company* fue "Por qué mantener tus alternativas abiertas es muy, muy mala idea". Yo diría que, por el contrario, es una muy, muy buena idea. ¿Qué pasa si te enfrentas a una incertidumbre abrumadora? ¿Qué pasa si no estás seguro de las consecuencias del cambio demográfico, económico y tecnológico a gran escala? ¿No sería razonable mantener abiertas tus alternativas cuando no puedes dar nada por hecho, cuando no puedes hacer ninguna suposición certera sobre el estado futuro del mundo? ¿No preferirías ser capaz de cambiar de rumbo si tus ideas previas sobre el futuro resultan ser incorrectas?

La idea de que tener alternativas resulta nocivo se alimenta en parte de la investigación del profesor de psicología de Harvard Dan Gilbert, que demostró que las decisiones reversibles producen menores niveles de satisfacción. Al parecer los humanos siempre estamos tratando de determinar si tomamos la decisión correcta, lo cual desperdicia nuestra energía y nos lleva a dudar de que vayamos en el camino correcto. Se dice que mantener tus alternativas abiertas tiene como resultado un desempeño menor, porque tu compromiso con cualquiera de ellas es más débil.

¿De verdad?

Déjeme ejemplificar cómo funciona esto de "pensar en alternativas" con una historia de mi infancia. Mi familia solía pasar la mayor parte del verano en la casa de nuestros abuelos. Si los adultos nos dejaban solos en casa invitábamos a nuestros primos y a los vecinos a jugar a las escondidillas. Para hacer más emocionantes las cosas jugábamos en la oscuridad. Treinta o cuarenta niños de entre 5 y 15 años de edad apagábamos todas las luces y comenzábamos la búsqueda. Daba miedo. Pero había otra fuente de incertidumbre y temor que no tenía que ver con la ausencia de luz: los niños mayores cambiaban por completo las reglas del juego y aterrorizaban a los más pequeños, persiguiéndolos por toda la casa. La oscuridad ya era atemorizante, pero los menores experimentaban auténtico terror.

Jugar a las escondidillas con poca o nula visibilidad es una metáfora del predicamento en el que se encuentra mucha gente que teme quedarse indefensa en una economía que se transforma rápidamente y está sujeta a amenazas desconocidas. Piense en un niño de 5 años que siente pánico de ser capturado por los niños mayores: él o ella entra a un cuarto, se dirige al armario y se esconde allí. Inevitablemente los chicos mayores encontrarán a los más pequeños y les harán cosquillas sin parar; no habrá alternativas de escape.

Digamos que para evitar este destino el niño menor contrata a unos asesores de McKinsey. ¿Qué cree que deberían sugerirle?

Hay varias cosas que podrían hacerse para mejorar la situación del pequeño. El primer paso es elegir una habitación grande en vez de una pequeña, y de preferencia una con más de una salida. El siguiente paso sería mantener las puertas abiertas y pararse en un punto equidistante de todas ellas, no esconderse bajo una mesa o dentro de un armario. Al seguir esta cadena de decisiones el niño estaría maximizando el valor de sus alternativas, mientras que al esconderse dentro del clóset reduciría estas opciones a cero.

De esto se trata mantener abiertas sus alternativas. Nunca tome decisiones que lo acorralen, sin ruta de escape. Nunca haga nada que impida un movimiento lateral. Evite tomar decisiones irreversibles o que sean muy caras de revertir. Invierta en opciones reales, similares a los modelos financieros en el sentido de que aumentan más de valor cuanto más grande sea la incertidumbre.

Ahora escuchemos a un auténtico asesor de McKinsey explicar la lógica. "Las alternativas reales pueden ser valiosas porque les permiten a los tomadores de decisiones reoptimizar a lo largo del tiempo sin incurrir en costos irrecuperables sustanciales", sostiene Hugh Courtney, director asociado de estrategia de esta compañía. El truco consiste en superar el dilema de "todo o nada, ahora o nunca" al reconocer que existen diferentes matices de gris entre los extremos de no hacer nada y tirarse de cabeza a la alberca. "Las alternativas preservan las posibles ventajas que crean los altos niveles de incertidumbre, al tiempo que limitan las desventajas." En cierta forma, pensar en alternativas es una mentalidad más general que incluye comprometerse con una línea de acción como un caso especial entre una gama más amplia de opciones. "Así, los mejores tomadores de decisiones estratégicas", concluye Courtney, "deberían evaluar sistemáticamente las alternativas reales y las que requieren un compromiso pleno y 'mantener abiertas sus alternativas' cuando toque decidir si es buena idea o no 'mantener abiertas sus alternativas'." Aquí la lección es que todos deberíamos concentrarnos en mantener nuestras alternativas si queremos evitar que los cambios que nos esperan nos tomen por sorpresa y terminemos acorralados en un rincón.

Aproxímese a lo incierto con optimismo

"Cada día es una nueva oportunidad", dijo una vez el legendario pícher de beisbol Bob Feller. "Puedes construir sobre el éxito de ayer o dejar tus fracasos en el pasado y empezar de nuevo." El miedo a la incertidumbre provoca tanto estrés que incluso los atletas más experimentados sufren de "ansiedad de la competencia", sobre todo cuando los toma por sorpresa un acontecimiento inesperado; tal vez un oponente gana un punto imposible o un error no forzado los pone a la defensiva. Los músicos y los actores lo llaman "pánico escénico".

Como los atletas de élite y los virtuosos de la música, sentimos más ansiedad por nuestro futuro cuando percibimos que hemos perdido control sobre nuestro entorno. La ansiedad ante el fracaso nos induce a evitar pérdidas en vez de asegurar ganancias. Este fenómeno se llama "sesgo de aversión a las pérdidas", como vimos en el capítulo 1. Recuerde que este sesgo lleva a la gente a preferir evitar pérdidas que asegurar ganancias equivalentes.

La conclusión es que cuanto más nos concentramos en las oportunidades y menos en las desventajas, mayores serán nuestras oportunidades de adaptarnos con éxito a los desafíos de 2030. Como dijo una vez Winston Churchill: "Un pesimista ve la dificultad en cada oportunidad; un optimista ve una oportunidad en cada dificultad". El cambio climático, por ejemplo, se percibe como un problema inabordable, pero cada problema presenta una oportunidad para la acción.

No le tema a la escasez

En 2030 tendremos que lidiar con escasez de agua potable, aire limpio y tierras hospitalarias. Tal vez podamos aprender uno o dos trucos de las sociedades antiguas que tuvieron que superar sus propias crisis ambientales. Pensemos en Rapa Nui, mejor conocida como la Isla de Pascua y con frecuencia invocada como el lugar habitado más remoto del mundo. Este diminuto enclave volcánico de 163 kilómetros cuadrados fue alguna vez el hogar de una civilización extraordinaria, con logros artísticos, religiosos y políticos notables, incluyendo la construcción de las cerca de 1,000 estatuas de gran escala conocidas como moai, la mayor de las cuales pesa más de 80 toneladas y mide casi 10 metros de alto.

Mucho antes de que los europeos llegaran en 1722 la civilización rapa nui ya había entrado en crisis tras agotar sus fuentes de recursos. "Los paralelismos entre la Isla de Pascua y el mundo moderno resultan escalofriantemente obvias", escribe Jared Diamond en su esclarecedor *bestseller Colapso*. "La Isla de Pascua polinesia se hallaba tan aislada en el océano Pacífico como la Tierra lo está hoy en el espacio", sin posibilidad de escapar o de recibir ayuda del exterior. "Es por esto que la gente entiende el colapso de la Isla de Pascua como una metáfora, como un escenario catastrófico, de lo que nos espera en nuestro propio futuro."

La historia convencional, tal como la cuentan Diamond y otros, narra la competencia fanática entre una docena de clanes territoriales en la isla. "El aumento de tamaño de las estatuas a lo largo del tiempo sugiere competencia entre los jefes rivales, que mandaban construirlas para superarse unos a otros […] No puedo resistir la idea de que fueron producidas con un deseo de imposición." La historia de Diamond comienza con el crecimiento poblacional y el tallado competitivo de moais, seguido por la tala de los bosques para la agricultura intensiva y el transporte de estatuas, la pérdida de diversidad, la mengua en la producción de alimentos y, finalmente, "la hambruna, la crisis poblacional y el canibalismo".

En su libro *The Statues That Walked* (*Las estatuas que caminaban*) el antropólogo Terry Hunt y el arqueólogo Carl Lippo cuentan una historia distinta. "No fue una manía insensata por los moai lo que agotó los bosques de la isla e inclinó la balanza ecológica hacia la catástrofe." Los bosques fueron destruidos no por humanos sino principalmente por las ratas que viajaron con ellos en sus canoas cuando colonizaron la diminuta isla. Los isleños no se pelearon entre sí, como indican la ausencia de armas y la relativa escasez de esqueletos con señales de violencia. Y los habitantes emprendieron innovaciones laterales para alimentar a una población que iba en aumento en ese estéril trozo de tierra. "Poco a poco la isla fue transformada en una serie interminable de jardines", unos 2,500, rodeados de muros protectores de piedra.

Sin importar qué historia le parezca más atractiva, la idea central es que esta civilización de la Edad de Piedra no floreció originalmente gracias al acceso a recursos abundantes; nunca fue así. Dos arqueólogos escriben que "Rapa Nui no es una historia de suicidio ecológico sino de persistencia y de resiliencia en la que los isleños emplearon enfoques innovadores". El verdadero enigma, entonces, no es por qué colapsó la sociedad polinesia, sino cómo consiguió prosperar tanto durante cientos de años en una islita aislada casi sin recursos naturales.

Los mejores ejemplos de la capacidad de innovación de la gente de Rapa Nui se encuentran en las técnicas tras el diseño y el transporte de los colosales moai sin acceso a ruedas o animales de tiro. Hay investigaciones experimentales que indican que un equipo de no más de 20 personas pudo hacer "caminar" erguidas a las estatuas durante kilómetros, desde la única cantera de la isla y por caminos cuidadosamente construidos, mediante el uso metódico de cuerdas para mecer los monolitos de varias toneladas de un lado al otro, como si se encontraran en un péndulo invertido. Lo más probable es que no usaran madera para construir trineos, rodillos o patines.

Hoy, como es de esperarse, el cambio climático representa la mayor amenaza para la cultura rapa nui. Los moai en las plataformas cercanas al agua corren el peligro de quedar sumergidos por el aumento del nivel del mar. "Sientes impotencia al no poder proteger los huesos de tus ancestros", dice Camilio Rapu, líder de la organización indígena que administra el Parque Nacional Rapa Nui. "Se siente un dolor inmenso." Pero Sebastián Paoa, director de planeación, siente un cauto optimismo. "Ellos sabían que su medio ambiente se estaba desintegrando, pero eso no los detuvo para persistir en este lugar", explica. "Es lo mismo con el cambio climático hoy en día." La crisis climática significa que a nivel global tendremos que arreglárnoslas con menos recursos y menos emisiones, aunque sigan creciendo las ciudades y aumente el consumo de la clase media.

El arqueólogo Paul Bahn y el botánico John Flenley fueron quienes posiblemente lo plantearon mejor cuando escribieron que existe un mensaje doble en la historia de Rapa Nui. "Hay una lección para nuestro planeta, pero al mismo tiempo un ejemplo esperanzador de la capacidad humana de innovar y superar adversidades […] Los isleños consiguieron adaptarse con mucho éxito a sus nuevas circunstancias." La lección central de Rapa Nui, concluyen Bahn y Flenley, no tiene nada que ver con su decadencia sino con el hecho de que "por un milenio parece haber reinado la paz". Según el antropólogo Dale Simpson Jr., los distintos clanes territoriales no parecían estar en competencia o conflicto mutuo. Por el contrario, "un patrón continuo de máximo uso de un mínimo de fuentes sugiere una forma de colaboración", en la que los clanes territoriales compartían los recursos que necesitaban. "Creo que esto contradice el modelo del colapso que afirma que lo único que hacían era competir para construir las estatuas más grandes", sostiene Simpson.

En su lucha por la supervivencia, los rapa nui llegaron al extremo de transformar su cultura, algo que nosotros también podemos hacer. Ellos pasaron de "una religión basada en la deificación de los ancestros (un típico patrón polinesio) a una sola deidad, el dios creador Make, en la que la mayoría de los rituales y las ceremonias se centraban en la fecundidad y la fertilidad, incluyendo la humana". La nueva práctica cultural incluía una competencia anual, la "carrera ritual por el primer huevo", para seleccionar al "hombre ave" que gobernaría el año siguiente, una forma bastante pacífica y efectiva de enfrentarse a una base de recursos menguante. Así, incluso antes de que llegaran los europeos, los isleños ya habían comenzado a abandonar la engorrosa creación de moais. "Se calcula que a partir de 1500 no se construyeron estatuas, o se construyeron muy pocas." La competencia del hombre ave era una solución de gobernanza para la distribución de recursos escasos entre clanes territoriales no muy distinta de la que propuso Elinor Ostrom para resolver la tragedia de los comunes. Tal vez podemos concluir, en el mismo sentido que el geólogo David Bressan, que los rapa nui prehistóricos son un ejemplo de "una sociedad privada de muchas posibilidades futuras". Tal como la nuestra.

Conforme nos acercamos a 2030 nuestro objetivo debería ser el de evitar que se reduzcan nuestras opciones mediante la innovación y la preservación de nuestras riquezas finitas. Si adoptamos comportamientos más ecológicos, las adaptaciones cotidianas y el pensamiento lateral podrían contribuir en gran medida a aminorar el cambio climático y otras amenazas globales.

Siga la corriente

Las reglas del juego cambian sin cesar. Si bien la única respuesta posible al cambio es el cambio mismo, no se puede responder con éxito a ninguna transformación, grande o pequeña, únicamente tratando de minimizar las pérdidas o de superar la escasez según se manifiesten, una a la vez. El séptimo y último principio es convertirse en "surfistas" y organizarnos para montar las olas de cambio demográfico, económico, cultural y tecnológico conforme lleguen hasta nosotros. En el *Julio César* de Shakespeare Bruto expresó este principio en términos muy sencillos: "Y la corriente aprovechar debemos/o sucumbir".

La importancia de montar la ola del cambio se manifiesta en muchas áreas de la economía y la tecnología. Con frecuencia nos preguntamos cuál será el próximo gran negocio o la revolución tecnológica que sigue. Sin embargo, la historia del ingenio humano está repleta de inventos cuyo momento para brillar no llegó porque no existía una tendencia que le sirviera de viento de cola. De hecho, muchos emprendedores tuvieron éxito al rescatar del olvido alguna idea o dispositivo largamente olvidado e infundirle nueva vida décadas o incluso siglos después de que se concibiera o descubriera por primera vez. "Si observas la industria de la tecnología el tiempo suficiente", escriben Ron Miller y Alex Wilhelm, "comienzas a ver cómo se reciclan algunas de las mismas ideas. Tal vez no prendieron la primera vez porque era demasiado temprano." En la década de 1990 WebVan fracasó en el negocio de las entregas a domicilio antes de que unas cascadas de *startups* conquistaran ese espacio; Simon, el teléfono inteligente de IBM que se lanzó en 1992, 15 años antes que el iPhone, estaba equipado con un teclado de pantalla táctil; el concepto de "gestión de derechos de la información" nació unos años antes de que se generalizara la computación en la nube; la tableta PC de Microsoft se adelantó al iPad por una década, y a PointCast se le ocurrió la idea de imponerle un límite de caracteres a los mensajes una década antes que a Twitter. "Que una idea no sea original no significa que vaya a fracasar", concluyen Miller y Wilhelm. "Es sólo que el mundo podría haber estado más listo para estos conceptos que cuando las viejas compañías lo intentaron por primera vez." Las compañías precoces con frecuencia languidecen, mientras que las que esperan el momento adecuado tienen éxito. "No hay nada más poderoso que una idea a la que le ha llegado su hora", advirtió Victor Hugo.

•

Todavía no es muy tarde para prepararnos para 2030. El primer paso, indispensable, es reconocer que el mundo como lo conocemos desaparecerá para siempre en algún punto de nuestra vida, probablemente en el transcurso de la siguiente década. Esta certeza debe permitirnos cuestionar las ideas, supuestos y formas de pensar que hemos heredado. Encontremos las conexiones laterales diversificando las ideas, dando pasos graduales, manteniendo las alternativas abiertas, concentrándonos en la oportunidad, pensando en la escasez como un incentivo y navegando con los vientos de cola.

No sobreviviremos los desafíos de 2030 a menos que cambiemos nuestra mentalidad tradicional, demasiado lineal y vertical para ayudarnos. No es muy tarde para prepararnos para la transformación que nos espera. El éxito requiere lograr un delicado equilibrio entre cada uno de los sietes consejos y trucos laterales. Y recuerde: no hay vuelta atrás. El mundo como lo conocemos está a punto de cambiar, y no volverá a ser el mismo pronto, tal vez nunca. Las reglas están cambiando para siempre.

"Es un gran juego, la búsqueda de la felicidad", escribió el dramaturgo Eugene O'Neill.

Démosle la bienvenida a 2030, y aprovechemos las oportunidades que nos esperan.

Epílogo

CÓMO IMPACTA UN ACONTECIMIENTO PERTURBADOR
COMO EL COVID-19 EN LAS TENDENCIAS
QUE DISCUTIMOS EN *2030*

El 17 de noviembre de 2019 se detectó en la provincia de Wuhan, en China, el primer caso de COVID-19, una enfermedad infecciosa causada por una cepa nueva de coronavirus. Para mediados de marzo este patógeno se había propagado a más de 100 países, y la Organización Mundial de la Salud declaró una pandemia global. En el momento en el que escribo esto (marzo de 2020) aún no se conoce por completo la escala de la pandemia, pero sin duda infectará a miles, si no es que a millones de personas en todo el mundo. Ya ha tenido un impacto significativo en el consumo, y los mercados financieros han emplazado a los gobiernos a implementar políticas fiscales y monetarias dramáticas para minimizar los daños. Es muy posible que para la fecha en la que se publique este libro (agosto de 2020 en inglés y 2021 en español) una larga recesión y un agudo aumento en el desempleo sean parte de nuestra realidad global. Como dije en la introducción, es imposible saber qué nos depara el futuro, pero la crisis del COVID ofrece un estudio de caso único sobre el impacto de un fenómeno sorpresivo de alcance global sobre los argumentos que discutimos en este libro.

La gente suele pensar que las grandes crisis interrumpen las tendencias en curso, como si hubiera un claro "antes" y "después". La pandemia de coronavirus sólo es una de estas crisis, pero a diferencia de lo que suele pensarse no hará más que intensificar y acelerar —no descarrilar— las tendencias que analizamos aquí. Pensemos en la disminución de la tasa de fertilidad de la que hablamos en el capítulo 1. Hay tres razones por las que una pandemia acelerará esta tendencia. La primera es que la gente suele posponer las decisiones importantes (como la de tener un bebé) cuando se enfrenta a la incertidumbre. La segunda es que tener un bebé es un compromiso financiero, y la amenaza de una recesión obligará a muchos a reconsiderar si éste es el mejor momento. Lo vimos durante la Gran Depresión en la década de 1930 y tras la crisis financiera de 2008. La tercera es que los eventos transformadores como la guerra, los desastres naturales y las pandemias alteran nuestra rutina diaria y nuestras prioridades, incluyendo las decisiones sobre fertilidad.

La divergencia en las experiencias generacionales, discutida en el capítulo 2, es otra tendencia que se acelerará. Mientras escribo esto el virus se considera letal para la gente inmunocomprometida, que incluye a mayores de 60 y pacientes con problemas médicos preexistentes. El virus también parece afectar en forma distinta a diferentes grupos de edad, lo cual es aún más perturbador si pensamos lo común que es hoy en día la convivencia intergeneracional. Y cuando analizamos el envejecimiento y el futuro de las poblaciones, con Europa y el este de Asia compuestos por un grupo de edad mayor y África y el sur de Asia en medio de un *baby boom*, la proporción de la población mundial que migra a estas últimas no hará más que acelerarse si la tasa de mortalidad internacional sigue al paso que estamos viendo.

La crisis también dará continuidad a la tendencia actual hacia la desigualdad: los trabajadores pobres y los indigentes, en particular, no suelen gozar de buenos servicios de salud, y sus sistemas inmunitarios de por sí se ven afectados por la mala alimentación o las condiciones de vida insalubres. Si bien el virus no discriminará por ingreso o cobertura sanitaria, la gente en la base de la pirámide socioeconómica está más expuesta a las consecuencias de las infecciones.

También debemos considerar las graves consecuencias económicas de esta crisis. Por ejemplo, la pandemia llega en el peor momento para varios países europeos que aún se están recuperando de la crisis financiera de 2008. Italia y España, en particular, están entre los más afectados y, con sus sectores públicos severamente subfinanciados, se verán limitados en lo que pueden hacer. La clase media europea ya está estancada en comparación con las clases medias de los mercados emergentes, como vimos en el capítulo 3, y esta tendencia no hará más que intensificarse durante la pandemia. En el caso de los países que ya son políticamente inestables o económicamente vulnerables, como Irán, la crisis será una dura prueba para sus liderazgos, en la medida en la que la población ansiosa ejerce presión desde todos los flancos.

Como sociedad en general estamos mejor preparados para enfrentar desastres naturales como terremotos o huracanes. Existen lineamientos que pueden seguir las personas y las empresas. Nuestra infraestructura, como los edificios comerciales y de departamentos, están construidos para soportar estas catástrofes. ¿Estamos preparados para hacer lo mismo con las pandemias? Entre 2011 y 2017 la Organización Mundial de la Salud registró 1,307 brotes epidémicos regionales. En general el mundo enfrenta una pandemia global cada 40 a 70 años: la Tercera Plaga de 1855, la pandemia de influenza de 1918-1919, la epidemia de sida que comenzó a principios de la década de 1980 y el COVID-19 en 2020. Los terremotos importantes ocurren en intervalos parecidos: por ejemplo, en el área de la bahía de San Francisco los últimos dos grandes terremotos acontecieron en 1906 y 1989. Del mismo modo que ocurre con nuestros planes de emergencia para los terremotos, tanto el sector público como el privado deberían contar con protocolos para manejar eficazmente el momento en el que una epidemia se convierte en pandemia. La existencia de estos protocolos disminuiría la histeria y la preocupación de la gente. Incluirían, por supuesto, un sistema de salud provisto del personal y los insumos necesarios para manejar una crisis de salud pública y para multiplicar sus esfuerzos en respuesta a ella.

Aparte de las decisiones políticas, aquellas que implican responsabilidad personal, como el distanciamiento social y el "quédate en casa" para limitar la dispersión comunitaria son más importantes en áreas densamente pobladas como las ciudades (que, tal como vimos en el capítulo 5, es donde más gente vivirá en 2030 y después). Esto intensificará varias tendencias que ya están en marcha: la compra en línea (al sentir el aumento en la demanda, Amazon multiplicó sus contrataciones e incrementó el pago por horas extra para todos los empleados de almacén), las comunicaciones virtuales (desde el teletrabajo hasta las redes sociales, todos se han volcado a los servicios de telecomunicación como Zoom o WhatsApp para mantenerse conectados) y el entretenimiento digital (los productores de películas, libros y música, por ejemplo, se verán obligados a encontrar a sus clientes en línea, y ya no en tiendas físicas). La economía colaborativa, que ya era una fuerza revolucionaria, se acelerará aún más a causa de la crisis; qué industrias sufren las consecuencias (como el transporte) y cuáles experimentan una bonanza (como las plataformas digitales) tendrá efectos duraderos en la forma en la que vivimos, trabajamos e interactuamos entre nosotros y con la economía en el futuro cercano. A eso hay que sumarle la naciente revolución tecnológica, que comparé en importancia con la explosión del Cámbrico y que exploramos en el capítulo 6. Por ejemplo, las impresoras 3D ya están usándose para producir artículos médicos como ventiladores y respiradores, una señal de que esta tecnología estará a la vanguardia más pronto que tarde.

Estamos viendo en tiempo real cómo se intensifican estas tendencias y cómo se adaptan para un fenómeno como el coronavirus. La mayoría de las tendencias —desde el descenso en la fertilidad hasta las dinámicas intergeneracionales y el uso de la tecnología— se acelerarán a causa de la pandemia.

Pero la pregunta clave que debemos hacernos es si el COVID-19 (o la siguiente crisis imprevista) nos preparará mejor o nos cegará a los cambios colectivos que ya están en curso y que, como sostengo en este libro, inclinarán la balanza en la próxima década.

Agradecimientos

Ningún autor es una isla, y este libro lleva mucho tiempo en el horno; comencé a investigar para escribirlo hace siete años. Durante este tiempo me he beneficiado del estimulante entorno intelectual de la Wharton School y la Universidad de Pensilvania, que me permitieron concentrarme en la investigación y la escritura durante este tiempo.

Tuve la suerte de que me guiaran algunas de las personas más capaces y divertidas del mundo del libro: Jane von Mehren de Aevitas Creative Management; mi editor, Pronoy Sarkar, el editor de producción Alan Bradshaw y la correctora de estilo Sue Warga en St. Martin's Press; Barbara Monteiro de Monteiro & Company, y mi equipo de publicistas en FINN Partners, Paul Sliker, Louisa Baxley y Stacy Topalian. Francis Hoch, de Chartwell Speakers Bureau, también ayudó a hacer correr la voz sobre el libro y sus ideas principales. Su profesionalismo y su enorme curiosidad intelectual fueron una fuente constante de inspiración y aliento. Jane me abrió un universo de posibilidades totalmente nuevo en el mundo editorial. Pronoy fue el mejor editor que pude haber tenido, concentrado en la prioridad absoluta de las ideas y en la mejor forma de transmitirlas. También estoy agradecido con Michelle Cashman, Gabi Gantz, Laura Clark, Paul Hochman, Ervin Serrano y el resto del equipo de St. Martin's Press por su compromiso con este libro.

Estoy muy agradecido con los miles de alumnos, funcionarios y políticos que me hicieron preguntas difíciles durante las presentaciones basadas en el libro. También recibí retroalimentación positiva de quienes han tomado mis clases en línea en Coursera y Wharton. Benito Cachinero, José Manuel Campa, Carlos de la Cruz, Álvaro Cuervo, Mohamed El-Erian, Julio García Cobos, Geoffrey Garrett, Victoria Johnson, Emilio Ontiveros, Sandra Suárez y Joseph Westphal me ayudaron con una infinidad de pistas y consejos sobre los varios temas que cubre el texto.

Mi esposa, Sandra, y mis hijas, Daniela y Andrea, me permitieron sumergirme en el libro y viajar incesantemente a lugares lejanos en busca de material. Este libro está dedicado a las tres.

Fuentes

ALGUNOS DATOS Y CIFRAS

Todos los sitios de internet fueron consultados por última vez el 1 de noviembre de 2019.

Sobre agricultura africana véase Banco Africano de Desarrollo, "Africa agribusiness", https://www.afdb.org/en/news-and-events/africa-agribusiness-a-us-1-trillion-business-by-2030-18678

La proyecciones sobre la salud de las mujeres provienen de Capgemini y RBC Wealth Management, *World Wealth Report*, 2014, https://worldwealthreport.com/up-content/uploads/sites/7/2018/10/2014.World-Wealth-Report-English.pdf

Las proyecciones sobre hambre y obesidad provienen de ONU, "Goal 2: Zero Hunger", https://www.un.org/sustainabledevelopment/hunger; ONU, "Pathways to zero hunger", https://un.org/zerohunger/content/challenge-hunger-can-be-eliminated-our-lifetimes; T. Kelly *et al.*, "Global burden of obesity in 2005 and projections to 2030", *International Journal of Obesity*, vol. 32, núm. 9, 2008, pp. 1431-1437; OMS, "Obesity and overweight", 16 de febrero de 2018, https://www.who.int/news-room/fact-sheets/detail/obesity-and-overweight##targetText=Some%20recent%20WHO%20global%20estimates%25%20of%20women)%20were%20overweight. Véanse también las fuentes del capítulo 5.

Los datos sobre las ciudades son las del capítulo 5; véanse las fuentes de ese capítulo.

Los datos y las proyecciones sobre los nacimientos son las del capítulo 1; véanse las fuentes de ese capítulo.

Los datos y las proyecciones sobre la clase media son las del capítulo 3; véanse las fuentes de ese capítulo.

INTRODUCCIÓN: EL TIEMPO CORRE

Todos los sitios de internet fueron consultados por última vez el 22 de septiembre de 2019.

Las estadísticas mencionadas en este introducción se citan en los capítulos subsecuentes.

Las palabras del juez Taylor en *Para matar a un ruiseñor*, de Harper Lee, se encuentran en el capítulo 17.

El presupuesto para la misión Marte de India se discute en Ipsita Agarwal, "These scientists sent a rocket to Mars for less tan it cost to make 'The Martian'", *Wired*, 17 de marzo de 2017. Véase también Jonathan Amos, "Why India's Mars mission is so cheap—and thrilling", BBC, 24 de septiembre de 2014, https://www.bbc.com/news/science-environment-29341850

Sobre el hallazgo indio de agua en la Luna y la confirmación de la NASA véanse Helen Pidd, "India's first lunar mission finds water on Moon", *Guardian*, 24 de septiembre de 2009, y Jesse Shanahan, "NASA confirms the existence of water on the Moon", *Forbes*, 22 de agosto de 2018.

La cita de De Bono proviene de Shane Snow, "How to apply lateral thinking to your creative work", 2014, https://99u.adobe.com/articles/31978/how-to-apply-lateral-thinking-to-your-creative-work

El título del libro de George Day y Paul J. H. Schoemaker es *Peripheral Vision: Detecting the Weak Signals That Will Make or Break Your Company,* Boston, Harvard Business School Press, 2006 (hay edición en español: *Visión periférica. Cómo detectar debilidades y oportunidades ocultas,* Barcelona, Deusto, 2007).

La cita de Proust es de su libro *La prisionera,* quinto volumen de *En busca del tiempo perdido,* publicado en 1923. El texto completo está disponible en http://Gutenberg.net.au/ebooks03/0300501h.html

I. SIGAN A LOS BEBÉS

Todos los sitios de internet fueron consultados por última vez el 12 de mayo de 2019.

La cita de Edwin Cannan proviene de V. C. Sinha y Easo Zacharia, *Elements of Demography,* Nueva Delhi, Allied Publishers, 1984, p. 233.

El libro de Paul R. Ehrlich y Anne Ehrlich, *La bomba demográfica,* fue publicado en 1968 por Sierra Club y Ballantine Books. Por alguna razón ella no recibió crédito como autora. Puede encontrarse una guía compacta de las diferentes teorías de la población en http://eco nomicsdiscussion.net/theory-of-population/top-3-theories-of-population-with-diagram/18461. Una buena introducción a las teorías y las tendencias demográficas es el capítulo 4 de *Global Turning Points,* de Mauro F. Guillén y Emilio Ontiveros, 2a. ed., Cambridge, Cambridge University Press, 2016. Los datos y previsiones sobre población, fertilidad y expectativa de vida son compilados y actualizados en forma regular por la División de Población de la ONU, http://www.un.org/en/development/desa/population. Los datos de la primera gráfica de este capítulo se calcularon usando la media de las proyecciones de población.

La cita de Malthus proviene del *Ensayo sobre el principio de población*, originalmente publicado en 1798, http://www.esp.org/books/Malthus/population/Malthus.pdf, p. 44. Sobre el decreciente apetito sexual en Estados Unidos véase Jean M. Twenge, Ryne A. Sherman y Brooke E. Wells, "Declines in sexual frequency among American adults, 1989-2014", *Archives of Sexual Behavior*, vol. 46, núm. 8, 2017, pp. 2389-2401.

Sobre los apagones y su efecto en la fertilidad véanse A. Burlando, "Power outages, power externalities, and baby booms", *Demography*, vol. 51, núm. 4, 2014, pp. 1477-1500, y Amar Shanghavi, "Blackout babies: The impact of power cuts on fertility", *CentrePiece*, London School of Economics, otoño de 2013.

El estudio y los ejemplos personales sobre las razones por las que los estadunidenses no tienen tantos bebés como en el pasado se discuten en Claire Cain Miller, "Americans are having fewer babies. They told us why", *The New York Times*, 5 de julio de 2018. Los cálculos sobre cuánto cuesta criar un hijo en Estados Unidos se resumen en Abha Bhattari, "It's more expensive tan ever to raise a child in the U.S.", *The Washington Post*, 10 de enero de 2017.

Las teorías demográficas de Gary Becker se resumen muy bien en Matthias Doepke, "Gary Becker on the quantity and quality of children", *Journal of Demographic Economics*, núm. 81, 2105, pp. 59-66. La cita proviene de Gary Becker, *A Treatise on the Family*, Cambridge, Harvard University Press, 1991, p. 144 (hay edición en español: *Tratado sobre la familia*, Madrid, Alianza Universidad, 1987).

Los datos sobre fertilidad en la China rural y en las áreas urbanas antes y después de la adopción de la política de un solo hijo provienen de Junsen Zhange, "The evolution of China's one-child policy and its effects on family outcomes", *Journal of Economic Perspectives*, vol. 31, núm. 1, 2017, pp. 141-160. Los mitos que rodean la política de un solo hijo se discuten en Martin King Whyte, Wang Feng y Yong Cai, "Challenging myths about China's one-child policy", *China Journal*, núm. 74, 2015, pp. 144-159, y en Amartya Sean, "Women's progress outdid China's one-child policy", *The New York Times*, 2 de noviembre de 2015.

Los excedentes en el ahorro en China gracias a la política de un solo hijo se analizan en Shang-Jin Wei y Xiaobo Zhang, "The competitive savings motive: Evidence from rising sex ratios and savings rates in China", documento de trabajo de NBER núm. 1509, 2009; Taha Choukhmane, Nicolas Coeurdacier y Keyu Jin, "The one-child policy and household savings", 19 de septiembre de 2014, https://economics.yale.edu/sites/default/files/tahamaclunch100214_2.pdf

Los datos sobre los servicios de citas digitales provienen de Statista, *eServices Report 2017*, Hamburgo, Statista, 2017. El experimento con la plataforma de citas china fue llevado a cabo por David Ong y Jue Wang, "Income attraction: An online dating field experiment", *Journal of Economic Behavior and Organization*, núm. 111, 2015, pp. 13-22.

La escasez de hombres en Siberia y el estudio de Caroline Humphrey fueron reportados en Mira Katbamna, "Half a good man is better than none at all", *The Guardian*, 26 de octubre de 2009. Véase también Kate Bolich, "All the single ladies", *Atlantic*, noviembre de 2011.

Las historias de Samuel Owiti Awino, Celestina Mumba, Felix Afolabi y otros granjeros africanos se narran en el sitio de la African Agricultural Technology Foundation, https://www.aatf-africa.org/fieldstories

Sobre los 54 estados soberanos de África véase Center for Systemic Peace, Global Report 2017, www.systemicpeace.org/vlibrary/GlobalReport2017.pdf

Sobre el cultivo de mandioca en África véase Emiko Terazono, "African farming: Cassava now the center of attention", *Financial Times*, 21 de enero de 2014. La historia de Naomi Wanjiru Nganga se narra en Harry McGee, "How the mobile pone changed Kenya", *Irish Times*, 14 de mayo de 2016. Las iniciativas de salud electrónica en Kenia se describen en Martin Njoroge, Dejan Zurovac, Esther A. A. Ogara, Jane Chuma y Doris Kirigia, "Assessing the feasibility of eHealth and mHealth: A systematic review and analysis of the initiatives implemented in Kenya", *BMC Research Notes*, núm. 10, 2017, pp. 90-101.

Los datos, análisis y citas sobre las características de los inmigrantes provienen de *UN Migration Report 2015*, Nueva York, ONU, 2015; OCDE, *Is migration good for the economy?*, París, OCDE, 2014; Giovanni Peri, "Immigrants, productivity, and labor markets", *Journal of Economic*

Perspectives, vol. 30, núm. 4, 2016, pp. 3-30; David H. Autor, "Why are there still so many jobs?", *Journal of Economic Perspectives*, vol. 29, núm. 3, 2015, pp. 3-30, y Academias Nacionales de Ciencias, Ingeniería y Medicina, *The Economic and Fiscal Consequences of Immigration*, Washington, D.C., National Academies Press, 2017.

Para estadísticas sobre trabajadores de origen extranjero en Estados Unidos véase Nicole Prchal Svajlenka, "Immigrant workers are important to filling growing occupations", Center for American Progresss, 11 de mayo de 2017, https://americanprogress.org/issues/immigration/news/2017/05/11/43197/immigrant-workers-important-filling-growing-occupations. La investigación de Britta Glennon se describe en Stuart Anderson, "Restrictions on H-1B visas found to push Jobs out of the U.S.", *Forbes*, 2 de octubre de 2019.

Los datos y los análisis sobre emprendimientos y compañías fundados por inmigrantes vienen de Stuart Anderson, *American made 2.0: How Immigrant Entrepreneurs Continue to Contribute to the U.S. Economy*, Washington, D.C., National Venture Capital Association, 2015; Stuart Anderson, *Immigrant Founders and Key Personnel in America's 50 Top Venture-Funded Companies*, Arlington, National Foundation for American Policy, 2011, y Stuart Anderson, *Immigrants and Billion Dollar Startups*, Arlington, National Foundation for American Policy, 2016.

Los datos sobre trabajadores de origen extranjero en el sector de la salud en Estados Unidos provienen del University Institute for Immigration Research de la Universidad George Mason, "Immigrants in healthcare", junio de 2016; Anupam B. Jena, "U.S. immigration policy and American medical research: The scientific contributions of foreign medical graduates", *Annals of Internal Medicine*, vol. 167, núm. 8, 2017, pp. 584-586.

Sobre el sesgo de aversión a las pérdidas véanse Daniel Kahneman y Amos Tversky, "Choices, values, and frames", *American Psychologist*, vol. 39, núm. 4, 1984, pp. 341-350; Daniel Kahneman y Amos Tversky, "Advances in prospect theory: Cumulative representation of Uncertainty", *Journal of Risk and Uncertainty*, vol. 5, núm. 4, 1992, pp. 297-323; Thea Wiig, "Can framing change individual attitudes towards migration?", tesis de maestría, Universidad de Bergen, 2017, https://pdfs.semanticscholar.org/f48f/2aac7860277f9fb97e234f0d28963b5d6 18d.pdf; Mehtap Akgüç *et al.*, "Risk attitudes and migration", *China Economic Review*, vol. 37, núm. C, 2106, pp. 166-167; William A. V. Clark y William Lisowski, "Prospect theory and the decision to move or stay", *Proceedings of the National Academy of Sciences*, vol. 114, núm. 36, 2017, pp. E7 432-E7 440; Mathias Czaika, "Migration and economic prospects", *Journal of Ethnic and Migration Studies*, vol. 41, núm. 1, 2015, pp. 58-82; James Surowiecki, "Losers!", *The New Yorker*, 3 de mayo de 2016.

Sobre el impacto de la migración sobre la seguridad social, véanse *The 2018 Report of the Board of Trustees of the Federal Old Age and Survivors Insurance and Federal Disability Insurance Trust Fund*, Washington, D.C., Social Security Administration, 2018, https://www.ssa.gov/OACT/TR/2018/tr2018.pdf; Andrew Cline, "Social Security and Medicare are slowly dying, but no one in Washington will lift a finger", *USA Today*, 13 de junio de 2018; Alexia Fernández Campbell, "Why baby boomers need immigrants to fund their retirement", *Vox*, 23 de octubre de 2018, https://www.vox.com/2018/8/1/17561014/immigration-social-security; Nina Roberts, "Undocumented immigrants quietly pay billions into Social Security and receive no benefits, *Marketplace*, 28 de enero de 2019, https://www.marketplace.org/2019/01/28/undocumented-immigrants-quietly-pay-billions-social-security-and-receive-no

El concepto de "circulación de cerebros" fue desarrollado por AnnaLee Saxenian, "From brain drain to brain circulation: Transnational communities and regional upgrading in India and China", *Studies in Comparative International Development*, núm. 40, 2005, pp. 35-61. El estudio del Banco Mundial sobre emprendedores transnacionales se publicó como *Diaspora networks and the international migration of skills,* Washington, D.C., Banco Mundial, 2006. Sobre Miin Wu véase AnnaLee Saxenian, "Brain circulation: How high-skill immigration makes everyone better off", Brookings Institution, 2002, https://www.brookings.edu/articles/brain-circulation-how-high-skill-immigration-makes-everyone-better-off. Sobre James Joo-Jin Kim véase Tim Hyland, "Kim: 'There is much to be done'", *Wharton Magazine,* verano de 2010, http://whartonmagazine.com/issues/summer-2010/ kim there-is-much-to-be-done/#sthash.bepdPPNK.dpbs

El estudio de la Conference Board of Canada puede encontrarse en https://www. conferenceboard.ca/press/newsrelease/2018/05/15/imagining-canada-s-economy-without-immigration?AspxAutoDetectCookieSupport=1

2. EL GRIS ES EL NUEVO NEGRO

Todos los sitios de internet fueron consultados por última vez el 9 de julio de 2019.

A lo largo del capítulo los datos sobre las cifras de personas en los distintos grupos de edad provienen de la ONU, World Population Prospects, revisión de 2019, https://population.un.org/wpp

La cita de Morgan Stanley proviene de John Gapper, "How millennials became the world's most powerful consumers", *Financial Times,* 6 de junio de 2018. Los encabezados en medios sobre los milenials fueron compilados por Carly Stern, "I wanted to make a memorial of all our destruction", *Daily Mail,* 17 de agosto de 2017.

El gasto en salud en Estados Unidos por grupo de edad se analiza en Tate Ryan-Mosley, "U.S. health-care costs are soaring, but don't blame old people", *MIT Technology Review,* septiembre-octubre de 2019, p. 57.

Sobre la riqueza de la población de adultos mayores véase AARP y Oxford Economics, *The Longevity Economy: How People Over 50 Are Driving Economic and Social Value in the US,* septiembre de 2016, https://www.aarp.org/content/dam/aarp/home-and-family/personal-technology/2016/09/2016-Longevity-Economy-AARP.pdf

Las citas de Neil Howe y los datos sobre riqueza de la Reserva Federal se encuentran en Neil Howe, "The graying of wealth", *Forbes,* 16 de marzo de 2018. La cita de John Dos Passos puede encontrarse en https://www.brainyquote.com/quotes/johndospassos402864. El artículo de Linda Bernstein "What to say when they blame it on the boomers" apareció en *Forbes,* 15 de noviembre de 2016.

Las teorías sobre las generaciones citadas en el texto provienen de Karl Mannheim, "The problem of generations", en *Essays on the Sociology of Knowledge,* editado por Paul Kecskemeti, Londres, Routledge & Kegan Paul, 1952, pp. 276-322; Pierre Bourdieu, *Outline of a Theory of Practice*, Cambridge, Cambridge University Press, 1977.

La cita de Peggy Noonan proviene de https://www.brainyquote.com/quotes/peggy_noonan_159262

El artículo de Stefano Hatfield apareció como "Why is advertising not aimed at the over-50s?", *The Guardian*, 3 de diciembre de 2014. El artículo de AARP "Selling older consumers short" puede encontrarse en https://www.aarp.org/money/budgeting-saving/info-2014/advertising-to-baby-boomers.html

Sobre los adultos mayores como grupo de consumo véanse Paul Irving, "Aging populations: A blessing for business", *Forbes*, 23 de febrero de 2018; "The grey market", *Economist*, 7 de abril de 2016; Elizabeth Wilson, "Find hidden opportunities in the senior market", *Entrepreneur*, 16 de abril de 2019. El artículo de Wilson incluye la cita de Maria Henke, mientras que la de Chanel proviene de Ben Cooper, "Analysis: Why retailers should be engaging the aging", *Retail Week*, 28 de julio de 2017.

Las citas de Jeff Beer, Sarah Rabia y Nadia Tuma provienen de Jeff Beer, "Why marketing to seniors is so terrible", *Fast Company*, 6 de junio de 2019.

Las citas sobre las lavadoras provienen de Nellie Day, "Elder friendly guide to top-loading washing machines", *Elder Gadget*, 1 de diciembre de 2019, http://eldergadget.com/eldergadget-guide-to-top-loading-washing-machines

Los datos sobre la calidad de vida de los adultos mayores provienen de "The United States of Aging Survey", https://www.aarp.org/content/dam/aarp/livable-communitiesold-learn/research/the-united-states-of-aging-survey-2012-aarp.pdf

El localizador de gimnasios adecuados para ancianos del International Council on Active Aging se encuentra en https://www.icaa.cc/facilitylocator/facilitylocator.php

Los datos de eMarketer sobre las compras en línea de los adultos mayores pueden encontrarse en https://www-statista-com.proxy.library.upenn.edu/statistics/868862/online-shopping-buying-related-activities-internet-users. Los datos sobre los gastos discrecionales son de Fung Global Retail and Technology, *The Silver Wave: Understanding the Aging Consumer*, 2016, https://www.fbicgroup.com/sites/default/files/Silver%20Wave%20The%20Aging%20Consumer%20Report%20by%20Fung%20Global%20Retail%20Tech%20May%2023%202016 0.pdf

La sección sobre Philips está basada en información del Philips Museum, https://www.philips.nl/en/a-w/philips-museum.html, así como otras fuentes en línea.

Las citas de Jennifer Jolly provienen de su artículo "Best new tech to help aging parents", *USA Today*, 11 de marzo de 2014.

Sobre el uso de internet y la depresión véase Shelia R. Cotton, George Ford, Sherry Ford y Timothy M. Hale, "Internet use and depression among retired older adults in the United States", *Journals of Gerontology*, serie B, vol. 69, núm 5 (septiembre de 2014), pp. 763-771. Las citas de Annena McCleskey provienen de Robin Erb, "Teaching seniors to use internet cuts depression risk", *USA Today*, 22 de abril de 2014.

La sección sobre Rendever está basada en Gökay Abacı, "Reconnecting the elderly with the joys of everyday life through virtual technology", *Medium*, 8 de agosto de 2018, https://medium.com/@MassChallengeHT/reconnecting-the-elderly-with-the-joys-of-everyday-life-through-virtual-reality-277bf957483e. Sobre los exoesqueletos véase Jonas Pulver, "An ageing Japan looks to mechanical exoskeletons for the elderly", *World Weekly*, 4 de febrero de 2016.

El estudio sobre las tasas costo-beneficio en los mercados bursátiles de Estados Unidos se encuentra en Zheng Liu y Mark M. Spiegel, "Boomer retirement: Headwinds for U. S. equity markets?", carta económica 2011-26, Banco de la Reserva Federal de San Francisco,

22 de agosto de 2011, http://www.frbsf.org/publications/economics/letter/2011/el2011-26.html

Las citas de Lau, Kotansky, Flax y Tischler provienen de Penny Crosman, "6 fintechs targeting seniors and their families", *American Banker,* 20 de junio de 2018.

Sobre adultos mayores y emprendedores véase Lauren Smiley, "Late-stage startup", *MIT Technology Review,* septiembre-octubre de 2019; Roger St. Pierre, "How older entrepreneurs can turn age to their advantage", *Entrepreneur,* 26 de mayo de 2017.

Sobre el abuso financiero de los adultos mayores véase Sara Zeff Geber, "Hot tech solutions to keep older adults safe from financial abuse", *Forbes,* 23 de abril de 2019; Victoria Sackett, "New law targets elder financial abuse", AARP, 24 de mayo de 2018, https://www.aarp.org/politics-society/government-elections/info-2018/congress-passes-safe-act.html. Sobre EverSafe, véase Financial Solutions Lab, "EverSafe", http://finlab.finhealthnetwork.com/challenges/2017/eversafe

Las citas de Collinson y Weinstock provienen de Kenneth Terrell, "Why working after retirement works", AARP, 13 de agosto de 2018, https://www.aarp.org/work/working-at-50-plus/info-2018/why-work-after-retirement.html

Sobre los equipos intergeneracionales en BMW véase Helen Dennis, "The HR challenges of an ageing workforce", *HR Magazine,* 16 de febrero de 2016; Robert M. McCann, "Aging and organizational communication", *Oxford Research Encyclopedias: Communication,* agosto de 2017, doi: 10.1093/acrefore/9780190228613.013.472.

Las diferentes opiniones sobre los milenials aparecen en Jean Twenge, *Generation Me: Why Today's Young Americans Are More Confident, Assertive, Entitled—And More Miserable Than Ever Before,* Nueva York, Free Press, 2006; *PR Newswire,* 20 de octubre de 2016; William Strauss y Neil Howe, *Millennials Rising: The Next Great Generation,* Nueva York, Vintage Original, 2000; David Burstein, *Fast Future: How the Millennial Generation Is Shaping Our World,* Boston, Beacon Press, 2013; Eric Hoover, "The millennial muddle", *Chronicle of Higher Education,* 11 de octubre de 2009; Jia Tolentino, "Where millennials come from", *The New Yorker,* 27 de noviembre de 2017; Council of Economic Advisers, *15 Economic Facts About Millennials,* octubre de 2014, https://obamawhitehouse.archives.gov/sites/default/files/docs/millennials_report.pdf; World Values Survey, http://www.worldvaluessurvey.org/WVSContents.jsp?CMSID=Findings; Kathleen Shaputis, *The Crowded Nest Syndrome,* Nueva York, Clutter Fairy, 2004.

Sobre milenials y ahorros véase Josh Zumbrun, "Younger generation faces a savings deficit", *Wall Street Journal,* 9 de noviembre de 2014; Bank of America, *2018 Better Money Habits Millennial Report,* https://bettermoneyhabits.bankofamerica.com/content/dam/bmh/pdf/ar6vnln9-boa-bmh-millennial-report-winter-2018-final2.pdf

Sobre la Generación Z véase Varkey Foundation, "Generation Z", enero de 2017, https://www.varkeyfoundation.org/what-we-do/policy-research/generation-z-global-citizenship-survey

Sobre los adultos mayores en China véanse Chong Koh Ping, "China's elderly: Old and left behind", *Straits Times,* 28 de octubre de 2017; Jieyu Liu, "Ageing, migration, and familial support in rural China", *Geoforum,* núm. 51, enero de 2014, pp. 305-312.

Sobre el asilo-dormitorio véase Tiffany R. Jansen, "The nursing home that's also a dorm", Citylab, 2 de octubre de 2015, https://www.citylab.com/equity/2015/10/the-nursing-home-thats-also-a-dorm/408424

La cita de Levine proviene de Bridey Heing, *Critical Perspectives on Millennials,* Nueva York, Enslow, 2018, p. 23.

El proyecto Wired-Pfizer sobre envejecimiento puede encontrarse en "The future of getting old: Rethinking old age", *Wired,* abril de 2018, https://www.wired.com/brandlab/2018/04/the-future-of-getting-old

3. CÓMO SEGUIRLE EL PASO A LOS SINGHS Y LOS WANGS

Todos los sitios de internet fueron consultados por última vez el 29 de agosto de 2019.

Las perspectivas de Margaret Halsey sobre la clase media están en su libro *The Folks at Home,* Nueva York, Simon & Schuster, 1952.

La historia de Tata Nano se cuenta en "Ratan Tata hands over first three Nano cars to customers", *Economic Times,* 17 de julio de 2009; Saurabh Sharma, "How a scooter on a rainy day turned into Ratan Tata's dream project Nano", *Business Today,* 14 de abril de 2017; Kamalika Ghosh, "It's time to say ta-ta to the world's cheapest car", *Quartz,* 13 de julio de 2018.

Sobre el éxito de la parrilla Weber-Stephen en India véase Dave Sutton, "8 common mistakes when expanding into emerging markets", *TopRight,* 20 de abril de 2017, https://www.toprightpartners.com/insights/8-common-mistakes-expanding-emerging-markets; Natasha Geiling, "The evolution of American barbecue", *Smithsonian.com,* 18 de julio de 2013; Shrabonti Bagchi y Anshul Dhamija, "Licence to grill: India takes to the barbecue", *Times of India,* 18 de noviembre de 2011.

Los datos sobre el poder adquisitivo de la clase media en el mundo provienen de Homi Kharas, "The unprecedented expansion of the global middle class", Brookings Institution, febrero de 2017, https://www.brookings.edu/wpcontent/uploads/2017/02/global/20170228_global-middle-class.pdf. La comparación de ventas durante el Día del Soltero, el Viernes Negro y el Ciber Lunes puede encontrarse en Niall McCarthy, "Singles' day sets another sales record", *Statista,* 12 de noviembre, 2018, https://www.statista.com/chart/16063/gmv-for-alibaba-on-singles-day

La cita de Charles Dickens proviene de una carta a William C. Macready escrita en octubre de 1855, http://www.victorianweb.org/authors/dickens/ld/bezrucka1.html. La cita de George Orwell se encuentra en el último párrafo de *El camino a Wigan Pier,* http://gutenberg.net.au/ebooks02/0200391.txt. La cita de Clive Bell está en Clive Crook, "The middle class", *Bloomberg,* 2 de marzo de 2017, https://www.bloomberg.com/quicktake/middle-class. La cita de J. K. Rowling se encuentra en https://www.stylist.co.uk/people/life-according-to-jk-rowling-harry-potter-books/18793. Sobre la situación económica de Homero Simpson véase "Homer Simpson: An economic analysis", publicado por *Vox* en YouTube el 16 de septiembre de 2018, https://youtu.be/9D420SOmL6U

La cita de Margaret Halsey se encuentra en *The Folks at Home,* Nueva York, Simon & Schuster, 1952, y la de Gertrude Stein proviene de *Three Lives,* Nueva York, Pocket Books, 2003, p. 250 (hay edición en español: *Tres vidas,* Sitara, 2017).

La idea de congruencia fue probada por Damon J. Phillips y Ezra W. Zukerman en "Middle-status conformity: Theoretical restatement and empirical demonstration in two markets", *American Journal of Sociology,* vol. 107, núm. 2, septiembre de 2001.

El estudio sobre la violación de la ley se encuentra en P. Piff *et al.*, "Higher social class predicts increased unethical behavior", *Proceedings of the National Academy of Sciences of the United States of America*, vol. 109, núm. 11, 2012, pp. 4086-4091.

La historia de Zhou Yuanyan apareció en David Pilling, "Asia: The rise of the middle class", *Financial Times,* 4 de enero de 2011, y la historia de John Monday se encuentra en Norimitsu Onishi, "Nigeria goes to the mall", *The New York Times,* 5 de enero de 2016.

El estudio de Deloitte, "Africa: A 21st century view", puede consultarse en https://www2. deloitte.com/content/dam/Deloitte/ng/Documents/consumer-business/the-deloitte-consumer-review-africa-a-21st-century-view.pdf, y los rankings de Brand Africa en http://www.brandafrica. net/Rankings.aspx

Los datos sobre patentes pueden encontrarse en Organización Mundial de la Propiedad Intelectual, "World Intellectual Property Indicators 2017", 12, http://www.wipo.int/edocs/pub docs/en/wipo pub_941 2017.pdf

La historia de la Hooker Furniture Corporation se narra en Jason Margolis, "North Carolina's fight to keep its foothold on furniture", *The World,* 2 de mayo de 2018, https://www. pri.org/stories/2018-05-02/north-carolina-s-fight-keep-its-foothold-furniture. Otros datos provienen de Hooker Furniture, "Creating opportunities: 2018 Annual Report", http://investors. hookerfurniture.com/static-files/3551b785-4637-4d55-a5b7-8221c1b15164

El Pew Study, "The American middle class is losing ground", puede encontrarse en http:// www.pewsocialtrends.org/2015/12/09/the-american-middle-class-is-losing-ground

Los datos de ventas de Spotify pueden encontrarse en la oferta pública inicial de la compañía, https://www.sec.gov/Archives/edgar/data/1639920/000119312518063434/d494294df1. htm. Los datos sobre Netflix provienen de Louis Brennan, "How Netflix expanded to 190 countries in 7 years", *Harvard Business Review,* 12 de octubre de 2018; Manish Singh, "Netflix will roll out a lower-priced subscription plan in India", *TechCrunch,* 17 de julio de 2019, https://tech crunch.com/2019/07/17/netflix-lower-price-india-plan; y P. R. Sanjai, Lucas Shaw y Sheryl Tian Tong Lee, "Netflix's next big market is already crowded with cheaper rivals", *Economic Times,* 20 de julio de 2019, https://economictimes.indiatimes.com/industry/media/entertainment/media/netf lixs-next-big-market-is-already-crowded-with-cheaper-rivals/articleshow/70287704.cms.

Los ejemplos de las grandes pifias de las empresas estadunidenses en el mundo provienen de "10 successfulAmerican businesses that have failed overseas", *International Business Degree Guide,* 12 de septiembre de 2013, https://www.internationalbusinessguide.org/10-successful-american-businesses-that-have-failed-overseas

Las historias y citas sobre la conducta indulgente de los jóvenes consumidores chinos vienen de Yiling Pan, "Why Chinese millennials are willing to max out their cards for luxury goods", publicado originalmente el 2 de enero de 2019 en *Jing Daily* y disponible en inglés en https://www.scmp.com/magazines/style/people-events/article/2178689/can-chinas-debt-ri dden-millennial-and-gen-z-shoppers; y de Stella Yifan Xie, Shan Li y Julie Wernau, "Young Chinese spend like Americans—and take on worrisome debt", *Wall Street Journal,* 29 de agosto de 2019.

Los conflictos por el reciclaje entre China y Estados Unidos se tratan en Cassandra Profita, "Recycling chaos in U.S. as China bans 'foreign waste'", *Morning Edition,* NPR, 9 de diciembre de 2017, https://www.npr.org/2017/12/09/568797388/recycling-chaos-in-u-s-as-china-bans-foreignwaste; Sara Kiley Watson, "China has refused to recycle the West's plastics. What wow?", NPR, 28 de junio de 2018, https://www.npr.org/sections/goatsandsoda/2018/06/28/623972937/chi na-has-refused-to-recycle-the-wests-plastics-what-now; y Amy L. Brooks, Shunli Wang y Jenna R. Jambeck, "The Chinese import ban and its impact on global plastic waste trade", *ScienceAdvances*, vol. 4, núm. 6, 2018, http://advances.sciencemag.org/content/4/6/eaat0131

Las publicaciones en Reddit pueden encontrarse en https://www.reddit.com/r/jobs/com ments/6e6p3n/is_it_really_that_hard_to_find_a_job_as_a. El estudio de la OCDE es *Under Pressure: The squeezed Middle Class*, París, OCDE, 2019. Las citas son de las páginas 26, 57 y 69.

El artículo de Patrick Coleman se publicó como "America's middle-class parents are working harder for less", *Fatherly*, 15 de mayo de 2019, https://www.fatherly.com/love-money/ american-middle-class-parents-cant-afford-kids

La recuperación de Búfalo se discute en David Russell Schilling, "Buffalo: The test designed & planned city in the United States", *Industry Tap*, 25 de enero de 2015, http://www. industrytap.com/buffalo-best-designed-planned-city-united-states/26019; Courtney Kenefick, "Buffalo, New York, is staging a comeback", *Surface*, 26 de junio de 2017, https://www.surfacemag.com/articles/architecture-buffalo-newyork-urban-renewal; David A. Stebbins, "Buffalo's comeback", *Urbanland* (blog), Urban Land Institute, 17 de octubre de 2014, https://urbanland.uli. org/development-business/buffalos-comeback, y Jesse McKinley, "Cuomo's 'Buffalo billion': Is New York getting its money's worth?", *The New York Times*, 2 de julio de 2018. El estudio en Brookings de Alan Berube y Cecile Murray, "Renewing America's economic promise through older industrial cities", abril de 2018, puede encontrarse en https://www.brookings.edu/wp-content/uploads/2018/04/2018-04brookings-metroolder-industrial-citiesfull-report-berube murray-final-version af4-18.pdf#page=16

El artículo de Daniel Raff se publicó como "Wage determination theory and the five-dollar day at Ford", *Journal of Economic History*, vol. 48, núm. 2, junio de 1988, pp. 387-399. John Dos Passos, *The Big Money*, Nueva York, New American Library, 1979 (hay edición en español: *El gran dinero*, Madrid, DeBolsillo, 2017) se publicó originalmente en 1936; la cita está en la página 73. El material sobre Henry Ford puede encontrarse en https://www.thehenryford. org/explore/blog/fords-five-dollar-day. Sobre el sueldo de 15 dólares en Amazon véase Louise Matsakis, "Why Amazon really raised its minimum wage to $15", *Wired*, 2 de octubre de 2018. El artículo de Nathan Heller "Who really stands to win from universal basic income?" se publicó en *The New Yorker* en el número del 9 al 16 de julio de 2018.

Los resultados de la prueba piloto de la administración de Johnson sobre un impuesto negativo sobre la renta son resumidos por Jodie T. Allen en "Negative income tax", *Encyclopedia of Economics*, http://www.econlib.org/library/Enc1/NegativeIncomeTax.html

Las citas y los estudios sobre ingreso básico universal vienen de Catherine Clifford, "Why everyone is talking about free cash handouts—an explainer on universal basic income", CNBC, 27 de junio de 2019, https://www.cnbc.com/2019/06/27/free-cash-handouts-what-is-universal-basic-income-or-ubi.html. El estudio de la Oficina Nacional de Investigación Económica sobre Alaska se encuentra en Damon Jones y Ioana Elena Marinescu, "The labor market impacts of universal and permanent cash transfers: Evidence from the Alaska permanent fund", documento de trabajo de NBER núm. w24312, febrero de 2018. El estudio más pesimista es de Hilary W. Hoynes y Jesse Rothstein, "Universal basic income in the U.S. and advanced countries", documento de trabajo NBER núm. 25538, febrero de 2019. El estudio sobre los efectos sociales de la bonificación en Alaska está en Mouhcine Chettabi, "What do we know about the effects of the Alaska permanent fund dividend?", Institute of Social and Economic Research, University of Alaska Anchorage, 20 de mayo de 2019, https://pubs.iseralaska.org/media/a25fa4fc-7 264-4643-ba46-1280f329f33a/2019_05_20-EffectsOfAKPFD.pdf

4. ¿ADIÓS AL SEGUNDO SEXO?

Todos los sitios de internet fueron consultados por última vez el 6 de septiembre de 2019.

El discurso de Margaret Atwood en el almuerzo de Variety's Power of Women en 2018 puede encontrarse en https://variety.com/2018/tv/features/margaret-atwood-power-of-women-handmaids-tale-1202751729

Los datos sobre las condiciones sociales y económicas de las mujeres que se citan en este capítulo incluyen Sarah Jane Glynn, "Breadwinning mothers are increasingly the U.S. norm", Center for American Progress, 2016, https://www.americanprogress.org/issues/women/reports/ 2016/12/19/295203/breadwinning-mothers-are-increasingly-the-u-s-norm; Capgemini y RBC Wealth Management, *World Wealth Report*, 2014, https://worldwealthreport.com/wp-content/ uploads/sites/7/2018/10/2014-World-Wealth-Report-English.pdf; Equal Measures 2030, "Harnessing the power of data for gender equality: Introducing the EM2030 SDG gender index", 2019, https://data.em2030.org/2019-global-report; Alexandre Tanzi, "U.S. women outpacing men in higher education", *Bloomberg*, 6 de agosto de 2018, https://www.bloomberg.com/news/ articles/2018-08-06/u-s-women-outpacing-men-in-higher-education-demographic-trends

El estudio Harvard-Yale de Neil G. Bennett, David E. Bloom y Patricia H. Craig apareció como "The divergence of black and white marriage patterns", *American Journal of Sociology*, vol. 95, núm. 3, noviembre de 1989, pp. 692-722. El artículo que desató la tormenta fue escrito por Lisa Marie Petersen, "They're falling in love again, say marriage counselors", *Advocate*, Stanford, 14 de febrero de 1986, pp. A1-A12. El artículo de portada de *Newsweek*, "The marriage crunch", apareció en el número del 2 de junio de 1986. Una revisión crítica de esta controversia puede encontrarse en Andrew Cherlin, "A review: The strange career of the 'Harvard-Yale' study", *Public Opinion Quarterly*, vol. 54, núm. 1, 1990, pp. 117-124.

Las estadísticas sobre consumo, ahorro e inversión por género se encuentran en "Sales share of the luxury goods market", https://www.statista.com/statistics/246146/sales-of-the-luxury-goods-market-worldwide-by-gender; S. A. Grossbard y A. Marvao Pereira, "Will women save more than men? A theoretical model of savings and marriage", documento de trabajo núm. 3146, Ifo Institute for Economic Research, Munich, 2010; Gary Charness y Uri Gneezy, "Strong evidence for gender differences in risk taking", *Journal of Economic Behavior and Organization*, vol. 83, núm. 1, 2012, pp. 50-58.

Las experiencias divergentes de mujeres como Groff y Scanlon provienen de Quoctrung Bui y Claire Cain Miller, "The age that women have babies", *The New York Times*, 4 de agosto de 2018. La madre soltera anónima aparece en Mike Dang, "A conversation with a single mom living on $40,000 a year", *Billfold*, 22 de abril de 2013, https://www.thebillfold.com/2013/04/a-conversation-with-a-single-mom-living-on-40000-a-year. La información sobre divorcios proviene de Pamela J. Smock, Wendy D. Manning y Sanjiv Gupta, "The effect of marriage and divorce on women's economic well-Being", *American Sociological Review*, vol. 64, núm. 6, diciembre de 1999, pp. 794-812; Jay L. Zagorsky, "Marriage and divorce's impact on wealth", *Journal of Sociology*, vol. 41, núm. 4, 2005, pp. 406-424.

Las historias y los datos sobre las madres solteras vienen de CDC, "About teen pregnancy", https://www.cdc.gov/teenpregnancy/about/index.htm; Jamie Rush, tal como se lo refirió a Debra Immergut, "My life as a teen mom", *Parents,* https://www.parents.com/parenting/dyna mics/single-parenting/my-life-as-a-teenage-mom; Kevin Ryan y Tina Kelley, "Out of the shelter: How one homeless teenage mother built a life of her own", *Atlantic,* 16 de noviembre de 2012; Paul Heroux, "Two stories of homeless, teenage mothers", *Huffington Post,* 9 de julio de 2016, https://www.huffingtonpost.com/paul-heroux/homeless-teenage-mothers_b_7758958.html; Poverty USA, "Facts: The population of poverty USA", https://povertyusa.org/facts

Sobre mujeres y hombres sin hijos véase U.S. Census Bureau, "Childlessness rises for women in their early 30s", 3 de mayo de 2017, https://www.census.gov/newsroom/blogs/random-samplings/2017/05/childlessness rises.html; Lindsay M. Monte y Brian Knop, "Men's fertility and fatherhood: 2014", *Current Population Reports,* pp. 70-162, junio de 2019, https://www.cen sus.gov/content/dam/Census/library/publications/2019/demo/P70-162.pdf; Claire Cain Miller, "They didn't have children, and most said they don't have regrets", *The New York Times,* 23 de julio de 2018; Sian Cain, "Women are happier without children or a spouse, says happiness expert", *The Guardian,* 25 de mayo de 2019; Jennifer Glass, Robin W. Simon y Matthew A. Anderson, "Parenthood and happiness", *American Journal of Sociology*, vol. 122, núm. 3, noviembre de 2016, pp. 886-929.

Sobre las niñas esposas y madres véase Girls Not Brides, "Child marriage around the world", https://www.girlsnotbrides.org/where-does-it-happen; Oficina para el Alto Comisionado de los Derechos Humanos, "Ending forced marriage worldwide", 21 de noviembre de 2013, https://www.ohchr.org/EN/NewsEvents/Pages/EnforcedMarriages.aspx; Fondo de Población de las Naciones Unidas, "Female genital mutilation", https://www.unfpa.org/female-genital-mu tilation

Sobre mujeres y emprendedurismo véase Ester Boserup, *Woman's Role in Economic Development,* Londres, Earthscan, 1970; UNIFEM, *Annual Report 2009-2010,* Nueva York, Fondo de las Naciones Unidas para las Mujeres, 2010; la cita de Clark aparece en la página 3; Global Entrepreneurship Monitor, https://www.gemconsortium.org. Las historias de Kisyombe, Sambo, Fahmy, Wu, Dionne, Roa, Kasuri, Kkubana y Zamora se narran en Mauro F. Guillén (ed.), *Women Entrepreneurs: Inspiring Stories from Emerging Economies and Developing Countries,* Nueva York, Routledge, 2013. El estudio del Banco Mundial sobre el estatus legal de las mujeres es *Women, Business, and the Law,* Washington, D.C., Banco Mundial, 2010.

La discusión y las citas sobre el equilibrio entre trabajo y familia se basan en "5 women, 5 work-life balance tales", *Forbes,* 29 de mayo de 2013; "If I think about my money problems too much, I'll miss my babies growing up", *HuffPost,* 6 de diciembre de 2017, https://www.huffpost.com/entry/helen-bechtol-working-poor n 4748631_?_utm_hp_ref=%40working_poor; Katie Johnston, "The working poor who fight to live on $10 an hour", *Boston Globe,* 17 de agosto de 2014; Adrienne Green, "The job of staying home", *Atlantic,* 30 de septiembre de 2016; M. Bertrand, C. Goldin y L. F. Katz, "Dynamics of the gender gap for young professionals in the financial and corporate sectors", *American Economic Journal,* julio de 2010, 228-255; Emma Johnson, "You cannot afford to be a SAHM", 20 de junio de 2019, https://www.wealthysingle mommy.com/you-cannot-afford-to-be-a-sahm-mom; Motoko Rich, "Japan's working mothers", *The New York Times,* 2 de febrero de 2019; Wendy J. Casper *et al.,* "The jingle-jangle of work-nonwork balance", *Journal of Applied Psychology*, vol. 103, núm. 2, 2018, pp. 182-214; Nancy Rothbard, Katherine W. Phillips y Tracy L. Dumas, "Managing multiple roles: Family policies and individuals' desires for segmentation", *Organization Science*, vol. 16, núm. 3, 2005, pp. 243-248; Gøsta Esping-Andersen, *Social Foundations of Postindustrial Economies*, Oxford, Oxford University Press, 1999. La historia de Ancharya se encuentra en Mauro F. Guillén (ed.), *Women entrepreneurs: Inspiring Stories from Emerging Economies and Developing Countries*, Nueva York, Routledge, 2013.

La sección sobre las cambiantes tasas de mortalidad por género por causa del trabajo se basa en ONU, World Population Prospects, revisión 2019, https://population.un.org/wpp; Bertrand Desjardins, "Why is life expectancy longer for women than it is for men?", *Scientific American,* 30 de agosto de 2004; Rochelle Sharpe, "Women's longevity falling in some parts of the U.S., stress may be factor", Connecticut Health I-Team, 12 de noviembre de 2012, http://c-hit. org/2012/11/12/womens-longevity-falling-in-some-parts-of-u-s-stress-may-be-factor; Irma T. Elo *et al.,* "Trends in non-Hispanic white mortality in the United States by metropolitan-nonmetropolitan status and region, 1990-2016", *Population and Development Review,* 2019, pp. 1-35; Arun S. Hendi, "Trends in education-specific life expectancy, data quality, and shifting education distributions: A note on recent research", *Demography*, vol. 54, núm. 3, 2017, pp. 1203-1213; Monica Potts, "What's killing poor white women?", *American Prospect,* 3 de septiembre de 2013.

Sobre el techo de cristal véase Justin Wolfers, "Fewer women run big companies than men named John", *The New York Times,* 2 de marzo de 2015. Los datos sobre las proporciones de mujeres en negocios y política provienen de OCDE, "Gender equality", https://www.oecd.org/gen der; OMT, *Women in Business and Management: Gaining Momentum,* Ginebra, OMT, 2015, https://www.ilo.org/wcmsp5/groups/public/& dgreports/& dcomm/& publ/documents/publication/wcms 316450.pdf. La cita de Laura Liswood puede encontrarse en https://www.goodreads.com/quotes/159719-there-s-no-such-thing-as-a-glass-ceiling-for-women

Sobre Thatcher y Merkel véase Judith Baxter, "How to beat the female leadership stereotypes", *The Guardian,* 9 de diciembre de 2013; Daniel Fromson, "The Margaret Thatcher soft-serve myth", *The New Yorker,* 9 de abril de 2013; "Nicknames of Margaret Thatcher", Searching in History (blog), https://searchinghistory.blogspot.com/2014/04/nicknames-of-margaret-thatcher. html; Helen Walters, "Ban the word bossy. Sheryl Sandberg lights up TEDWomen 2013", TED Blog, 5 de diciembre de 2013, https://blog.ted.com/sheryl sandbergtedwomen2013; "Americans no longer prefer male boss to female boss", *Gallup News,* 16 de noviembre de 2017, https://news.gallup.com/poll/222425/americans-no-longer-prefer-male-boss-female-boss.aspx

Rosabeth M. Kanter propuso por primera vez su teoría en su artículo "Some effects of proportions on group life: Skewed sex ratios and responses to token women", *American Journal of Sociology*, vol. 82, núm. 5, marzo de 1977, pp. 965-990.

Los consejos en revistas para las mujeres chinas se resumen en Roseann Lake, "China: A wife less ordinary", *The Economist,* núm. 1843, abril-mayo de 2018, https://www.1843magazine. com/features/a-wife-less-ordinary. Las preferencias automovilísticas de las mujeres saudís se discuten en Margherita Stancati, "What Saudi women drivers want: Muscle cars", *The Wall Street Journal*, 18 de julio de 2018.

Investigaciones recientes que documentan el impacto de tener más mujeres en posiciones de poder sobre los niveles de corrupción y violencia incluyen Chandan Kumar Jha y Sudipta Sarangi, "Women and corruption: What positions must they hold to make a difference?", *Journal of Economic Behavior and Organization*, vol. 151, julio de 2018, pp. 219-233; C. E. DiRienzo, "The effect of women in government on country-level peace", *Global Change, Peace and Security*, vol. 31, núm. 1, 2019, pp. 1-18; Naomi Hossein, Celestine Nyamu Musembi y Jessica Hughes, "Corruption, accountability and Gender", Programa de Desarrollo de las Naciones Unidas, 2010, https://www.undp.org/content/dam/aplaws/publication/en/publications/womens-empowerment/corruption-accountability-and-gender-understanding-theconnection/Corruption-accountability-and-gender.pdf

Sobre el impacto del cambio climático sobre las mujeres y los niños véase OMS, *Gender, Climate Change, and Health*, Ginebra, OMS, 2014, https://www.who.int/globalchange/GenderCli mateChange Healthfinal.pdf

5. LAS CIUDADES SE AHOGAN PRIMERO

Todos los sitios de internet fueron consultados por última vez el 12 de septiembre de 2019.

Las estadísticas sobre ciudades, áreas urbanas y cambio climático provienen de ONU, "World urbanization prospects 2018", https://population.un.org/wup; Rohinton Emmanuel, "How to make a big difference to global warming—make cities cooler", *The Conversation*, 9 de febrero de 2015, http://theconversation.com/how-to-make-a-big-difference-to-global-warming-make-cities-cooler-37250; Laura Parker, "Sea level rise will flood hundreds of cities in the near future", *National Geographic*, 12 de julio de 2017, https://news.nationalgeographic.com/2017/07/sea-level-rise-flood-global-warming-science; Jonathan Watts, "The three-degree world: The cities that will be drowned by global warming", *The Guardian*, 3 de noviembre de 2017; John Englander, "Top 10 sinking cities in the world", 7 de enero de 2018, http://www.johnenglander.net/sea-level-rise-blog/top-10-sinking-cities-in-the-world

La cita de Wouters es de Larry O'Hanlon, "Heat stress escalates in cities under global warming", *American Geophysical Union*, 8 de septiembre de 2017, https://phys.org/news/2017-09-stress-escalates-cities-global.html

Los documentos de Naciones Unidas sobre cambio climático se encuentran en https://www.un.org/en/sections/issues-depth/climate-change. Su impacto sobre la arqueología lo discute Nick Paumgarten, "An Archeological Space Oddity", *The New Yorker*, 8-15 de julio de 2019.

La cita de Dickens se encuentra en una carta a William C. Macready fechada en octubre de 1855, http://www.victorianweb.org/authors/dickens/ld/bezrucka1.html

Los datos sobre ricos y pobres en las ciudades provienen de *World Ultra Wealth Report* 2018, WealthX, 2018, https://www.wealthx.com/report/world-ultra-wealth-report-2018; Michael Savage, "Richest 1% on target to own two-thirds of all wealth by 2030", *The Guardian*, 7 de abril de 2018; División de Análisis Económico, Departamento de Censos y Estadísticas, *Hong Kong Poverty Situation Report 2016*, Hong Kong, Gobierno de la Región Administrativa Especial de

Hong Kong, 2017, https://www.povertyrelief.gov.hk/eng/pdf/Hong Kong Poverty_Situation Report 2016(2017.11.17).pdf

Sobre la pobreza en Estados Unidos véase Allan Mallach, *The Divided City: Poverty and Prosperity in Urban America*, Washington, D.C., Island Press, 2018; Barbara Raab, "Poverty in America: Telling the story", *Talk Poverty*, 21 de mayo de 2014, https://talkpoverty.org/2014/05/21/raab; Poverty USA, "Facts: The population of poverty USA", https://povertyusa.org/facts; Leon Dash, "Rosa Lee's story", *The Washington Post*, 18-25 de septiembre de 1994, https://www.washingtonpost.com/wp-srv/local/longterm/library/rosalee/backgrnd.htm

La cita de Gatsby se encuentra en el capítulo 9 de F. Scott Fitzgerald, *The Great Gatsby*, edición en línea, https://ebooks.adelaide.edu.au/f/fitzgerald/f_scott/gatsby/contents.html. La cita de Thorstein Veblen se encuentra en el capítulo 4 de *Teoría de la clase ociosa*, edición en línea, http://www.gutenberg.org/files/833/833-h/833-h.htm#link2HCH0004 (en español en omegalfa.es).

Sobre obesidad véase Sarah Catherine Walpole *et al.*, "The weight of nations: An estimation of adult human biomass", *BMC Public Health*, vol. 12, núm. 439, 2012; OMS, "Obesity", https://www.who.int/topics/obesity/en; OCDE, *Obesity Update 2017*, https://www.oecd.org/els/health-systems/Obesity-Update-2017.pdf; National Institute of Diabetes and Digestive and Kidney Diseases, "Overweight and obesity statistics", agosto de 2017, https://www.niddk.nih.gov/health-information/health-statistics/overweight-obesity; "Why the Pacific islands are the most obese nations in the world", *Healthcare Global*, 21 de abril de 2015, https://www.healthcareglobal.com/hospitals/why-pacific-islands-are-most-obese-nations-world

Las estadísticas sobre el uso de redes sociales provienen de "Digital in 2019", We Are Social, https://wearesocial.com/global-digital-report-2019

Las ideas sobre los pequeños cambios que conducen a grandes ideas son de Daniel F. Chambliss, "The mundanity of excellence: An ethnographic report on stratification and olympic swimmers", *Sociological Theory*, vol. 7, núm. 1, 1989, pp. 70-86; Richard H. Thaler y Cass R. Sunstein, *Nudge: Improving Decisions about Health, Wealth, and Happiness*, New Haven, Yale University Press, 2008 (hay edición en español: *Un pequeño empujón. El impulso que necesitas para tomar mejores decisiones sobre salud, dinero y felicidad*, Madrid, Taurus, 2017); Olivier Poirier-Leroy, "Mary T. Meagher: Success is ordinary", Your Swim Book, https://www.yourswimlog.com/mary-t-meagher-success-is-ordinary

La sección sobre el agua está basada en "Water: Scarcity, excess, and the geopolitics of allocation", Lauder Institute, Wharton School, Universidad de Pennsylvania, 2016, https://lauder.wharton.upenn.edu/life-at-lauder/santander-globalization-trendlab-2016; Willa Paterson *et al.*, "Water footprint of cities", *Sustainability* 7 (2015): 8 461-8 490; ONU-Water Decade Programme on Advocacy and Communication, "Water and cities: Facts and figures", 2010, https://www.un.org/waterforlifedecade/swm_cities_zaragoza_2010/pdf/facts and_figures long final eng.pdf; *Water Security and the Global Water Agenda: A UN-Water Analytical Brief*, Hamilton, Ontario, United Nations University Institute for Water, Environment and Health, 2013; *Towards Green Growth*, París, OCDE, 2011; *Report on Women and Water*, Nueva Delhi, Comisión Nacional para las Mujeres, 2018), http://ncw.nic.in/pdfReports/WomenandWater.pdf; Bethany Caruso, "Women carry more than their fair share of the world's water", *Grist*, 22 de julio de 2017, https://grist.org/article/women-carry-more-than-their-fair-share-of-the-worlds-water; Kassia Binkowski,

"Clean water for a thirsty world: Cynthia Koenig, founder of Wello", *The Good Trade*, 2019, https://www.thegoodtrade.com/features/interview-series-cynthia-koenig-wello; Mary Howard, "An idea that holds water", *Trinity Reporter,* primavera de 2017, https://commons.trincoll.edu/reporter-spring2017/features/an-idea-that-holds-water; "Cynthia Koenig, Wello water", *Asia Society,* 23 de abril de 2014, https://asiasociety.org/texas/events/cynthia-koenig-wello-water

Sobre la agricultura en las ciudades véase Christopher D. Gore, "How African cities lead: Urban policy innovation and agriculture in Kampala and Nairobi", *World Development*, vol. 108, 2018, pp. 169-180; Ravindra Krishnamurthy, "Vertical farming: Feeding the cities of the future?", *Permaculture News,* 29 de octubre de 2015, https://permaculturenews.org/2015/10/29/vertical-farming-feeding-the-cities-of-the-future; Breana Noble, "Indoor farms give vacant Detroit buildings new life", *Detroit News,* 15 de agosto de 2016; "Nigerian entrepreneur: 'We're farming in a shipping container'", BBC, 2 de febrero de 2018, https://www.bbc.com/news/av/business-42919553/nigerian-entrepreneur-we-re-farming-in-a-shipping-container

Sobre la revitalización de Bilbao véase Herbert Muschamp, "The miracle in Bilbao", *The New York Times Magazine,* 7 de septiembre de 1997; Ibon Areso, "Bilbao's strategic evolution", *Mas Context*, vol. 30, 2017, http://www.mascontext.com/issues/30-31-bilbao/bilbaos-strategic-evolution-the-metamorphosis-of-the-industrial-city; "The internationalization of Spanish companies: Ferrovial, the rise of multinational", MIT, 28 de febrero de 2008, https://techtv.mit.edu/videos/16339-the-internationalization-of-spanish-companies-ferrovial-the-rise-of-a-multinational (el comentario de Rafael del Pino aparece en el minuto 5:09 del video).

Sobre la revitalización de Pittsburgh y otras ciudades estadunidenses véase Eillie Anzilotti, "American cities are reviving—but leaving the poor behind", *Fast Company,* 5 de julio de 2018; David Rotman, "From rust belt to robot belt", *MIT Technology Review,* 18 de junio de 2018; Allan Mallach, *The Divided City: Poverty and Prosperity in Urban America,* Washington, D.C., Island Press, 2018.

La cita de Richard Florida en *The New Urban Crisis,* Nueva York, Basic Books, 2017, se encuentra en la página 4.

Sobre Chattanooga véanse David Eichenthal y Tracy Windeknecht, "Chattanooga, Tennessee", Metropolitan Policy Program, Brookings Institution, 2008, https://www.brookings.edu/wp-content/uploads/2016/06/200809_Chattanooga.pdf; Jason Koebler, "The city that was saved by the internet", *Vice,* 27 de octubre de 2016, https://www.vice.com/enus/article/ezpk77/chattanooga-gigabit-fiber-network; Bento J. Lobo, "The realized value of fiber infrastructure in Hamilton Country, Tennessee", Departamento de Finanzas, Universidad de Tennessee, Chattanooga, 18 de junio de 2015, http://ftpcontent2.worldnow.com/wrcb/pdf/091515EPBFiberStudy.pdf; Daniel T. Lewis, "A history of the Chattanooga Choo-Choo Terminal", http://lewisdt.net/index.php_?_option=com_content&view=article&id=77%3Aa-history-of-the-chattanooga-choo-choo-terminal-station-a-trolley&catid=39%3Ahistory-—Itemid=1

Sobre la cultura de las ciudades vibrantes y las habilidades de sus habitantes véase Saskia Sassen, *The Global City,* Princeton, Princeton University Press, 2001; Richard Florida, "Bohemia and economic geography", *Journal of Economic Geography*, vol. 2, 2002, pp. 55-71; Richard Florida, "America's leading creative class cities in 2015", CityLab, 20 de abril de 2015, https://www.citylab.com/life/2015/04/americas-leading-creative-class-cities-in-2015/390852; Richard Florida, "A new typology of global cities", CityLab, 4 de octubre de 2016, https://www.citylab.com/

life/2016/10/the-seven-types-of-global-cities-brookings/502994; David J. Deming, "The growing importance of social skills in the labor market", documento de trabajo NBER núm. 21473, junio de 2017, https://www.nber.org/papers/w21473; World Values Survey, http://www.worldvalues survey.org/WVSContents.jsp ? CMSID=Findings

6. MÁS CELULARES QUE RETRETES

Todos los sitios de internet fueron consultados por última vez el 21 de septiembre de 2019.

Sobre el retrete consúltense "A brief history of the flush toilet", British Association of Urological Surgeons, https://www.baus.org.uk/museum/164/the flush toilet; Nate Barksdale, "Who invented the flush toilet?", History Channel, última actualización el 22 de agosto de 2018, https://www.history.com/news/who-invented-the-flush-toilet; Lina Zeldovich, "Reinventing the toilet", *Mosaic*, 19 de junio de 2017, https://mosaicscience.com/story/poo-toilet-waste-energy-madagascar-loowatt-future; Phoebe Parker, "More Africans have access to cell phone service than piped water", CNN, 19 de enero de 2016, https://www.cnn.com/2016/01/19/africa/africa-afrobarometer-infrastructure-report/index.html; United Nations University, "Greater access to cell phones than toilets in India: UN", boletín de prensa, 14 de abril de 2010, https://unu.edu/media-relations/releases/greater-access-to-cell-phones-than-toilets-in-india.html; Pramit Bhattacharya, "88% of households in india have a mobile phone", LiveMint, 5 de diciembre de 2016, https://www.livemint.com/Politics/kZ7j1NQf5614UvO6WURXfO/88-of-households-in-India-have-a-mobile-phone.html

Sobre la historia del reloj de pulsera véase Alexis McCrossen, *Marking Modern Times: A History of Clocks, Watches, and Other Timekeepers in American Life*, Chicago, University of Chicago Press, 2013; Michael L. Tushman y Daniel Radov, "Rebirth of the Swiss watch industry, 1980-1992 (A)", Harvard Business School, caso 400-087, junio de 2000.

Las citas de Schumpeter sobre el emprendedurismo y la ruptura provienen de *Capitalism, Socialism, and Democracy*, Nueva York, Harper & Brothers, 1942, p. 83 (hay edición en español: *Capitalismo, socialismo y democracia*, Barcelona, Página Indómita, 2015).

Sobre inteligencia artificial véanse Laura Geggel, "Elon Musk says 'humans are underrated,'" *Live-Science*, 17 de abril de 2018, https://www.livescience.com/62331-elon-musk-humans-underrated.html; William Fifield, "Pablo Picasso: A composite interview", *Paris Review*, vol. 32, verano-otoño de 1964.

Sobre tecnología, robótica y empleos véase Association for Advancing Automation, "Record number of robots shipped in North America in 2018", 28 de febrero de 2019, https://www.a3automate.org/record-number-of-robots-shipped-in-north-america-in-2018; Oficina Ejecutiva del Presidente, "Artificial intelligence, automation, and the economy", diciembre de 2016, https://obamawhitehouse.archives.gov/sites/whitehouse.gov/files/documents/Artificial-Intelligence-Automation-Economy.pdf; Maximiliano Dvorkin, "Jobs involving routine tasks aren't growing", Banco de la Reserva Federal de San Luis, 4 de enero de 2016, https://www.st-louisfed.org/on-the-economy/2016/january/jobs-involving-routine-tasks-arent-growing; Michael J. Hicks y Srikant Devaraj, "Myth and reality of manufacturing in America", Center for Business and Economic Research, Ball State University, 2017; Mark Muro, "Manufacturing jobs aren't coming back", *MIT Technology Review,* 18 de noviembre de 2016; "Automation and anxiety", *The Economist,* 23 de junio de 2016, https://www.economist.com/news/special-report/21700758-will-smarter-machines-cause-mass-unemployment-automation-and-anxiety; Eliza Strickland, "Autonomous robot surgeon bests humans in world first", *IEEE Spectrum,* 4 de mayo de 2016, https://spectrum.ieee.org/the-human-os/robotics/medical-robots/autonomous-robot-surgeon-bests-human-surgeons-in-world-first; Laura Sydell, "Sometimes we feel more comfortable talking to a robot", NPR, 24 de febrero de 2018, https://www.npr.org/sections/alltechconsidered/2018/02/24/583682556/sometimes-we-feel-more-comfortable-talking-to-a-robot; Eyal Press, "The wounds of a drone warrior", *The New York Times,* 13 de junio de 2018; E. Awad *et al.,* "The moral machine experiment", *Nature,* vol. 563, noviembre 2018, pp. 59-64; Mauro F. Guillén y Srikar Reddy, "We know ethics should inform AI. But which ethics?", Foro Económico Mundial, 26 de julio de 2018, https://www.weforum.org/agenda/2018/07/we-know-ethics-should-inform-ai-but-which-ethics-robotics

Sobre impresión 3D véase Tim Moore, "This startup is building houses with the world's biggest freeform 3D printer", *Hypepotamous,* 9 de abril de 2019, https://hypepotamus.com/companies/branch-technology; Dave Flessner, "3D printer to move into Branch Technology's Riverside drive warehouse", *Times Free Press,* 8 de julio de 2018, https://www.timesfreepress.com/news/business/aroundregion/story/2018/jul/08/branch-technology-expands-beyond-incubator3d/474370; Davide Sher, "Branch Technologies' C-FAB 3D process can build better walls... on Mars", 3D Printing Media Network, 26 de febrero de 2018, https://www.3dprintingmedia.network/branch-technologies-c-fab-3d-process-can-take-us-mars

Sobre las proyecciones para el internet de las cosas véase Michelle Manafy, "Exploring the internet of things in 5 charts", *Digital Content Next,* 13 de octubre de 2015, https://digitalcontentnext.org/blog/2015/10/13/exploring-the-internet-of-things-in-5-charts

Sobre realidad virtual véase Daniel Freeman y Jason Freeman, "How virtual reality could transform mental health treatment", *Psychology Today,* 13 de mayo de 2016, https://www.psychologytoday.com/us/blog/know-your-mind/201605/how-virtual-reality-could-transform-mental-health-treatment; S. M. Jung y W. H. Choi, "Effects of virtual reality intervention on upper limb motor function and activity of daily living in patients with lesions in different regions of the brain", *Journal of Physical Therapy Science,* vol. 29, núm. 12, diciembre de 2017, pp. 2103-2106; Juanita Leatham, "How VR is helping children with autism navigate the world around them", *VR Fitness Insider,* 22 de junio de 2018, https://www.vrfitnessinsider.com/how-vr-is-helping-children-with-autism-navigate-the-world-around-them

Sobre nanotecnología véanse "The price of fast fashion" (editorial), *Nature Climate Change,* vol. 8, núm. 1, 2018; Jelena Bozic, "Nano insulation materials for energy efficient buildings", *Contemporary Materials,* vol. 6, núm. 2, 2015, pp. 149-159; Amy Yates, "Potential breakthrough in cancer-fighting nanomedicine", National Foundation for Cancer Research, 19 de junio de 2018, https://www.nfcr.org/blog/potential-breakthrough-cancer-fighting-nanomedicine; "MIT programmable material adapts to temperature just like human skin", *Design Boom,* 13 de febrero de 2017, https://www.designboom.com/technology/mit-programmable-material-adapts-to-tempterature-02-13-2017; Michael Alba, "The promise and peril of programmable matter", Engineering.com, 24 de mayo de 2017, https://www.engineering.com/DesignerEdge/DesignerEdgeArticles/ArticleID/14967/The-Promise-and-Peril-of-Programmable-Matter.aspx

Sobre libros impresos vs. electrónicos véase Edward Tenner, "Why people stick with outdated technology", *Scientific American,* 24 de noviembre de 2015; Craig Mod, "Digital books stagnate in closed, dull systems, while printed books are shareable, lovely and enduring. What comes next?", *Aeon,* 1 de octubre de 2015, https://aeon.co/essays/stagnant-and-dull-can-digital-books-ever-replace-print; Gregory Bufithis, "Books vs. e-books", 4 de julio de 2016, http://www.gregorybufithis.com/2016/07/04/books-vs-e-books-lets-not-lose-sight-of-the-main-goal-diverse-reading-and-increased-literacy; Ferris Jabr, "The reading brain in the digital age: The science of paper versus screens", *Scientific American,* 11 de abril de 2013; Pew Research Center, "Book reading 2016", https://www.pewinternet.org/2016/09/01/book-reading-2016. El video de la niña de un año de edad se encuentra en "A magazine is an iPad that does not work.m4v, publicado por UserExperienceWoOrks, 6 de octubre de 2011, https://www.youtube.com/watch_?_v=aXV-yaFmQNk. Las estadísticas vienen de Amy Watson, "Book formats in the U.S.", Statista, 11 de enero de 2019, https://www.statista.com/topics/3938/book-formats-in-the-us

Sobre las plataformas de libros electrónicos y la educación infantil véase "Revolutionising ebook access in South African schools", Montegray Capital, febrero de 2015, https://www.montegray.com/our-e-learning-solution-revolutionises-ebook-access-in-south-african-schools; "Worldreader", Center for Education Innovations, https://educationinnovations.org/program/worldreader

Sobre inercia estructural y saltos cuantitativos véase Michael Hannan, "Structural inertia and organizational change", *American Sociological Review,* vol. 49, núm. 2, 1984, pp. 149-164; Reporte de Tecnología e Innovación de la Conferencia de las Naciones Unidas sobre Comercio y Desarrollo 2018 (Ginebra, ONU, 2018), https://unctad.org/en/PublicationsLibrary/tir2018 en.pdf

Las ventas de vinos en línea provienen de Euromonitor. Sobre Reino Unido, véase Julia Bower, "The evolution of the UK wine market: From niche to mass-market appeal", *Beverages,* noviembre de 2018, https://www.mdpi.com/2306-5710/4/4/87/pdf

Sobre el volante inercial véase Ben Harder, "Reinventing the (fly)wheel", *The Washington Post,* 18 de abril de 2011.

7. IMAGINE NO POSSESSIONS

Todos los sitios de internet fueron consultados por última vez el 21 de septiembre de 2019.

Sobre la economía gig véanse Eileen Appelbaum, Arne Kalleberg y Hye Jin Rho, "Nonstandard work arrangements and older Americans, 2005-2017", Economic Policy Institute, 28 de febrero de 2019, https://www.epi.org/publication/nonstandard-work-arrangements-and-older-americans-2005-2017; "Run, TaskRabbit, run: July 2030", *The Economist,* 7 de julio de 2018; Niam Yaraghi y Shamika Ravi, "The current and future state of the sharing economy", Brookings Institution, Impact Series núm. 032017, marzo de 2017; PwC, "The sharing economy", 2015, https://www.pwc.fr/fr/assets/files/pdf/2015/05/pwc etude sharing economy.pdf; Brad Stone, *The Upstarts: How Uber, Airbnb, and the Killer Companies of the New Silicon Valley are Changing the World,* Nueva York, Little, Brown, 2017, p. 32 (edición en Kindle); Shirin Ghaffary, "The experience economy will be a 'massive business,' according to Airbnb CEO Brian Chesky", *Vox,*

30 de mayo de 2018, https://www.recode.net/2018/5/30/17385910/airbnb-ceo-brian-chesky-code-conference-interview; Kari Paul, "Millennials are trying to redefine what it means to be an American tourist abroad", MarketWatch, 5 de octubre de 2017, https://www.marketwatch.com/story/what-we-can-all-learn-from-millennials-about-travel-2017-10-04

Las citas de Yuval Noah Harari's provienen de "Were we happier in the Stone age?", *The Guardian*, 5 de septiembre de 2014.

Sobre los aspectos políticos y sociales de la propiedad véanse Andrew G. Walder, "Transitions from state socialism: A property rights perspective", en Mark Granovetter y Richard Swedberg (eds.), *The Sociology of Economic Life*, Boulder, Westview, 2011, 510; Nathan Heller, "Is the gig economy working?", *The New Yorker*, 15 de mayo de 2017.

Sobre WhatsApp véase Jillian D'Onfro, "Facebook bought WhatsApp one year ago today. Here are 11 quotes from its billionaire cofounders", *Business Insider*, 19 de febrero de 2015, https://www.businessinsider.com/brian-acton-jan-koum-quotes-whatsapp-2015-2#koum-on-their-no-nonsense-style-neither-of-us-has-an-ability-to-bull& 10. La cita de Zuckerberg proviene de Jillian D'Onfro, "11 Mark Zuckerberg quotes that show how he built the company that took over the world", *Business Insider*, 1 de enero de 2014, https://www.businessinsider.com/best-mark-zuckerberg-quotes-2013-12?

Sobre el ranking y la ubicación de los unicornios véase CB Insights, "The global unicorn club", https://www.cbinsights.com/research-unicorn-companies

Sobre la cultura del intercambio véase Rachel Botsman, *What's Mine Is Yours: The Rise of Collaborative Consumption*, Nueva York, HarperCollins, 2010; Caren Maio, "Forget the American dream: For millennials, renting is the American choice", *Inman*, 30 de agosto de 2016, https://www.inman.com/2016/08/30/forget-the-american-dream-for-millennials-renting-is-the-american-choice/#; Enel, "Millennials: Generation (car) sharing", 29 de agosto de 2018, https://www.enel.com/stories/a/2018/08/millennials-sharing-economy; Blake Morgan, "Nownership, no problem", *Forbes*, 2 de enero de 2019; Anjli Raval, "What millennial homes will look like in the future", *Financial Times*, 30 de julio de 2018; Bernard Marr, "The sharing economy—what it is, examples, and how big data, platforms and algorithms fuel it", *Forbes*, 21 de octubre de 2016; "Uberize", Collins Dictionary, https://www.collinsdictionary.com/us/dictionary/english/uberize; Oficina Ejecutiva del Presidente, "Artificial intelligence, automation, and the economy", diciembre de 2016, https://obamawhitehouse.archives.gov/sites/whitehouse.gov/files/documents/Artificial-Intelligence-Automation-Economy.pdf; Nielsen, "Global Survey of Share Communities", 2014, https://www.nielsen.com/apac/en/press-releases/2014/global-consumers-embrace-the-share-economy/

Sobre la tragedia de los comunes y el economía colaborativa véanse Tad Borek, "Uber exemplifies the tragedy of the commons", *Financial Times*, 6 de diciembre de 2017; Arwa Mahdawi, "How to monetise your home", *The Guardian*, 28 de octubre de 2018; Garrett Hardin, "The tragedy of the commons", *Science*, vol. 162, núm. 3859, 13 de diciembre de 1968, pp. 1243-1248; Peter Cohen *et al.*, "Using big data to estimate consumer surplus: The case of Uber", documento de trabajo NBER núm. 22627, 2016, https://www.nber.org/papers/w22627; David Sloan Wilson, "The tragedy of the commons: How Elinor Ostrom solved one of life's greatest dilemmas", *Evonomics*, 29 de octubre de 2016, https://evonomics.com/tragedy-of-the-commons-elinor-ostrom

La cita de Adam Smith proviene de *La riqueza de las naciones,* capítulo 2 (1776), https://www.gutenberg.org/files/3300/3300-h/3300-h.htm (en español en https://www.uv.es/~mpuchade/MDH/02_Smith.pdf, entre otros).

Sobre Uber véase Andy Kessler, "Travis Kalanick: The transportation trustbuster", *The Wall Street Journal,* 25 de enero de 2013; Marcus Wohlsen, "Uber's brilliant strategy to make itself too big to ban", *Wired,* 8 de julio de 2014; Sheelah Kolhatkar, "At Uber, a new CEO shifts gears", *The New Yorker,* 30 de marzo de 2018; Sam Knight, "How Uber conquered London", *The Guardian,* 27 de abril de 2016; Christopher N. Morrison *et al.,* "Ridesharing and motor vehicle crashes in 4 US cities: An interrupted time-series analysis", *American Journal of Epidemiology*, vol. 187, núm. 2, 2018, pp. 224-232.

Sobre los empleos en la economía gig véase Matt Williams, "The evolution of American labor: A defense of the gig economy", Departamento de Antropología, Universidad de Notre Dame, abril de 2005, https://anthropology.nd.edu/assets/200504/williamsmatthew.pdf; Robert Reich, "The share-the-scraps economy", 2 de febrero de 2015, http://robertreich.org/post/109894095095; Lawrence F. Katz y Alan B. Krueger, "The rise and nature of alternative work arrangements in the United States, 1995-2015", https://krueger.princeton.edu/sites/default/files/akrueger/files/katz krueger cws-march 29 20165.pdf; Guy Standing, *The Precariat: The New Dangerous Class,* Londres, Bloomsbury, 2011; Steven Hill, "Good riddance, gig economy", *Salon,* 27 de marzo de 2016; Samuel P. Fraiberger y Arun Sundararajan, "Peer-to-peer rental markets in the sharing economy", Heartland Institute, October 6, 2015, https://www.heartland.org/publications-resources/publications/peer-to-peer-rental-markets-in-the-sharing-economy; Juliet B. Schor, "Does the sharing economy increase inequality within the eighty percent?", *Cambridge Journal of Regions, Economy, and Society*, vol. 10, núm. 2, julio de 2017, pp. 263-297; Emma Plumb, "Author insights: Diane Mulcahy on the gig economy", 1 Million for Work Flexibility, 2 de febrero de 2017, https://www.workflexibility.org/diane-mulcahy-gig-economy. Las citas de los trabajadores de la economía gig se encuentran en el artículo de Schor.

Sobre el intercambio y el sistema de clases véase Julian Brave NoiseCat, "The Western idea of private property is flawed. Indigenous people have it right", *The Guardian,* 27 de marzo de 2017; Jacob S. Hacker, *The Great Risk Shift,* Nueva York, Oxford University Press, 2019. Las citas de Fishback provienen de Hill, "Good riddance, gig economy."

Sobre el uso de las redes sociales en las campañas políticas véanse Lynda Lee Kaid, "Changing and staying the same: Communication in campaign 2008", *Journalism Studies,* vol. 10, 2009, pp. 417-423; Derrick L. Cogburn, "From networked nominee to networked nation: Examining the impact of web 2.0 and social media on political participation and civic engagement in the 2008 Obama campaign", *Journal of Political Marketing,* vol. 10, 2011, pp. 189-213.

Sobre los beneficios ambientales del intercambio véase "Sharing is caring", *Scientific American,* 19 de octubre de 2013; "How green is the sharing economy?", Knowledge@Wharton, 11 de diciembre de 2015, http://knowledge.wharton.upenn.edu/article/how-green-is-the-sharing-economy; Laura Bliss, "The ride-hailing effect: More cars, more trips, more miles", CityLab, 12 de octubre de 2017, https://www.citylab.com/transportation/2017/10/the-ride-hailing-effect-more-cars-more-trips-more-miles/542592; Benjamin Snyder, "Exclusive: Airbnb says it's saving our world with each rented room", *Fortune,* 31 de julio de 2014; Andrew Simon, "Using Airbnb is greener than staying in hotels", *Grist,* 31 de julio de 2014, https://grist.org/business-technology/

using-airbnb-is-greener-than-staying-in-hotels; Martin J. Smith, "Don't toss that lettuce—share it", Escuela de Posgrado en Negocios de Stanford, 23 de octubre de 2017, https://www.gsb. stanford.edu/insights/dont-toss-lettuce-share-it; "The *real* sustainable fashion movement", Rent the Runway, https://www.renttherunway.com/sustainable-fashion_?_action_type=footer link

8. MÁS DIVISAS QUE PAÍSES

Todos los sitios de internet fueron consultados por última vez el 22 de septiembre de 2019.

La sección sobre dinero y divisas se basa en Walter Bagehot, *Lombard Street: A Description of the Money Market,* Londres, Henry S. King, 1873; "The invention of money", *The New Yorker,* 5-12 de agosto de 2019; Dante Bayona, "The Fed and the 'Salvador Dalí effect,'" Mises Institute, 9 de agosto de 2014, https://mises.org/library/fed-and-%E2%80%9Csalvador-dali-effect%E2%80%9D; Barry Eichengreen, "Number one country, number one currency?", *World Economy*, vol. 36, núm. 4, 2013, pp. 363-374; Milton Friedman, *Inflation: Causes and Consequences,* Nueva York: Asia Publishing House, 1963, p. 39; Milton Friedman, *There's No Such Thing As a Free Lunch,* Chicago, Open Court, 1975; Deroy Murdock, "The Friedmans, up close: An interview with Rose and Milton Friedman", *National Review,* 11 de mayo de 2001.

Sobre la preeminencia del dólar en la economía global véanse Emine Boz, Gina Gopinath y Mikkel Plagborg-Moller, "Global trade and the dollar", 31 de marzo de 2018, https://scho lar.harvard.edu/files/gopinath/files/global trade dollar 20180331.pdf; Gita Gopinath, "Dollar dominance in trade", Exim Bank of India, 21 de diciembre de 2017, https://www.eximbank india.in/blog/blog-content.aspx_?_BlogID=9&BlogTitle=Dollar%20Dominance%20in%20 Trade:%20Facts%20and%20Implications

Sobre los Rothschild se discute en Michael A. Hirchubel, *Vile Acts of Evil: Banking in America*, CreateSpace Independent Publishing, 2009, 1:28.

Sobre el bitcoin véanse Satoshi Nakamoto, "Bitcoin: A peer-to-peer electronic cash system", 2008, https://bitcoin.org/bitcoin.pdf; Brian Armstrong, "What is coinbase's strategy?", *Medium,* 6 de junio de 2017, https://medium.com/@barmstrong/what-is-coinbases-strategy-1c5413f6e09d; Evelyn Chang y Kayla Tausche, "Jamie Dimon says if you're 'stupid' enough to buy bitcoin, you'll pay the price one day", CNBC, 13 de octubre de 2017, https://www.cnbc. com/2017/10/13/jamie-dimon-says-people-who-buy-bitcoin-are-stupid.html; Ryan Browne, "Roubini doubles down on criticisms of crypto", CNBC, 12 de octubre de 2018, https://www.cnbc. com/2018/10/12/dr-doom-economist-nouriel-roubini-calls-crypto-stinking-cesspool.html

Sobre el *blockchain* véase Parlamento Europeo, *How Blockchain Technology Could Change Our Lives,* Estrasburgo, Parlamento Europeo, 2017); Mike Orcutt, "Hate lawyers? Can't afford one? Blockchain smart contracts are here to help", *MIT Technology Review,* 11 de enero de 2019; Michael Del Castillo, "Relax lawyers, Nick Szabo says smart contracts won't kill jobs", CoinDesk, actualizado por última vez el 11 de agosto de 2017, https://www.coindesk.com/nick-szabo-lawyers-jobs-safe-in-smart-contract-era; Jacob Pramuk, "Trump to slap 25% tariffs on up to $50 billion of Chinese goods; China retaliates", CNBC, 15 de junio de 2018, https://www.cnbc. com/2018/06/15/trump-administration-to-slap-a-25-percent-tariff-on-50-billion-of-chinese-goods-threatens-more.html; Andrew Rossow, "How can we make intellectual property rights 'smarter' with the blockchain?", *Forbes*, 24 de julio de 2018; Birgit Clark, "Blockchain and IP law: A match made in crypto heaven", *WIPO Magazine*, febrero de 2018, https://www.wipo.int/wipo magazine/en/2018/01/article 0005.html; Nick Ismail, "What is blockchain's role in the future of intellectual property?", *Information Age*, 12 de julio de 2018; Asesor Científico Principal del Gobierno del Reino Unido, *Distributed Ledger Technology: Beyond Blockchain*, Londres, Government Office for Science, 2016; Nathan Heller, "Estonia, the digital republic", *The New Yorker*, 18-25 de diciembre de 2017; Matt Reynolds, "Welcome to E-stonia", *Wired*, 26 de octubre de 2016; Banco Mundial, "eGhana additional financing", http://projects.worldbank.org/P093610/eghana?lang=en; Esther Nderitu Imbamba y Nancy Kimile, "A review of status of e-government implementation in Kenya", *Regional Journal of Information and Knowledge*, vol. 2, núm. 2, 2017, pp. 14-28; Sissi Cao, "Blockchain could improve gun control—but lawmakers hate the idea", *Observer*, 22 de febrero de 2018; "Blockchain could be key to cracking gun debate", ScienceBlog, 12 de mayo de 2018, https://scienceblog.com/500871/blockchain-could-be-key-to-cracking-gun-debate; Thomas F. Heston, "A blockchain solution to gun control", PeerJ.com, 13 de noviembre de 2017, https://peerj.com/preprints/3407.pdf; Matt Egan, "30% of bank jobs are under threat", CNN Money, 4 de abril de 2016, https://money.cnn.com/2016/04/04/investing/bank-jobs-dying-automation-citigroup/index.html; Mike Orcutt, "The World Bank is a verified blockchain booster", *MIT Technology Review*, 13 de septiembre de 2018; Mike Orcutt, "The World Bank is betting big on blockchain-based bonds", *MIT Technology Review*, 10 de agosto de 2018; Elizabeth Woyke, "How blockchain can bring financial services to the poor", *MIT Technology Review*, 18 de abril de 2017, https://www.technologyreview.com/s/604144/how-blockchain-can-lift-up-the-worlds-poor/; Banco Mundial, "Somalia economic update: Rapid growth in mobile money", boletín de prensa, 13 de septiembre de 2018, https://www.worldbank.org/en/news/press-release/2018/09/13/somalia-economic-update-rapid-growth-in-mobile-money; "Endangered species protection finds blockchain and bitcoin love", Bitcoin Warrior, 22 de febrero de 2018, https://bitcoinwarrior.net/2018/02/endangered-species-protection-finds-blockchain-and-bitcoin-love; Moe Levin, "Top five blockchain projects that will save the environment", *Medium*, 26 de marzo de 2018, https://medium.com/@kingsland/top-five-blockchain-projects-that-will-save-the-environment-28a2d4366ec0; Kate Harrison, "Blockchain may be the key to a sustainable energy future", *Forbes*, 14 de febrero de 2018; Lisa Walker, "This new carbon currency could make US more climate friendly", Foro Económico Mundial, 19 de septiembre de 2017, https://www.weforum.org/agenda/2017/09/carbon-currency-blockchain-poseidon-ecosphere; Nicola Jones, "How to stop data centres from gobbling up the world's electricity", *Nature*, 12 de septiembre de 2018; Sean Stein Smith, "Tackling blockchain in the accounting profession", *Accounting Today*, 13 de marzo de 2018.

Las citas de Jamie Dimon y Amy Webb provienen de Egan, "30% of bank jobs are under threat."

CONCLUSIÓN: CONSEJOS Y TRUCOS LATERALES PARA SOBREVIVIR EL 2030

Todos los sitios de internet fueron consultados por última vez el 22 de septiembre de 2019.

La cita de Bezos sobre los vientos de cola proviene de su carta de 1997 a los accionistas de Amazon, https://www.sec.gov/Archives/edgar/data/1018724/000119312517120198/d373368dex 991.htm

La primera instantánea de un agujero negro se reportó, entre otros lugares, en Dennis Overbye, "Darkness visible, finally: Astronomers capture first ever image of a black hole", *The New York Times,* 10 de abril de 2019.

La cita de Faulkner a veces se le atribuye a Cristóbal Colón: https://www.quotery.com/quotes/one-doesnt-discover-new-lands

La crónica de la conquista de México es de Bernal Díaz del Castillo, *Historia verdadera de la conquista de la Nueva España,* publicado en 1632, https://www.rae.es/sites/default/files/Apa rato_de_variantes_Historia_verdadera_de_la_conquista_de_la_Nueva_Espana.pdf. Las citas se encuentran en los capítulos 58 y 22.

La sección sobre Lego se basa en David C. Robertson, *Brick by brick: How LEGO rewrote the rules of innovation and conquered the global toy industry,* Nueva York, Crown Business, 2013; Mary Blackiston, "How Lego went from nearly bankrupt to the most powerful brand in the world", Success Agency, 27 de febrero de 2018, https://www.successagency.com/growth/2018/02/27/lego-bankrupt-powerful-brand; Lucy Handley, "How marketing built lego into the world's favorite toy brand", CNBC, 27 de abril de 2018, https://www.cnbc.com/2018/04/27/lego-marketing-strategy-made-it-world-favorite-toy-brand.html; Johnny Davis, "How Lego clicked: The super brand that reinvented itself", *The Guardian,* 4 de junio de 2017; Jeff Beer, "The secret to Lego's social media success is in the creative power of crowds", *Fast Company,* 20 de junio de 2017; Jonathan Ringen, "How Lego became the apple of toys", *Fast Company,* 1 de agosto de 2015; David Kindy, "How Lego patents helped build a toy empire, brick by brick", *Smithsonian Magazine,* 7 de febrero de 2019.

La cita de Steinbeck sobre las ideas y los conejos viene de una entrevista de 1947: https://smallbusiness.com/monday-morning-motivation/john-steinbeck-quote-ideas-are-like-rabbits

Sobre Steve Jobs véase Malcolm Gladwell, "The tweaker", *The New Yorker,* 14 de noviembre de 2011.

Sobre la escalada del compromiso véase Barry M. Staw, "The escalation of commitment: An update and appraisal", en Zur Shapira (ed.), *Organizational Decision Making,* Nueva York, Cambridge University Press, 1997, pp. 191-215. La cita de Wellington puede encontrarse en *The Nineteenth Century: A Monthly Review,* vol. 17, Londres, Kegan Paul, Trench, 1885, p. 905.

Sobre el pensamiento de alternativas véase Heidi Grant Halvorson, "Why keeping your options open is a really, really bad idea", *Fast Company,* 27 de mayo de 2011; Hugh Courtney, "Keeping your options open", *World Economic Affairs,* invierno de 1999, https://www.mcgill.ca/economics/files/economics/keeping your options open.pdf

Sobre la "ansiedad de la competencia" véase Nathan Davidson, "The 20 greatest sports psychology quotes of all time", *Thriveworks,* 8 de agosto de 2017, https://thriveworks.com/blog/greatest-sports-psychology-quotes-of-all-time; Simon M. Rice *et al.,* "Determinants of anxiety in elite athletes: A systematic review and meta-analysis", *British Journal of Sports Medicine,* vol. 53, núm. 11, 2019, pp. 722-730.

Sobre Rapa Nui véanse Jared Diamond, *Collapse,* Nueva York Viking, 2005 (hay edición en español: *Colapso,* Madrid, Debate, 2012); Terry Hunt y Carl Lipo, *The Statues That Walked: Unraveling the Mystery of Easter Island,* Berkeley, Counterpoint, 2012; las citas aparecen en las páginas 53, 92, 155 y 180; Paul Bahn y John Flenley, *Isla de Pascua, Isla de Tierra,* 4a. ed., Viña del Mar, Rapanui Press, 2018; las citas están en las páginas 15, 204, 235 y 257; Nicholas Casey y Josh Haner, "Easter Island is eroding", *The New York Times,* 15 de marzo de 2018; Megan Gannon, "People of Easter Island weren't driven to warfare and cannibalism. They actually got along", *LiveScience,* 13 de agosto de 2018, https://www.livescience.com/amp/63321-easter-island-collapse-myth.html; David Bressan, "Climate, overpopulation and environment—the Rapa Nui debate", *Scientific American,* 31 de octubre de 2011.

Sobre la recuperación de viejas tecnologías véase Ron Miller y Alex Wilhelm, "With tech, what's old is new again", *TechCrunch,* 6 de abril de 2015, https://techcrunch.com/2015/04/06/with-tech-whats-old-is-new-again

Sobre la cita de Eugene O'Neill's véase su libro *Recklessness: It's a Great Game. The Pursuit of Happiness,* Amazon Digital Services, 2014.

Índice analítico